The Good and Beautiful God

Falling in Love with the God Jesus Knows

JAMES BRYAN SMITH

エクササイズ

生活の中で神を知る

ジェームズ・ブライアン・スミス［著］
松本雅弘［訳］

いのちのことば社

Originally published by InterVarsity Press as *The Good and Beautiful God* by James Bryan Smith.

www.ivpress.com

私の先生
ダラス・ウィラードとリチャード・J・フォスターに

天の御国の弟子となった学者はみな、
自分の倉から新しい物でも古い物でも取り出す
一家の主人のようなものです。（マタイ13・52）

目次

序章

イエスは最も大切な戒めについて尋ねられたとき、申命記から引用して、次のように答えられました。「『心を尽くし、思いを尽くし、知力を尽くして、あなたの神である主を愛せよ。』これがたいせつな第一の戒めです」（マタイ22・37―38）。いい換えれば、人間にとって最も大切なのは、神を愛することなのです。

もうずいぶん昔の話ですが、ムードリングという指輪がはやりました。この指輪は、はめた人の気分によって色が変わるというものでした（実際は体温によって変化するだけなのに、メーカーは〝指輪の色であなたの気分がわかります〟といって売り出し、多大な利益を上げました。その中には私が支払った代金も含まれています）。

もし誰《だれ》かが、〝神への愛〟の度合いを測定できる〝神への愛リング〟を発明したとし、そしてすべての人がその指輪をはめなければならないとしたらどうでしょうか。指輪の色が濃紺であれば、それは神への愛の希薄さを表し、逆に明るい青になれば神への愛の強さを表すとしたら、街を行きかう多くの人々の指輪は暗い色をしていて、そうした人々の中にはたくさんのクリスチャンも含まれていると思います。正直いって私も〝幸運〟に恵まれていなければ、指輪は色あせた青になっていたことでしょう。神に感謝します。私こそ、キリスト教界のフォレスト・ガンプだったからなのです。これからその意味を説明しましょう。

素晴らしい恩師たちとの出会い

映画「フォレスト・ガンプ」の主人公のフォレストは、性格がよいこと以外は特別なこともなく、多少、人よりも努力を要するところもありますが、ごくありふれた人でした。でも、その歩みの中で、その何でもないような人が、幾人もの特別な人物と出会います。通りすがりに偶然、歴史の偉大な瞬間（キング牧師の「私には夢がある」の演説の場面）に居合わせることになったり、偉大な人々（幾人かのアメリカ大統領・有名人・イノベーター）に出会ったりするのです。

実は私自身も、自らの人生を振り返るとき、フォレストのようだったと思います。私は、クリスマスとイースターしか教会に行かないようなメソジスト派の家庭に生まれ、高校の最終学年になるまでは、キリストの弟子ではありませんでした。いちばん好きなのはスポーツ、次に好きなのが女の子、その次がイエスというありさまでした。卒業時の順位が六百人中ちょうど三百番目という文字どおりの平均的な成績で、履歴書を飾るようなものは何も持ち合わせていませんでした。

スポーツを楽しみ、なおかつ今までどおりにかわいい女の子を追いかけていた州立大学一年生のときでした。私の心の内でイエスの存在が優先順位の上のほうに上がるという変化が起こり始めたのです。そして二学期になると、イエスがついに私の心の中の首位に上り詰めてしまいました。それで私はキリスト教主義の大学に編入することにしたほどです。

私が選んだのはカンザス州ウィチタ市にあるフレンド大学でした（少なくとも大学の人たちはフレンドリーなのだろうと勝手に考えていました）。私は町から離れた小さな学校に通う平均的な学生で、将来どのようなことになるのかなど、まったく考えもしませんでした。ただ私が知っていた唯一のことは、日に日に神への渇きが私の内側で大きくなっていたということでした。

私はそれまで、リチャード・J・フォスターのことを知りませんでした。二十世紀で最も意義あるキリスト教の書物の一つ、『スピリチュアリティ　成長への道（*Celebration of Discipline*）』（中島修平訳、日本キリスト教団出版局、二〇〇六年）の著者であることも知らないまま、毎週火曜日と木曜日、午前十時半から十二時のクラスを受講したのです。

リチャードは、今まで出会ったことのないような人物でした。実に聡明で、しかも面白いのです。彼は笑うことが大好きで、それまで私の知るかぎりの誰《だれ》もが経験したことがないような仕方で、神を友として体験していた人物でした。リチャードは自分が知っている神を知る方法を私に伝えようとしていました。

何年も後のこと、リチャードと私の共通の友人がこんな話をしてくれたことがありました。リチャードは自分の生涯と知恵とをつぎ込むことのできる学生が与えられるようにと祈っていて、どうやら私と出会って間もなくの頃、その友人に、私のことを、パウロとテモテのような師弟関係に導くために、神が選んで与えてくださった人物であると話したというのです。

ただ私が知っていることは、追加の課題図書を与えてくれたこと、共に祈ってくれたこと、リチャードとお連れ合いのためにベビーシッターをさせてもらったこと、そしてリチャードが講演に出かけるときに、お供をさせてもらったことです。私が彼から学んだことの多くは、そのような個人的なかかわりを持った時間を通してでした。

大学四年生の年に、リチャードは、卒業後にどの神学校に行こうかと考えていた私を、霊性についての偉大な著作家であったヘンリ・ナウエン（一九三二―一九六年。オランダ出身でアメリカ、カナダで活動したカトリックの祭司）に引き合わせてくれたのです。ヘンリの勧めもあって、私はイェール神学校に出願し、入学することになりました（明らかに私は学問的にも進歩しました）。神学校卒業後は、地域教会の牧師として仕えました。そして今まで出会った女性の中で最高に美しく、しかも地に足のついたメガンと結婚することができました（イエスさま、ありがとう）。

どのようにして教会を導くかを学び、そして牧師であることがいかに難しいのかを知るに至るまでにそう時間はかかりませんでした。牧師に与えられた第一義的使命は、人々をキリストの弟子にすることです。しかし、牧師をその中心的な働きから遠ざけようとする、ものすごい数の緊急を要するニーズや問題、そして課題が発生するものです。しかし感謝なことに、長年にわたるリチャードとの交流は、自分の霊的生活における土台作りに集中することの大切さから目を逸らさないようにしてくれたのです。

数年後、フレンド大学の宗教学科でリチャードとともに学生を教える仕事に就くことができました。教授として働きながら、そこでもう一つのフォレスト体験がありました。有名なクリスチャン・アーティストのリッチ・マリンズが私のクラスを受講したのです（リッチは「おおいなる神」や「ステップ・バイ・ステップ」を作詞・作曲して発表していた）。神について学ぶクラスの中にリッチがいるのは、数学のクラスにアインシュタインがいるようなものでした。リッチの存在は私に緊張感を与えてくれました。

そうした中で次第に親しくなり、ついに彼は私たちの家の屋根裏部屋に引っ越し、二年余り住むことになりました。リッチを通して、後の私の恩師、そして友となったブレナン・マニング（『浮浪児の福音（*Ragamuffin Gospel*）』の著者）〔一九三四―二〇一三年。アメリカのカトリック司祭・著作家〕と出会うことになります。たぶんマニングほどこの私に神の愛について多くのことを教えてくれた人物はほかにありません。

一九八七年にリチャード・フォスターは「レノバレ（Renovaré）」と呼ばれるクリスチャンの霊的刷新に仕えるミニストリーを立ち上げ、その働きを軌道に乗せるために手を貸してほしいと私に要請してきました。ある日、スパゲティを食べていたときに、リチャードはこのミニストリーにつけた名前のことを教えてくれました。誰《だれ》もその名前をいえませんし、またその意味を知る人もいなかったのです。その後二十年間にわたり、より深くより均整のとれた神との交わりの生活を送るにはどうしたらよいかを修得する助けとなるために、他の幾人もの素晴らしい仲間たちとともに、全国を旅行し、カンファレンスやリトリート（修養会）、そしてセミナーを主催してきました。

私たちが行っているミニストリーにつけられた名前がおかしいことや、リチャードが使った「観想（contemplation）」とか「社会正義（social justice）」というようななじみのない用語から、私たちの働きを〝ニュー・エイジ〟だと考える人もいましたし、監視されたこともありました。おお、イエスに仕えることはなんという歓びでしょう！

そしてリチャードとレノバレを通して、私は南カリフォルニア大学で教鞭を執っていたダラス・ウィラード博士（『聖なる陰謀（*The Divine Conspiracy*）』の著者）と出会うことができました。ダラスは大学で哲学を講じていますが、今まで出会った人の中で、彼ほど聡明《そうめい》な人物はいません。ダラスはリチャードと同じように、イエスの真の弟子でした。

一九九四年、フラー神学校の牧会学博士課程で行われるクラスの助手として務めるようにと、ダラスは私に声をかけてくれました。私はその招きに応じました。それから十年間、そのクラスをダラスとともに教えることになったのです。毎夏、一日八時間の授業が二週間続きました。

しかし私は名ばかりの助手にすぎず、実際クラスの九〇パーセントの時間はダラスの担当でした。別のいい方をするならば、一日七時間で十日におよぶコースの間中――つまり約七十時間――、席に座って、ダラスが教える講義に耳を傾けることができたのです。これを十年間続けて経験しました。したがって、ダラスが神、神の国、聖書、霊的訓練、生活一般について語る講義を七百時間以上も受けることが許されたのです！

このように幾人もの優れた教師が、自らの命を注ぎ出すようにして、名もない、どこの馬の骨ともわからないような、この私に教えてくれたのです。私は本当に祝福された者です。しかし、こうしたやり方こそが、キリスト教の最初のときからのものだったと思います。すなわちイエスは、名もない十二人の人を選び、三年にわたるキャンプ生活に連れ出し、彼らを信頼するがゆえに、ご自分の人生を彼らに投資したのです。

リチャード、ヘンリ、リッチ、ブレナン、ダラスといった人々が私にもたらした影響はものすごく圧倒的なもので、私が編み出した発想のどれもが、彼らによって形作られなかったものはないのではないかと思ってしまうぐらいです。あなたが手にしているこの本の至る所に、こうした人々の指紋がちりばめられています。

これらの人の全著作を学び、テープやCDに録音された説教や歌、そして講義も聴きました。しかし正直にいうならば、そうした人たちと一対一で過ごした時間のほうがどれほど私に影響を与えたか測り知ることができません。リチャードとハイキングに行って過ごした長い時間、ヘンリと交わした数々の手紙、リッチ・マリンズとの徹夜の語り合い、ブレナンとの長い長い時間をかけての夕食、ダラスと一緒にアイスクリームを食べながら過ごした時間（ダラスはバニラアイスクリームが大好きでした。いったいダラス以外の誰《だれ》が、トッピングも何もないバニラだけのアイスを注文するでしょうか）、そうした一つひとつの経験こそが、私の魂の奥深くに刻みつけられているのです。

この本はどのようにして生まれたのか

この本は、これらの偉大な教師たちから、二十五年にわたって学んだことの集大成のようなものです。特にダラスと働き始めた直後に、この本の計画が始まりました。ダラスは個人でも教会でも使える「キリストに似た者になるためのカリキュラム」を生み出す必要性について語り続けていました。その青写真はダラスの偉大な著書『聖なる陰謀（*The Divine Conspiracy*）』の第9章に見出すことができるでしょう。

ダラスはその章の中でカリキュラムの青写真を展開していたことを私は知っていましたので、「カリキュラムは必ず完成されなければならないものですか、ダラス」と聞くと、彼は決まって「そうだ。もちろんだよ」と答えたものです。そこで「じゃあ、なぜお書きにならないのですか」と尋ねるたびにダラスは、「だって、ジム、それはきみがすべきだと思うからさ」というのでした。

そのやり取りは穏やかで、プレッシャーなど何もありませんでした。

このようにして、一九九八年、私はダラスによって生み出されたシンプルな青写真を基に、イエスが教えた生き方を身につける学びのためのカリキュラム作成に取り組み始めました。二〇〇三年には出席していた教会（カンザス州ウィチタ市にあるチャペルヒル合同メソジスト教会）の役員会に出向き、教会の中で何人かの人と一緒にこのカリキュラムに沿った学びを進めてもよいかどうかを相談しました。

役員会が心から賛同してくれたので、初年度は、三十週にわたるコースに二十五名が参加し、彼らを指導しました。その年の半ばにさしかかった頃、私は、最初からダラスは正しかったのだということにうすうす気づき始めました。つまりキリストに似た者へと真実に造り変えられることは、本当に可能だということなのです。

それ以降、さらに七十五人の人を指導して、いつも同様の結果を得ることができたのです。すなわち、人生に意義ある変革は必ず起こるということです。

参加者の配偶者が私のところに来て、次のようにいいました。「あなたは私の夫に何をしてくださっているのですか。夫は別人になりました！　これまでなかったように、ずっと辛抱強くなりましたし、家族全員にとても気を配るようになりました。いったい何が起こっているのか、私にはわかりません。でも来年は、私がそのコースを受講しようと思います」

さらに、このカリキュラムはユースグループに属する高校生の間でも、またキャンパスにおいて大学生によっても用いられています。この教材はどのような人を対象としたものかと尋ねる人がいるならば、いつも私は「自分は変わりたいと心から願っている人であれば、その人が若くてもそうでなくても、クリスチャンになりたての人でも、成熟したクリスチャンでも、また男性であろうと女性であろうと、そうした違いはいっさい関係ありません」と答えています。

本シリーズの始まり

今あなたが手にしているこの本は、「イエスの弟子シリーズ（The Apprentice Series）」の第一巻に当たります。この本のほかに二冊の続編があり、いずれも「キリストに似た者になるためのカリキュラム」に基づいて書かれた教材です。第一巻の目的は、この本を手にした人が、イエスが明らかになさった神を発見するのを助けることにあります。

各章において、誤った概念と、正しい概念、すなわちイエスによって語られた物語とを対照的に取り扱っています。また各章には、イエスによって語られた物語を私たちの心と体と魂の奥深くに浸透させることを助けるために、魂を鍛えるエクササイズも盛り込まれています。これらのエクササイズは、あなたをより霊的にしたり、神に感銘を与えたりすることを目的としてはいません。むしろそうしたエクササイズを通して私たちが、イエスがご覧になるように、また理解されるように、この世界を見、理解することができるようになるためのものなのです。

さらに各章の終わりで、その章に書かれている中心的な考え方が確認されています。各章には個人の学びにも、小グループでの意見交換やディスカッションにも役立つ問いが収められています。

この本のタイトルは『エクササイズ——生活の中で神を知る』〔原題は『素晴らしく美しい神（*The Good and Beautiful God*）』〕というものです。この本は、神のご性質と、その神との親しい交わりの生活の持ち方に焦点が置かれています。第二巻のタイトルは、『素晴らしく美しいいのち（*The Good and Beautiful Life*）』〔邦訳未刊〕で、読者に神の国を紹介し、なおかつ私たちの内側の性質に焦点を向け、怒り・情欲・偽り・思い煩い、他人を裁くことなど、特に破滅をもたらす、そのような悪い行いを取り扱っています。

第二巻では、山上の説教に沿って、こうした性質の欠点の背後にある物語（例えば、怒りへと導く物語とは何なのか）に注目し、その物語を神の国でのいのちについて語るイエスの物語に置き換えていくのです。この本と同様に、第二巻でも、各章には、正しい物語を魂の奥深くに浸透させることを助けるためのエクササイズが含まれています。

このシリーズの第三巻は、『素晴らしく美しい共同体（*The Good and Beautiful Community*）』〔邦訳未刊〕というものです。第三巻の狙いは、私たちが通常の日々の生活において、イエスに倣う者としてどのように生活するべきかを学ぶ手助けをすることにあります。

家庭の中で、イエスが思い描いておられた神の国のビジョンを実践するためには、どのようにすればいいのか。神とともに生きることが職業生活にどのような影響をもたらすものなのか。キリストに従って生きるとき、生活を営むこの世界に対して、どのような仕方で変革をもたらすことができるのか。敵を愛することや、自分を呪《のろ》う者を祝福することは、日々の生活の中でどのようなことなのだろうか。このような一つひとつの問いかけは、結局のところ、次のみことばに集約されるのです。すなわち家庭、職場、自分が暮らす地域社会、そしてこの地球において「愛によって働く信仰だけが大事なのです」（ガラテヤ5・6）。

しかし、こうしたすべてのことは、イエスが知っておられる神を知り、そして自分自身のすべてをもってその神を愛することから始まります。したがって、まずはこの第一巻で扱う内容こそが、後に続くシリーズ第二巻、第三巻、いや実は、クリスチャン生活全体の源であり基礎となります。この本がこのシリーズの中であなたが読む唯一の書となるとするならば、何としてもあなたの〝神への愛リング〟の色が神への愛の強さをさらに表すように光り輝くことを祈るものです。

この本を最大限に利用するために

この本は共同体の中で用いることを意図して作られました。つまり小グループや教会学校の分級、またはご自宅や喫茶店に数人の友人が集まるような場合です。ほかの人たちと一緒にこの本に取り組むことによって、よりいっそう効果が上がるのです。もし一人で取り組むのでしたら、左に掲げる助言のうち、最初の四点だけが該当するでしょう。どのように用いるとしても、神は読者の中に素晴らしい働きを成し遂げることができるし、またそうしてくださると確信しています。

1　**準備する。日記かノートを用意してください（デボーション・ノートにします）。**この日記は、各章にちりばめられた設問に答えるため、それから各章の最後にある「魂を鍛えるエクササイズ」で体験したことを振り返るために使います。

2　**読む。各章をしっかりと読みます。**急いで読もうとしないでください。また集まりの直前ぎりぎりになってから読むことのないようにしてください。週のまだ十分に早いうちに読み始めてください。そうすれば時間をかけて内容を消化することができます。

3　**実行する。週ごとにすることになっているエクササイズをすべて行ってください。**読んだばかりの章の内容に関係するエクササイズに取り組むことによって、その習っている考え方を深めることができます。また自分の魂を形作り、癒《い》やすことも始まります。あるエクササイズをやり遂げるのは、ほかのエクササイズをやり遂げるよりも時間がかかるでしょう。ですから小グループで集まる前に、十分な時間を確保してエクササイズができるようにしてください。またエクササイズに取り組むだけでなく、この本に記されている「振り返るために」もやりたくなるでしょう。

4　振り返る。時間をとって「振り返るために」の設問の答えをすべて書いてください。

各章の途中や最後にある設問にすべて答えて、日記（デボーション・ノート）に書いてください。そうすれば自分の考えを明確にすることができ、神が教えておられることを具体化することもできます。また次の章に進むときにも役立ちます。

5　交わる。聴いたり話したりするために設けられた小グループの集いに参加します。

これは他の人たちの経験を聴いたり洞察から学んだりする機会となります。もし全員が前もって時間をかけて日記を書いているならば、この小グループの集いでする会話はさらに効果が上がるでしょう。より凝縮された考えを人々は分かち合うでしょうし、この小グループでの時間はさらに価値を増すでしょう。ここで覚えておくべき大切なことは、自分が話す量の二倍は聴くようにすることです。けれども話す準備はちゃんとしてください。小グループの他のメンバーは、あなたの考えや経験から学ぶからです。

6　励ます。小グループの集い以外でも、互いに交わってください。

科学技術がもたらしてくれた大きな祝福の一つは、私たちが簡単に連絡を取り合えるようにしてくれたことです。次に小グループで集まる前に、少なくとも二人のメンバーに励ましの電子メールを送るというのはいい考えです。あなたがメンバーのことを思っているのだと知らせてあげましょう。またそのメンバーのために何を祈ればいいのか尋ねましょう。このようにすれば人間関係の絆《きずな》が強まり、あなたの経験全体も深まるでしょう。強固な人間関係を築くことは、自分の経験を成功へと導くうえで鍵《かぎ》となる要因です。

第1章　あなたは何を探し求めているのでしょうか

取り去られることのない平安、愛で満たされた心、たとえ過ちや失敗を犯したとしても、神は万事を益としてくださるのだという信仰をもってすべてのことを見ていけたらと思いませんか。肩を落としてしまうような現実の中で耐え抜く希望を手にしたいと思わないでしょうか。

もしこうした人生が、あなたの心の中にある願いであるとするならば、この本はまさにあなたのために書かれたものといえるでしょう。

多くの人々が自分を変えたい、またこうした問いかけについて「はい、そうしたいです」と答えるにもかかわらず、一方心のどこかで、それは不可能なことだと諦《あきら》めてしまっています。何年にもわたって取り組み、失敗を重ねるうちに、静かな自暴自棄ともいえるような信仰生活を送るようになり、変えられることを強く願いつつも、そんなこと起こるわけがないという確信のようなものを心に抱くようになっています。毎週教会に来て会衆席に腰掛け、静かにため息をつきながら、自分の運命をどこか諦めている状態です。

私も以前はそのように考えていました。そして自分を変えようと何度も何度もトライしました。

祈りに祈り、そして神に訴えました。私を変えてください、と神に嘆願しました。しかしすべてのことはまったく無駄でした。役に立たなかったのです。

私はイエスが山上の説教で語られたような人になりたいと思っていました。敵を愛し、何も思い煩うことがないような人に。しかし自分の心の奥深くを探ると、敵を愛せない自分だけではなく、実は友人すら愛することのできない自分、そして一つひとつのこと、すべてを心配している自分を発見したのです。

そうした中、私の内に変化が訪れたのは、二人の優れた恩師との出会いを通してでした。彼らを通して、霊的変革とは魂の訓練によってもたらされることを学んだのです。そのうちの一人、リチャード・フォスターからは、霊的訓練がどのように機能するのかについて、そしてもう一人の恩師であるダラス・ウィラードからは、神の国とのかかわり方をどうしたらよいかについて教えられました。二人の理解の仕方は、今まで聞いたこともないような卓越したもので、私が命を懸けて情熱を傾けて取り組んでいた問いかけ、「どのようにしたらキリストに似た者になれるのか」というこの質問に答えをもたらすこととなりました。

問題は、変わりたいと思っていないことにあるのではなく、また変わろうと努力していないことにあったのでもなく、問題は私たちが訓練されていないというところにあるという理解に行き着いたのです。今まで私たちは、信頼できる霊的変革の型（パターン）を教えられてこなかったからなのです。

空港で経験した平安と喜び

クレーグは、イエスの弟子となるための小グループに参加した仲間の一人でした。その小グループは、キリストに似た者に変えられることを目的として考え出されたカリキュラムに沿って進められていました。彼はこの小グループに参加した結果、家族や友人、また仕事の同僚への接し方において、自分の生活が幾らか変化したことに気づき始めていました。

クレーグは動物園を専門とする設計士で、仕事がら出張も多くありました。ある日、同僚と一緒に飛行機でドイツからアメリカに戻る際、アトランタ空港で足止めされ、予定していた便が数時間遅れるということを聞かされたのです。アナウンスがあってから数時間が経過し、その後さらに何時間か待たされ、ついにその便は欠航になったとの知らせがありました。それは、こんなに待たされたうえ家にも帰れず、アトランタで一晩をつぶさなければならないことを意味していました。

待たされていた乗客の怒りは頂点に達していました。さらに彼らは、乗換便の予約のために長い列に並ばなければなりません。クレーグも同僚と列に並び、対応に追われている若い女性職員に人々がきつく当たっている様子を見ていました。そしてクレーグの番が来ました。すると彼はその若い職員を見て、笑《え》みを浮かべながらまずこういったのです。「あなたにきつく当たることはしませんから」と。そのとたん、表情が穏やかになった職員は、優しい口調で「ありがとうございます」と答えたのでした。

そのやり取りは、はたから見て気持ちのいいものでした。こうしてクレーグは翌日の便の予約を済ませたのです。空港のロビーでクレーグは予約便の欠航という事態に直面した中で終始笑みを浮かべていたのです。同僚はそうした彼の一部始終を見ていました。そして「クレーグ、ぼくたちの付き合いは長いけど、一年前のきみだったら、今日のようなことが起こったら激怒して、カウンターにいたあの職員に噛《か》みついていたんじゃないかな」といいました。

クレーグはこう答えました。「まったくそのとおりだよ。実は、ぼく、変わったんだ。自分が誰《だれ》で、どこに立って生きるべきかがわかったんだよ。ぼくの内にキリストが宿っておられる。そしてぼくを愛し、心にかけておられる神さまの国、つまりそのお方のご支配の中に生かされていることに気づかされたんだ。もちろん、思うようにならないこともあるけれど、でもぼくは平安の中に生かされているんだ。明日になれば帰れるしね。欠航になった飛行機を飛ばすことについては、ぼくたちにできることは何もないし。怒ってもどうにもならないでしょう。こうした好ましくない出来事に遭っても、喜ぶほうがいいと考えたんだ」

友人はそのことばにひどく驚き、「何を食べ、何を飲んでそうなったのか知らないけど、でも本当にきみは変わったなあ」と深くうなずきながらいったのです。

このような変化が起きたのは、昨年参加した小グループの学びの中でクレーグが取り組み、また考えてきたことのおかげでした。クレーグは変わりたいと願って、イエスの弟子となるための小グループに登録しました。そして霊的に変革するための訓練を受け始めたのです。共に取り組む仲間がいたので彼は一人ぼっちではありませんでした。クレーグは自分に示された課題と喜んで取り組み、結果として変化を経験したのです。そしてそれは聖霊の働きによるものなのです。

次に説明しますが、クレーグに起こった変化は決して彼自身の意志の力によるものではありませんでした。

間違った物語――私たちは意志の力によって変わりうる

何かを変えたいと思うとき、人は〝意志の力〟を奮い起こし、行動を変える努力から始めるものです。しかしこうした試みはほとんど失敗に終わります。新年の抱負のおよそ九五パーセントは、一月末までに破られます。ほとんどの人は、新年の抱負を実行できなかった原因が意志の欠如にあると信じています。そのため自分を弱いものと考え、失敗に伴う嫌な感情だけが残ります。

これは不幸なことです。なぜなら失敗した理由が意志の力の欠如にあるのではないからです。それどころか、実際には意志自体には何の力もありません。意志とは、人間に備わった選択する能力です。「赤いシャツを着ようか、それとも青いのにしようか」と私たちは自問します。そのようにして結果として青いシャツを着ることを選んだ場合、そこで意志は要の役割を担います。

しかし意志というものは、実際には何もしません。もしあなたの内側を透視できたとしても、そこに意志の存在を決して見つけ出すことはできないでしょう。意志は、胆嚢《たんのう》の隣にある器官というように、すぐ見つかる類《たぐ》いのものではないからです。意志とは、成長したり、衰えたりするような器官や筋肉のようなものではないのです。

例えてみるならば、意志とは荷物を担ぐ家畜のようなものです。家畜は単純にほかからの刺激に応えて動くものです。馬は自分の行くべき場所を選びはしません。乗っている人が行くべき方向を示すならどこでも、その方向に向かって動くのです。意志もそれと同じような動きをします。ただ違う点もあります。それは意志には乗り手が一人ではなく、複数いるという点です。そうした意志に影響を与えるものがおもに三つあり、それは心と体と社会的状況です。

第一に、私たちが心で考えることが、次に種々の感情を生み出します。そうした感情によって判断が導き出されたり、行動が起こされていきます。第二に、体は複雑にかかわり合った神経衝撃（インパルス）から成り立っているもので、そうした衝動が意志に影響を与えます。体を形作るシステムのほとんどが、私たちの助けなしに動いています。ところが、ひとたび体の中に必要（例えば、食物や水分の不足）が生じたときに、体は感覚（空腹感や喉《のど》の渇き）を通して心に訴えかけます。そしてそのことを知った心が意志に「ただちに食物を摂取せよ」というメッセージを送るのです。第三に、意志は社会的状況によっても影響を受けます。私たちは周囲にいる人々から強く影響を受けながら生活しているのです。こうしたことを、「仲間からの圧力（ピア・プレッシャー）」と呼びます。

ですから、意志とは強いとか弱いとかいう類《たぐ》いのものではありません。ちょうど馬のようなもので、たった一つの務めのみが託されているのです。それは乗り手、すなわち体もしくは社会的状況によって影響を受けた心によって出された指令を行うということです。したがって、変化が起こること——もしくは変化が起きないこと——は意志とは無関係の問題なのです。

このようにさまざまな仕方で意志に影響を与える心や体や社会的状況という三つの要因に変化が生じたときにはじめて、私たち自身が変えられるということが起こります。幸いなことは、私たちが意志に影響を与える三つの要因自体をコントロールしうるということなのです。つまり新しいアイデアが浮かんだり、新しい習慣が身についたり、新しい社会的状況に置かれることによって私たちのうちに変化が起こるのです。

イエスの物語——間接的にもたらされる変化

イエスは人々がどのように変えられていくのかを理解しておられました。だからこそ、お教えになる際に「物語る」という形式を用いられたのです。神とこの世界にかかわるご自身の理解を説明なさるときに、「天の御国は、からし種のようなものです」〔マタイ13・31〕とか「ある人にふたりの息子がいた」〔マタイ21・28〕というような物語を使ってお話しされました。

私たちが神について物語られるイエスのお話を受け入れるならば、神を正しく理解することができ、ふさわしい行動が導き出されていくことでしょう。なぜなら意志力の強化によって変わるのではなく、考える仕方を変えることによって私たちは変えられていくからです。

そして考える仕方を変えるということは、私たちの行動や社会的環境にも変化をもたらします。

人は間接的に変わっていくのです。直接的な方法では果たせないこと〔自分を変えること〕を実現するために、自分自身でできることをするということなのです。私たちは間接的な方法によるプロセスを経て変えられていくのです。

ペイトン・マニング〔一九七六年―。アメリカン・フットボールの選手。リーグ最優秀選手賞を五回受賞〕は間接的な方法を実践していた人です。マニングは、第四十一回スーパーボウルの優勝チームのクォーターバックを務めていました。試合が行われた夜は雨が降っていたので、ボールはとても滑りやすい状態でした。その試合において、敗れたほうのチームのクォーターバックだったレックス・グロスマン〔一九八〇年―。アメリカン・フットボールの選手。シカゴ・ベアーズなどで活躍〕は、何度かボールを取り損なってしまいました。

しかしペイトン・マニングは一度もボールを落とすことはありませんでした。ところがその数週間後、報道記者の一人があることを突き止めました。それは、その年、マニングが二、三週間に一度、同じチームでセンター（ボールをスナップして、クォーターバックにパスするポジション）を務めているジェフ・サタデー〔一九七五年―。アメリカン・フットボールの選手。センターのポジションの最優秀選手に選ばれたことがある〕にお願いして、水で濡《ぬ》らして滑りやすくしたボールを使ってパスを出してもらう練習をしていたということでした[1]。

つまり、水に濡れたボールを使いこなす練習をしていたので、雨が降ってもその備えができていました。それも、マニングのチームは全試合の約半分を、雨の心配がないドーム型のスタジアムで行うにもかかわらずです。マニングはボールを濡らして、繰り返し練習を積み重ねました。それが自分にできることでした。それによって通常では決してなしえないような雨の中での素晴らしいプレーを披露することが可能となったのです。

私たちは単に「自分は変わりたい」と宣言することによっては決して変わることができません。そのためにはまず、私たちが思うこと（私たちの物語）、そして何をどのように練習するのか（霊的訓練）、そして誰《だれ》とかかわりを持つのか（社会的文脈）について吟味《ぎんみ》しなければならないのです。もしこうした事柄を変えるならば——もちろん、変えることができるのですが——、変化は自然な形で起こってきます。このことこそイエスがいわれた「わたしのくびきは負いやすい」（マタイ11・30参照）ということの意味なのです。

もし私たちがイエスがお考えになるように考え、イエスが行動なさったように行動し、そして同じ心を持つ人々と時を共にするならば、私たちはイエスに似た者へと変えられるのです。そしてそれは決して困難なことではありません。

スーパーボウルの試合の後で、誰かがペイトン・マニング選手に「ところで、濡れたボールを扱うのは難しくなかったですか」と尋ねたならば、「いいえ、誰も見ていないところで、いつも練習していましたから」と答えたに違いありません。これが間接的な方法を用いることの大切さを教える完璧《かんぺき》な実例だと思います。

さて、心を変えるための信頼できる方法があることを私は信じています。それは決して複雑で難しいものではありません。もちろん、意志の力に頼って行うものでもないのです。「霊的変革の三角形」と呼ばれるものから説明を始めたいと思います。(2)

これは四つの基本的な要素から成り立っています。(1)心の中にある物語を変えること、(2)新しい実践に取り組むこと、(3)その際に、同じ志を持つ人々とともに黙想したり、意見を交換したりすること、(4)すべてが聖霊の導きのもとで行われること。

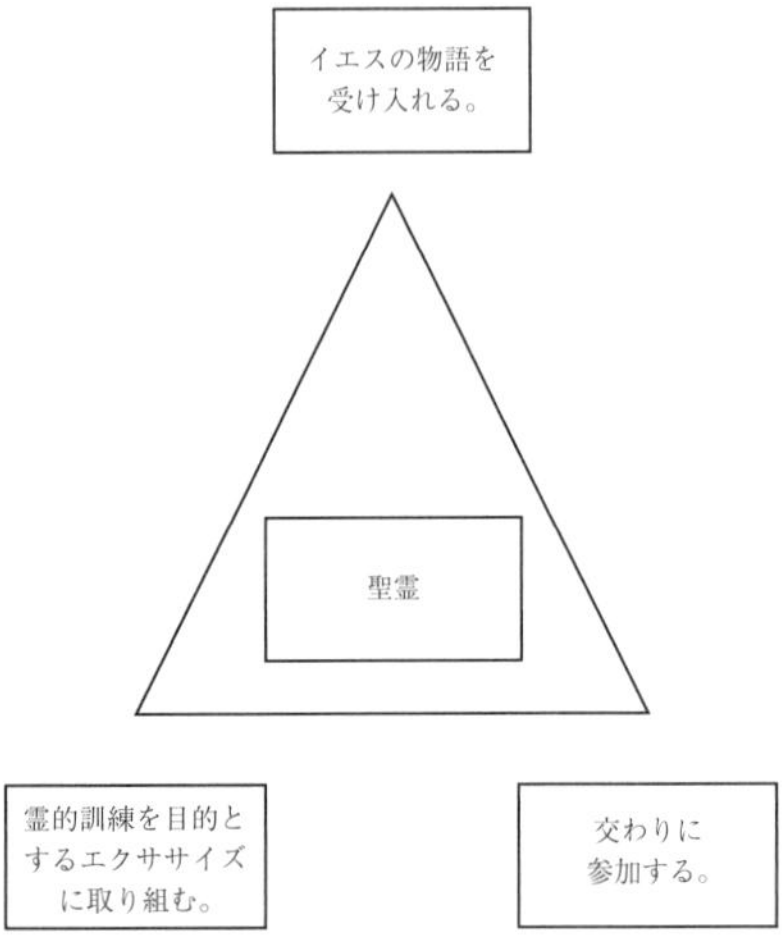

図1　霊的形成を成り立たせる4つの要素

第一段階——心の中の物語を変えること

人間とは物語によって生きている被造物です。幼少の頃から両親から物語を聞かされて成長してきました。それによって人生を解釈し、人生がどうあるべきかを判断してきました。私たちは自然と物語に惹《ひ》きつけられ、その結末まで導かれていきます。なぜなら物語は刺激に満ちているからです。もっぱらイエスは物語るという仕方でお教えになりました。

そうなさったことの一つの理由は、物語というものが、それを聞く者の記憶に残るからかもしれません。例えば「山上の説教」の中の多くの教え、あるいはその一部でも覚えるのは難しいことかもしれませんが、私たちのすべては放蕩《ほうとう》息子のたとえ話はよく覚えているものです。

今の自分を形作ったような意義深い体験をしたときなどは、私たちはその経験を物語にするものです。例えば、誕生日会で欲しいと思っていた物をプレゼントされたときに味わった、あの子ども時代の強烈な体験のようなものです。その出来事の詳細まで思い出すことはできませんが、誰《だれ》がそこにいて、どんな話をし、自分がどのような気持ちで、ケーキがどのようであったかなどを物語として覚えているものです。

「物語る」とは「人間の心の中心的な機能(3)」のことを意味します。私たちは人生を理解するために、すべてのことを物語にします。人は「物語で夢を見、物語で空想にふけり、物語を通して記憶に留め、想像し、期待し、失望し、信じ、疑い、計画し、改め、非難し、解釈し、噂《うわさ》し、学び、嫌い、愛する」のです。

実際、私たちは決して物語から逃れられません。私たちは物語ることによってできている生き物だからです。私たちの物語は、この世界にあって、何が正しく、何が間違っているのかを理解したり、いろいろな出来事の中に意味（「それゆえ、この物語から教えられることは……です」）を見出したりすることを助けるのに役立つ道案内でもあります。

こうした物語にはさまざまな種類のものがあります。家族の物語は家庭の中で直接家族から伝えられます。両親は自分の世界観や倫理体系を物語を通して子どもたちに伝えます。「私は誰か」、「なぜ私はここにいるのか」、「私は価値ある存在なのか」というような生きるうえでの重要な問いに対する答えは、人生の早い時期から物語という形で答えを与えられていくものです。

また中には、生まれ育った特定の地域や国に属する文化によって物語られてきたものもあります。文化からも、物語やイメージという形を通して価値観（大切なことは何か、成功者とは誰か）を学びます。例えば、アメリカ人は過去の歴史（独立戦争や開拓者）を通して、「頑強な個人主義[4]」という価値観を教え込まれてきました。

さらに宗教の物語もあります。そうした物語は教会の講壇、学校の教室、信仰書を通して語られていきます。こうした物語のおかげで、神とはどのような存在か、神は私たちに何を求めておられるのか、私たちはどのように生きるべきかが理解できるようになります。

最後に挙げたいのが、イエスが語られた物語です。イエスは神のご性質を明らかになさるために、お話やイメージをお用いになりました。

私たちはこうした物語によって育てられてきました。それどころか、ひとたびこうした物語が受け入れられると、その正確さや有用さにかかわりなく、私たちの行動を決定づけていくことになります。ひとたび物語られたことが心に根づくと、多くの場合、その人が死ぬまでその物語は疑問視されることなくその人の内にとどまることになるのです。

そしてここからが重要なことなのですが、こうした物語が私たちの人生を動かし続けている（そしてしばしば壊し続けている）ということなのです。ですから、正しい物語を獲得するということがどれだけ重要であるかということになります。

自分の心の内側にある物語に気づくことができるならば、その物語をイエスが語られた物語と照らし合わせてみることもできます。イエスは世界が創造される前からおられ、なおかつ永遠なる神の御子でいらっしゃいます。ですから、誰《だれ》もイエス以上に、神のことや人生の性質と意味とについて知ることなどできません。イエスの物語られたことこそが真理なのです。イエスご自身こそが真理ですから。したがってすべての鍵《かぎ》はイエスの物語られたことを私たちの心に受け入れることにかかっているということなのです。

イエスはご自分のお父さまを私たちに現してくださいました。新約聖書は、善と力と愛と美に満ち満ちた神を啓示しています。イエスの神を知るということは、実際に神がどのようなお方であるかを知ることを意味するのです。

変わるためには、まず私たちの心を変える必要があります。イエスが最初になさった説教の語りだしは、「悔い改めなさい（メタノイア）。天の御国が近づいたから」〔マタイ3・2〕というものでした。ギリシヤ語の「メタノイア」とは、自分の心を変えるという意味です。イエスは霊的変革がまず心から始まることを知っておられたのです。

使徒パウロが「この世と調子を合わせてはいけません。いや、むしろ、神のみこころは何か、すなわち、何が良いことで、神に受け入れられ、完全であるのかをわきまえ知るために、心の一新によって自分を変えなさい」（ローマ12・2。傍点著者）と勧めたとき、パウロはここでイエスと同じことを語っています。

私たちの家族の物語、文化の物語、宗教の物語さえも、実はそのルーツがこの世の国にあるかもしれません。しかしキリストに倣う私たちは、「天にあるものを思いなさい」（コロサイ3・2）と招かれています。とりわけ、イエスのその心を自分の心とするようにと召されています。すなわち、「あなたがたの間では、そのような心構えでいなさい。それはキリスト・イエスのうちにも見られるものです」（ピリピ2・5）とあるとおりです。

このようにイエスが物語られたことを受け入れるということは、キリストの心を自分の心としていく道でもあります。ひとたび正しい物語が根づくならば、そこに変化が起こることでしょう。ただし、正しい考えや情報を獲得するということはただの始まりにすぎないことも覚えておきましょう。

第二段階——魂を鍛えるエクササイズを行う

さて、正しい物語を獲得したならば、次に具体的な訓練によってその物語が心だけではなく体と魂に対しても現実となるために、残りの生涯を通じて取り組み深めていく必要があります。こうした活動は「霊的訓練」と呼ぶことができますが、むしろ私は「魂を鍛えるエクササイズ」と呼ぶことにします。

その理由は、実のところ霊的訓練自体が霊的なものではないからです。そうした訓練を「霊的」であると考えるならば、人々はこうした訓練だけを取り出して行い、どんな意味でもいいからとにかく「霊的」になろうと努めるものです。そのような場合、訓練は具体的な目的をもってなされず、むしろ神や他者の好意を得るために律法的に行われてしまうことがよく起こるのです。霊的訓練は知恵であって決して義を獲得するための手段ではありません。もちろん、それは私たちの心を訓練し刷新するために有益な賢い訓練であることに変わりはないのですが。

スポーツ選手はトレーニングの必要性を理解している人々です。走り、ウエイトトレーニングを行い、そして繰り返し練習をします。それによって自然で無理なく、そして力強く、競技において力を発揮することができるようになるためです。パウロも幾つかの箇所で、クリスチャン生活をスポーツ選手の訓練と比較しながら語っています（Ⅰコリント9・25、Ⅰテモテ4・7―8、Ⅱテモテ2・5）。スポーツ選手と同様に私たちも魂を鍛えるエクササイズとして霊的訓練に取り組むならば、それによって生き方に変革がもたらされるのです。

霊的訓練には治療効果も期待できます。例えば理学療法を受ける人は、身体能力を回復させるためにストレッチや手足の上げ下げのトレーニングを行います。魂を鍛えるエクササイズを実践するときも、それと同じようにすべきです。(多少の痛みが伴ったとしても) 機能を促進したいのであればトレーニングを行います。したがってこうした訓練は、私たちの魂の刷新のためにきわめて重要な役割を担うことになるのです。

第三段階——交わりに参加する中で

人間とは交わりに生きる存在です。ちょうど永遠なる三位一体の神（父・御子・聖霊）が交わりの中で生きておられるように、私たちも神のかたちに似せて造られたのですから、交わりの中で生き、愛し合うように期待されています。ところが残念なことに、霊的な人格形成をきわめて個人主義的な努力によって成し遂げようとする試みがよく見受けられます。霊的に成長することを、交わりの中で起こる出来事というよりも、むしろ個人的な追求の成果であるかのように考えがちかもしれません。

最も深い霊的形成が起こるのは小グループの交わりにおいてです。小グループに身を置くことによって他の人たちからつつかれたり励まされたりしながら影響を受けることとなります（ヘブル10・24）。完全で継続する変革を経験するためにこの本を用いる場合、最もよい活用法は他の人々とともに学ぶことです。

もちろん、一人で読むこともできますし、自分のペースでエクササイズを進めてくださっても結構です。しかしこの教材を現場で試してみて明らかになったことは、個人で学んだのでは効果が少ないということです。

第四段階――聖霊の働き

三位一体の神の中でも聖霊なる神にはあまり関心が払われないことがよくあります。父なる神に祈り、そして福音書を読むときには人となられたイエスを思い描くことができます。ところが聖霊なる神が私たちの生活の中心となることはめったにありません(5)。

しかし、この現実について聖霊は怒っておられないと信じるに至りました。聖霊の変わることのない使命とは、父と御子を私たちに示すことであって、聖霊ご自身に私たちの注意を引くことではないからです。しかし、クリスチャン生活にかかわって起こる事柄のすべては、実は聖霊の働きによるものなのです。

私たちが自らの人生に不満を抱くとき、聖霊はイエスの方へそっと私たちを押し出してくださいます。聖霊はイエスの弟子とするという唯一の目標に向かって、私たちの人生に起こりくるすべての出来事を相働かせてくださるお方でもあります。聖霊はあまりにも繊細な仕方で私たちの人生にかかわられるので、しばしばその働きを見極めることができないこともあります。しかしそれにもかかわらず、聖霊は働いておられるのです。私たちの人生のただ中で聖霊が働いておられるからこそ、霊的刷新が起こっていくのです。

聖霊と物語

イエスは弟子たちを集め、ご自分が天に昇って去っていかれたなら、父なる神は助け主として聖霊を送ってくださることについて次のように語られました。「しかし、助け主、すなわち、父がわたしの名によってお遣わしになる聖霊は、あなたがたにすべてのことを教え、また、わたしがあなたがたに話したすべてのことを思い起こさせてくださいます」（ヨハネ14・26）

聖霊はイエスを私たちに指し示し、その教えを思い起こさせてくださる、目に見ることのできない教師です。このような意味において、聖霊は私たちの内側にある物語をイエスの物語に書き換えることを手助けしてくださり、誤った物語から私たちを救い出して、正しい物語に書き換えてくださいます。「しかし、その方、すなわち真理の御霊が来ると、あなたがたをすべての真理に導き入れます」（ヨハネ16・13）とあるとおりです。

私たちの回心すらも聖霊の働きによるものであることを聖書は次のように教えています。「聖霊によるのでなければ、だれも、『イエスは主です』と言うことはできません」（Iコリント12・3）。イエスを主であり救い主であると受け入れ、そのお方に従うことを私たちが決心できたのも、実は聖霊が私たちを真理へと導いてくださったからなのです。

例えば「神とは私たちを罰しようと待ち構えておられる怒りに満ちた審判者である」というような誤った物語が、イエスが教えてくださる、神とは愛に満ちた「お父さん」であるという物語に書き換えられていくようなことも、実は聖霊の働きによるものです。

パウロは次のように記しています。「私たちは御霊によって、『アバ、父』と呼びます。私たちが神の子どもであることは、御霊ご自身が、私たちの霊とともに、あかししてくださいます」（ローマ８・15―16）。私はこの聖句で「御霊ご自身が、私たちの霊とともに、あかししてくださいます」という部分が大好きです。聖霊は真理を証しなさることによって、私たちが持っている誤った物語を正しいものに書き換えてくださるからです。

私たちにとって最も重要な関係とは次に挙げる二つのものです。一つは主[6]（ギリシヤ語で「キュリオス」）なるイエスとの関係、もう一つは父（イエスが話しておられたアラム語で「アッバ」）なる神との関係です。私たちがイエスを主として、そして神を父として知ることができたのは、これら真理の物語を私たちに示してくださった聖霊なる神の働き抜きにはありえないことなのです。

聖霊と魂の訓練

私たちが、霊的なエクササイズに取り組むときも、聖霊は私たちの傍らに、私たちの内に、そして私たちを包んでおられます。私たちが行う、どのような魂を鍛えるエクササイズも、聖霊の働きがなければ、まったく無意味なものとなってしまいます。聖書を開き、ゆっくりと読み始め、そして神に聴くとき、聖霊は私たちの心を照らし、神から来る直接のみことばを取りついでくださるのです。

私たちのほうで主導していると思いがちな祈りでさえも、実は聖霊の働きなのです。「御霊も同じようにして、弱い私たちを助けてくださいます。私たちは、どのように祈ったらよいかわからないのですが、御霊ご自身が、いいようもない深いうめきによって、私たちのためにとりなしてくださいます」(ローマ8・26)。祈るとき、私たちはひとりぼっちで祈っているのではありません。聖霊が私たちに祈るようにと静かに促しを与え、祈りの中で私たちを導き、そしてまた私たちとともに、私たちのことをとりなし祈ってくださるのです。

ひとりになったり静まったりするエクササイズをするとき、また奉仕をし簡素な生活を送ろうとするエクササイズの取り組みにおいても、私たちを助け励ましてくださるのは聖霊なる神なのです。祈るとき、また霊の日記(デボーション・ノート)を記している最中に、新しい発見や気づきが与えられるのも、真理に気づかせて私たちを霊的に造り変えてくださる聖霊の働きなのです。

こうしたことを見抜くのはたやすいことではなく、ただ聖霊の残響を聞いているにすぎない場合もしばしばです。しかし、この魂を鍛えるエクササイズによって、自分自身をさらに神に明け渡すようになると、神の語りかけを聴く力が養われていくのです。くどいようですが、こうしたエクササイズや実践は、聖霊の臨在と働きとがなければまったく無意味なのです。

聖霊と交わり

聖霊は、主にある交わりの生活の中で祈りと礼拝と賛美を司《つかさど》りながら音楽を奏でる、まさに交響楽団の指揮者のような存在です。しかし人間の指揮者と違うところがあります。それは聖霊自らが、私たち一人ひとりに、他者の益のために用いるようにと賜物《たまもの》と恵みを与えてくださることです（Ⅰコリント12章参照）。説教を聴いて心動かされるようなとき、聖霊は説教者に働いて力を与えておられるだけではなく、私たちにも働いて心を柔らかくさせ、心の耳を開いてくださいます。

使徒の働きを読みながら、初代のクリスチャン共同体がどのように生活を共にし、またどのようにイエスの宣教の働きに参与するべきかを学んでいる姿を見るとき、そのすべての物語の中に聖霊がおられるのがわかります。私自身が大好きなお話の一つに、いかに聖霊が共同体に働きかけて、バルナバとサウロ（パウロ）とを宣教へと送り出されたかという物語があります。「彼らが主を礼拝し、断食をしていると、聖霊が、『バルナバとサウロをわたしのために聖別して、わたしが召した任務につかせなさい』と言われた。そこで彼らは、断食と祈りをして、ふたりの上に手を置いてから、送り出した」（使徒13・2―3）

この文脈によく注意してください。クリスチャンたちが共に集まって（交わり）、礼拝し、断食していたときに（霊的訓練に取り組んでいたときに）、聖霊は語りかけられました。彼らの中のある者を選んで告げることがおできになったにもかかわらず、聖霊は共同体全体に語りかけることをお選びになったのです。このようにしてクリスチャンたちはバルナバとパウロの上に手を置き、宣教へと派遣していきました。

クリスチャンの交わりに私たちが集うとき、聖霊は再び働かれます。それもしばしば気づかれないのですが、イエスと父なる神とを私たちがさらに深く愛するように導くというたったひとつの目的をもって働かれます。

この教材を使ってある小グループを指導していたとき、私は聖霊のお導きを感じたので、講義を中断して、残りの十五分間を、三人の小グループに分かれて互いのために祈り合うようにと導いたことがあります。祈ってほしいことを短く分かち合ってもらい、それからその特定の課題について数分間祈ることにしました。ほんの数分の間でしたが、私が見回すと、そこにはすすり泣く人々がいたのです。すでに十五週間、共に交わってきた仲間でしたが、この時初めて心を開き合って交わることができたようでした。そしてこれ以降、聖霊が私たちに働きかけ、真実な主にある交わりへと導いてくださったのです。

霊的変革――御霊の実

クレーグがアトランタ空港で見せてくれたことは、御霊の実以外の何物でもありませんでした。パウロは聖霊が働かれた結果、私たちの生活の中にもたらされる「徳のリスト」を提示しています。「御霊の実は、愛、喜び、平安、寛容、親切、善意、誠実、柔和、自制です」(ガラテヤ5・22―23)
歯を食いしばれば忍耐強くなれるわけではありません。意志力を奮い立たせた結果、親切な人になったり、自らの生き方に無理強いをすることで寛容な人になれるのではないのです。これらはあくまでも聖霊が結んでくださる「実」なのです。ちょうど果樹に実がなるように、内側から外側へと自然な形で実っていくものなのです。

聖霊が私たちの中にある物語を十分に変えることで、私たちの考え方に変化が起こり始めます。その結果、善であり、愛に満ち、しかも強い力に満ちた神を信じ頼り始めるようになります。つまり、いかにしてイエスが、私たちにはとうてい不可能なほどに完璧《かんぺき》な人生を歩まれて、私たちのためにご自分のいのちを父なる神に捧げられたのか、またそうすることによって神の愛と好意とを自力で獲得しようとする間違った歩み方から私たちを解放してくださったのかを理解し始めるのです。

特に主にある交わりの中で魂を鍛えるエクササイズに取り組むとき、私たちの中で、そしてその交わりの内に神が生きて働いておられるという確信が強められていきます。このことが内的な変化を造りだし、結果として外側の行動として明らかにされていくものなのです。

このようにして、空港で予約した便の遅延などの事態に直面するような場合、まずは深呼吸をし、次に自分がどのような者であるかを思い出すことができます。またクレーグのように、愛と喜び、平安、忍耐、親切をもって、直面した試練を乗り越えることができるようになるのです。

来なさい。そうすればわかります。

私は、イエスが最初の二人の弟子に出会ったときの、あの物語が大好きです。その二人は、バプテスマのヨハネの弟子でした。ところがヨハネが二人を促し、イエスに従うようにさせると、ご自分について来る彼らに気づいたイエスは、立ち止まって次のような印象的な質問をなさったことが聖書に出てきます。「『あなたがたは何を求めているのですか。』彼らは言った。『ラビ（訳して言えば、先生)。今どこにお泊まりですか。』イエスは彼らに言われた。『来なさい。そうすればわかります。』そこで、彼らはついて行って、イエスの泊まっておられる所を知った。そして、その日彼らはイエスといっしょにいた」(ヨハネ1・38―39)

このときイエスは二人に対して率直な仕方で何を求めているのかをお尋ねになりました。実はこれこそが重要な問いかけで、私たちも幾度となく自問すべき大切な問いなのです。あなたが本当に求めているものは何でしょうか。私たちが何を真実に欲し、何に最も情熱を傾けて生きるかにより、自分の生活の律し方は決まります。

さて、話を戻しますが、「何を求めているのですか」と質問されたイエスに対して、弟子たちが答えた「ラビ(訳して言えば、先生)。今どこにお泊まりですか」という奇妙で理屈の通らない答えに注目してください。このときイエスは、弟子たちの心をご存じでした。二人は、素晴らしくまた美しい人生を送りたいと真剣に願い、イエスが彼らをそのような人生へと導いてくださると期待していたからこそ、イエスについていったのです。

イエスは、「どこにお泊まりですか」という二人の問いかけに対して単純で、それでいて意味深長な答えをされました。「来なさい。そうすればわかります」と。これによってイエスは、滞在場所についての問いかけと、二人が真剣に探し求めていたものについての問いかけの両方に対する答えを示されたことになります。つまり、彼らが人生において真剣に願い求めているものは、イエスに従うことによって見出せることを、イエスはご存じだったのです。

イエスはそうした弟子の一人になるようにとあなたを召しておられます。私はそのことを確信しています。なぜなら、現にあなたはこの本を手にして読んでいるからです。イエスが知っておられる神にあるより意義深いいのち、より真正な信仰、より確かな希望をあなたが求めていたので、聖霊はあなたをここまで導いてこられました。

イエスはあなたをご自分の見習いの一人になるようにと招いておられます。それはあなたの強さとか技術のゆえではなく、イエスが考えられたように考え、イエスがなさったことをするように学ぶことを通して、あなたが驚くような人生を送ることができるとイエスはご存じだからです。

山を動かしたり水の上を歩いたりすることはできないかもしれません。しかし、私には確信があります。それは、どのようにしたら忍耐強く、親切になれるのか、どのようにしたら自分を傷つける者を赦せるのか、どのようにしたら敵を祝福し敵のために祈ることができるようになるのかを、あなたは学び始めることでしょう。そしてこうしたことは、水の上を歩くのと同じくらい奇蹟的なことなのです。

イエスがご存じの神を、心から慕うあなたであるようにと祈ります。

魂を鍛えるエクササイズ――睡眠

今日、クリスチャンの霊的形成における最大の敵は、極度の疲労ということなのではないでしょうか。経済的にも肉体的にも、自分の力の限界を超えた生活をしているという現実が私たちにはあります。その結果、人間にとって最も基本的な行為（あるいは無行為）の一つがないがしろにされています。それは睡眠のことです。

多くの専門的研究によれば、平均的な人が健康を維持するために必要な睡眠時間はおおよそ八時間だそうです。このことは、人生の約三分の一を眠って過ごすように、神は人間をお造りになったということを意味しています。これは考えるだけでも驚くべきことです。実質的に何もしないでいることで、人生に与えられている時間の大部分を過ごすようにと造られているということなのです。

したがって、このように大切な睡眠時間を確保しないならば、結果として肉体の健康を損ね、体力が減退し、生産性も低下します。一方睡眠時間の削減はしばしば他の人を傷つけることにも繋《つな》がっています。毎年、居眠り運転による死亡事故は、酔っ払い運転による死亡事故に比べて、件数のうえで上回っているという現実があるからです。

シャン・ヤン・タン博士〔フラー神学大学の心理学教授。牧師でもある〕が書いた『休息（*Rest*）』という素晴らしい書物があります。その中で、アーチ・ハート〔一九三二年―。フラー神学大学の名誉学部長、心理学教授〕が率直に述べた次のようなことばが引用されていました。「歴史上、今日にも増して人類が休息を必要としている時代はない(7)」

タン博士によれば、一八五〇年代の平均的アメリカ人の睡眠時間は九・五時間もあったというのです。それが一九五〇年代に至り八時間にまで減少します。さらに、今日では平均的アメリカ人の睡眠時間は七時間以下になったそうです。ここに来てついに人間として必要な睡眠時間を下回り、結果的に次のようなさまざまな支障が起きています。

国立睡眠財団による世論調査によれば、アメリカ人の成人の四九パーセントが、何らかの睡眠障害を抱えており、六人中一人は慢性的不眠に苦しんでいるという結果が出ました。医師をしている友人が話してくれましたが、患者に書いてあげる処方箋《しょほうせん》で最も多いのが睡眠障害にかかわるものだそうです。

これに対して、アメリカ国立精神衛生研究所による研究で、被験者に毎晩「眠れるだけ眠るように」させたところ、平均睡眠時間は八・五時間だという結果が導き出されました。そしてその実験に参加した人たちは、幸福感が与えられたとか、疲れが緩和されたとか、より創造的になり、精力を感じ、また生産的になれたと感想を述べているのです。

神は私たちを体と心と魂とから成る生命の管理者としてお造りになりました。したがって、自分の体を大切にするところから始めなければなりません。そのためには、とりもなおさず毎晩七時間から八時間の睡眠時間を取るようにすることです。これができないと、明らかに疲労が蓄積し、ついには生活における睡眠以外の領域でも問題が生じてくるのです。

では、睡眠時間を確保することは、クリスチャンの霊的形成とどのような関係があるのでしょうか。人間の人格とは、単に肉体の中に宿っている魂というものではありません。私たちの体と魂はひとつに結び合わされているからです。もし体が苦しめば、魂も苦しみます。霊的成長を求めるときに、体をないがしろにすることはできません。それどころか、体を無視することは必然的に霊的成長を妨げることに繋《つな》がるのです。

霊的形成を目指して行うエクササイズを含めて、生活において行うあらゆる事柄は、体を用いて行うことなのです。ですから体が十分な休息を取っていないならば、私たちの精力は減退し、その結果、祈ったり、聖書を読んだり、静まったり、また聖句を覚えたりする能力も弱くなるのです。

この章の焦点は、霊的形成が人と神との共同作業であることを示すことにあります。私たちの側でも何かをしなければなりませんが、同時に、私たちを変革するのに必要なものはすべて神が備えてくださると信頼することができるのです。

この点において、睡眠は、訓練と恵みが見事に組み合わされていることを示すのに完璧《かんぺき》な例となります。私たちは自分を眠たくさせることはできません。自分の体を強いて眠らせようとすることはできないのです。眠るとは、委《ゆだ》ねる行為です。信頼の表明です。このことによって、私たちが決して神（まどろむことのないお方）ではないことを認めることになります。そして、私たちがまどろむことを知らない神ではないということは幸いなことでもあります。なぜなら、私たちは眠ることが許されているということだからです。私たちは自分を眠らせることはできませんが、しかし睡眠に必要な状態を作り出すことは可能なのです。

今まで強調してきたように、霊的訓練は神から何かを獲得する方法ではありません。むしろそれは神に教えていただき、鍛えていただき、癒《い》やしていただくための賢いエクササイズなのです。ですから睡眠とは、〝訓練をしない〟という訓練のようなものです。次のエクササイズから始めて、この本を学ぶ期間（できれば、私の願いとしては、これからもずっと）、このエクササイズを実践し続けてみてください。適切な睡眠時間以上に睡眠を取るようなことは決して起こらないでしょうから。

睡眠の訓練

今週、少なくとも一日、もうこれ以上眠れないと思うまで眠ってみてください。必要ならば、眠る日をちゃんと決めてください。あなたの目標は眠ることです。もしくは、「十分に休めた。もうこれ以上、少しも布団の中で寝ている必要はない」といえるまで、布団の中にいることです。あなたが世話をしなければならない家族がいる場合には、このエクササイズのために他の人に助けてもらうようにお願いする必要があるかもしれません。

仮にこのエクササイズができない場合は、もう一つのエクササイズに取り組んでみてください。今週、少なくとも三回は最低七時間の睡眠を取ること。このためには少し早めに床に就くことが求

められるでしょう。以下は、眠りやすくするための幾つかのコツです。(8)

1　毎晩、決まった時間に就寝する。

2　就寝の直前には、ストレスのかかる活動（例えば、テレビを観たり、コンピューターを使って時間を過ごしたりすること）はしないようにする。

3　刺激物（カフェイン、刺激の強い食物）に反応しやすい場合は、夕方から刺激物を摂取しないようにする。

4　眠ることを強制しない。眠気を感じないならば、眠くなるまで読書をしたり、詩篇を読んで思い巡らしたり、心地よい音楽を聴いたり、身を起こして窓の向こうを眺めたりしてみる。体が眠りにつく準備をしないかぎり、いくら寝返りを打ってもうまくいかないものです。

5　夜中に目が覚めても、まだ起きる必要がなければ、再び眠りにつけるように布団に入ったままでいるようにする。

こうしたコツを心得ていても、まだ十分な睡眠が取れない場合もあることでしょう。そのような場合には、医師の診察を受けて、医学的な説明を聞くことが助けになるかもしれません。あるいはまた、睡眠に関する専門家に面会して、さらにアドバイスを受けることも有益でしょう。もしくは睡眠を妨げている何らかの情緒的な問題があるかどうかを突き止めるために、カウンセラーか療法士を訪ねて診てもらうことも助けになるでしょう。

振り返るために

このエクササイズにあなたひとりで取り組むか、あるいは他の人とともに取り組むかにかかわりなく、課題と取り組む中で経験したことを振る返るために、以下の質問に答えることは役に立つことだと思います。いずれにしても、質問の答えを日記（デボーション・ノート）に書き記してみることはよい方法でしょう。そして小グループに集うようなときに、その日記を持参し、体験したことを小グループの仲間と分かち合うことは、あなたが課題と取り組む中で与えられた洞察を思い起こすうえで助けになるでしょう。

1　今週、睡眠の訓練に取り組むことができましたか。もし取り組めたとしたら、自分がしたこと、またそのことについて感じたことを説明してください。

2　この訓練を通して、神について、あるいは自分自身について、学べたことは何ですか。

第2章　神はよいお方

今でも忘れられないのですが、初めて説教奉仕で招かれた教会の礼拝プログラムに「招きと応答」というものがありました。司式者が会衆に向かって大声で呼びかけると、同じように大きな声で会衆が応答することになっていました。

こうしたやり取りに私が慣れていないようだと感じ取った牧師は、私を紹介しながら会衆に次のように語りました。「ゲストの先生にも、私たちのやり方に慣れてもらいたいので、日曜日にいつもしている招きと応答をやりましょう。それからゲストの先生にもしていただいて、みことばをとりつぐ心備えをしてもらいましょう」

そのように語った後、その牧師は少し間をおいて、「神はよいお方です！」と大声で叫んだのです。すると会衆も大きな声で、「いつも、そうです！」と応答しました。すると今度は、「そして、いつも！」と牧師が叫ぶと、会衆は「神はよいお方です！」と大声で応じて締めくくったのです。

その後で牧師は、「今度はジム先生が導いてくださいます」といって、講壇に立つようにと、その所にあるマイクを指さしました。講壇の上で叫んだり、あるいは大声で返されるといったことに慣れていない私でしたが、「神はよいお方です！」と講壇から声を張り上げました。すると私を元気づけるように、会衆はとても大きな声で「いつも、そうです！」と叫び返してくれたのです。

聖霊のおかげか、アドレナリンのせいか、あるいはその両方なのか知りませんが、力づいた私は「いつも、そうです！」と大声で呼びかけると、会衆もまた「神はよいお方です！」と叫び返してくれました。

当時の私にとって、「神はよいお方です」と叫ぶこと自体はたやすいことでした。あの頃まで私は成功し祝福された人生を歩んでいましたので、誰《だれ》に対しても、神はよいお方で、それ以外に表現しようもないほどによいお方だと信じていますと心から告白することができました。そのように告白できる根拠が幾つもあったからです。例えば、愛する家族がいること、健康が支えられていたこと、綺麗《きれい》で素敵な妻に恵まれていたこと、健やかに成長している小さな息子がいたこと、そして誇らしい経歴もありました。

クリスチャンになって十二年ほど経っていましたが、そのときに至るまで、神はわかりやすい仕方で私の人生のうちに働いてくださっていました。ですから、あの日曜日に、講壇から「神はよいお方です」ということも、もちろん叫ぶことすらも、私にとってはたやすいことであり、しかも自然なことでもありました。しかし、この後、このすべてが変わろうとしていたのです。

「だれが罪を犯したからですか」

その知らせは息が止まりそうなほど衝撃的なものでした。医師が私たち夫婦に、妊娠八か月を迎えた妻のお腹にいる女児にめったに起こらない染色体異常が見つかり、そのため、生まれたとしてもすぐに死んでしまうだろうと告げたのです。

錯乱状態の心を抱えて帰宅し、悲しみのあまり目には涙が溢《あふ》れました。医師はこの悪い知らせをとても事務的な仕方で伝えたので、思いっきり医師の胸ぐらをつかみ、揺すりながら、「あなたが話しているのは私の娘のことですよ！　医療機器が壊れたかのようないい方をしないでほしい！」と訴えたい衝動に駆られたことです。

このときまで、私は自分の人生において、困難なことは何一つ経験していなかったのだと思います。しかし今や、人生で最も辛《つら》い出来事の一つに直面させられたのです。すなわち、これから襲いかかる、幼いわが子の死とどのように向き合っていくのかということです。

このような悪い知らせを、人はどのように乗り越えることができるのでしょうか。どうすれば、生まれてくる子どものために部屋の準備をする代わりに、その子の葬式の準備ができるのでしょうか。神がよいお方であることを信じているクリスチャンは、こうした悲惨《ひさん》で胸が張り裂けるような出来事をどのように受け止めたらよいのでしょうか。

さて、結果として、このときの医師の予測は誤っていました。確かに娘は染色体異常を持って誕生したのですが、それはすぐに命にかかわる類《たぐ》いの致命的な異常ではなかったのです。私たちの小さな愛娘マデリン（皮肉なことに、その名前の意味は「力の塔」というものでした）は誕生したものの、体重は僅《わず》か千グラムほどで、心臓には欠陥があり耳が聞こえず食物も飲み込むこともできない体でした。そのときの医療専門家たちの診断によれば、その子の寿命は長くて一、二年であろうということでした。

その当時の私たち夫婦は、まるで常にお腹を蹴られているような感覚でいました。しかし、それだけでは終わりませんでした。ある日、長年付き合いのあった牧師が、気分転換にということで私を昼食に連れ出してくれました。

ちょうどサラダを食べていたときでした。「ジム、誰《だれ》が罪を犯したのかね。きみか、それとも奥さんか」と牧師は聞いてきたのです。私が、「すみませんけど……、どういう意味ですか」と聞き返すと、「つまり、きみたち夫婦のうちのどちらか、もしくは二人ともが、以前、何らかの罪を犯したことが原因で、こうしたことが起こっているに違いない」と牧師は語ったのです。

それから私は、わが子に致命的な欠陥を持って誕生させるほどに神を怒らせた罪がいったい何だったのかを突き止めるように、今までの人生においてなしてきた悪い行いを一つひとつ思い起こし始めたのです。また一方で、あの牧師がいったことは果たして正しいことだろうかとも考えました。

かなり悪い部類に属すると思われる罪を少なくとも片手の指の数ほど思い出しました。ただ、そうした罪でも法律に抵触したり著しく社会的倫理に反したりするようなものは一つもなく、ましてそのために赤ん坊が犠牲にならなければならないほどに問題を含んでいるものがあるとは思えませんでした。

そこで次に考えたことは、たぶん妻のせいだ！　なにしろあのとき牧師は「きみたち夫婦のうちのどちらか、もしくは二人ともが」といっていたではないか！　たぶん妻が何か悪いことをしたに違いない。とするならば、いったい何をしたのだろう、ということでした。その日の午後はずっと心がうつろのまま過ぎ、私は、自責の念と悲しみ、そして怒りや疑いの入り混じった思いの中でますます深く沈んでしまったのです。

このように心が疑いの袋小路にはまっていく中で、マデリンの誕生は単なる因果関係が積み重なって導き出された悲しい結末にしか思えなくなっていきました。つまり神は、私たちの善悪を清算しておられるのか、あるいは、何らかの理由があって神の裁きが行われたのかのどちらかです。だとすれば、神がなされた正当な行為に疑念を抱いたり異議を唱えたりするようなことは、罪に罪を重ねる行為にしかならないでしょう。

マデリンは、ちょうど二年強の間、生きることができました。それから娘の小さな体はついに戦うことを諦《あきら》めました。そうした二年間、そしてその後も、周囲の人々は私たちに対してひどく失礼なこと、配慮に欠けたことをいってきました。

マデリンの葬式が行われた前夜、人々が集まってくれたのですが、ある婦人は妻に、「大丈夫よ、また子どもが与えられるから」といいました。こうしたことばの中で私が最も気になり始めたものがあります。それはこの出来事すべての中に神が働いておられたことを神学的に説明しようとすることばでした。

また何人かの人はこんなこともいいました。「この出来事の中に主はきっと何らかの理由をお持ちだと思うよ」。別な人はこんなことをいいました。「神さまはマデリンを地上に置いておく以上に、ご自分のみそばに置いておかれたかったのだと思う」。またある人は、「時として子どもというのはこの地上に置いておくには美しすぎる存在なのよ」ともいいました。

このように語る人たちの神は、あまりにも低俗すぎるか、もしくはあまりにもちっぽけすぎるお方のようにしか感じることができませんでした。こうした人々は、この出来事の背後に神のご計画があったと信じたかったし、また信じる必要を感じていたのでしょう。しかし仮にそうした計画をお企《くわだ》てになるのが神だとするならば、その神は私のことなどどうでもよく、自分のことしか念頭にないようなお方でしかなくなることでしょう。こうしたクリスチャンの友人によって私は、神のことを冷酷で気まぐれ、そして自己中心的なお方であると信じ込まされるようになりました。

クエーカー運動の創始者であったジョージ・フォックス（一六二四―九一年）は、小川のほとりに座っていたときに、次のように聖霊が囁《ささや》くのを耳に感じたことを、日記の中に記しています。「あなたの現状に語りかけることのできるお方はおひとりだけである。そのお方こそキリスト・イエスである」と。

私は信じます。イエスは私たちの置かれている現状についてお語りになることができ、また実際に語ってくださるお方であると。このとき、私が置かれていた「現状」は明白でした。私も妻も共に、（完全ではありませんが、それでも）イエスに忠実に従って生きる者でした。そうした中で、人生において最も痛みを伴う経験の一つに遭遇したのです。それはわが子の葬りをしなければならないということです。

このような中で私は、神についての正しい物語を選ぶために、自らに次のように問いかけることを学びました。それは「このような神さまについての考え方は、イエスさまが啓示なさった神さまのことを、矛盾なくいいえているだろうか」という問いかけです。私たちの状況について、イエスなら何とおっしゃるだろうか。また、友人の牧師は娘に起こった出来事は両親である私たちの罪に原因があったと結論づけたが、果たしてイエスもそのようにお考えになっているのだろうか。

古代から伝わる物語――怒る神

実は「誰《だれ》が罪を犯したのか」と問うた牧師は、数千年の間、私たちの間に浸透している物語に基づいて語ったのでした。古代宗教のうちそのほとんどのものが、神々の祝福をいただくためには何かよいわざを行わなければならず、逆に神々を怒らすようなことがあれば、必ず裁きが下されるという物語によって成り立っています。そうした物語は次のようにまとめることができます。「神は怒りに満ちた審判者である。善を行う者を祝福し、罪を犯す者を裁く」

最も原始的な古代宗教に限らず、一見したところ、このような物語は旧約聖書の中にも見出せるように思われます。例えば、偶像を拝むことへの警告を記録する出エジプト記20章5節には次のように記されています。「それらを拝んではならない。それらに仕えてはならない。あなたの神、主であるわたしは、ねたむ神、わたしを憎む者には、父の咎《とが》を子に報い、三代、四代にまで及ぼし……」

またイエスの時代のラビもこうしたことを教えていましたし、こうした物語こそ当時イエスがかかわった人々の心を支配する最も主要な物語でした。聖書学者のレイモンド・ブラウン〔一九二八―一九九八年。アメリカのローマ・カトリックの司祭でもあった〕はこのことについて次のように説明しています。「ラビが説く神とは、人々に〝愛の懲らしめ〟を与える神であった。すなわち、この懲罰を十分に受けるならば、その人には長寿と報いがもたらされるであろう」(1)

こうした物語は古代ユダヤ教に起源を持つものですが、同時に現代のクリスチャンも受け入れている考え方でもあります。あの悲惨な九・一一の出来事の直後、二名の著名なテレビ伝道者が、神はアメリカ、特にニューヨークに対して、そこに住む人々の罪深さゆえに裁きを下されたのだと発言しました。(2)どうやらイエスの神は、ゲイ、レズビアン、ストリッパー、ギャンブラー、麻薬売買人に愛想を尽かし、クリスチャンではない人々からなるある集団に働きかけ、神のために飛行機をビルに激突させた結果なのだ、と。

この物語は、信仰を少しだけかじった非常に多くの人々によって信じられています。いい換えると、これこそが、クリスチャンの中で広く行きわたっている、神に関する最も一般的な物語なのです。ベイラー大学〔アメリカ南部にある南部バプテスト系の私立大学〕で行われた研究は、この物語こそが、超保守的なクリスチャンの間に見られる神理解そのものであると結論づけています[(3)]。

さらにまた、おおよそ三七パーセントのクリスチャンは、神を「人の生活の些細《ささい》なことに対してもすぐに判断を下し、いちいち干渉してくる存在」と信じているということです。つまり神とは、人の生活の細部まで監視され、ちっぽけな違反も見逃さずに罰を与えようとされる審判者のような存在だというのです。

実は、私自身もこうした物語を何年にもわたって信じていたことを告白しなければなりません。長い時間祈りを捧げたとか、まる一日奉仕をしたとか、そうした何か特別によいことをしたような場合、こんなによいことをしたのだから、神は私にどのような祝福を下さるだろうかと考えたりしたものでした。また逆に、友人を騙《だま》したり、ゴルフに行くために礼拝をサボるような何か悪いことをしたような場合、神はいつ、どのような罰をお下しになるのかと、ひそかに心配するようなことがありました。

娘が先天性の病を抱えて生まれてきたという状況に直面するまで、この物語について深く考えることはありませんでした。私たちの小さな娘マデリンが、この病をもたらす原因になるような罪を犯すことなど決してなかったでしょう。また妻や私がある罪を犯したために、それが原因となって神が小さな幼子に苦しみを与えねばならなかったとしたら、そうした罪とはいったいどのようなものなのでしょうか。

このようにして私は、直面した出来事を通して神とはいったいどのようなお方なのかということを、あらためて深く考え直す機会を得ることとなりました。そこで直ちに、私が知りうる中でも、神を物語る最高の語り部であるお方のところに向かうことにしたのです。そうです。私はイエスに注目することにしたのです。

イエスが語る物語

イエスは天の父はよいお方であることをはっきりとはばかることなく宣言なさいました。いや、「よい方は、ひとりだけです」（マタイ19・17）と語って、比類なきよいお方であるとお語りになったのです。イエスはお語りになったすべての物語によって、神は完全によいお方であり、たとえ私たちの理解を超えたことであったとしても、常に神は私たちの益のために働いておられるとお語りになりました。

では、神が悪人を罰することを伝えている物語に関してはどうなのでしょうか。この件でイエスが質問をお受けになるという場面が二度ほどありました。その一回目は、人々を震撼《しんかん》させた二つの事件について、なぜそうしたことが起こったのかの説明を求められる場面でした。そのうちの一つの出来事は人間の残忍さによって引き起こされたものであり、もう一つは自然災害によって生じた出来事でした。

ちょうどそのとき、ある人たちがやって来て、イエスに報告した。ピラトがガリラヤ人たちの血をガリラヤ人たちのささげるいけにえに混ぜたというのである。イエスは彼らに答えて言われた。「そのガリラヤ人たちがそのような災難を受けたから、ほかのどのガリラヤ人よりも罪深い人たちだったとでも思うのですか。そうではない。わたしはあなたがたに言います。あなたがたも悔い改めないなら、みな同じように滅びます。また、シロアムの塔が倒れ落ちて死んだあの十八人は、エルサレムに住んでいるだれよりも罪深い人たちだったとでも思うのですか。そうではない。わたしはあなたがたに言います。あなたがたも悔い改めないなら、みな同じように滅びます。[4]」（ルカ13・1―5）

イエスへの問いかけの中に、「懲罰を下す神」の物語を聞き取ることができます。ここであの人々が苦しみに遭ったのは、その人々が他の人々に比べより邪悪な罪人だったからでしょうか、と。ところがこれに対してイエスははっきりと「そうではない」と断言され、そうしてこうした考え方自体を封印なさるのです。

仮にこの場合、罪と懲罰の間に何らかの関係性があったとするならば、このときイエスは即座に「そのとおり」とお答えになったはずです。しかしイエスはこうした悲劇的出来事を引き合いに出され、神がどのように人々を罰するのかを説明なさる代わりに、死よりもさらに悪い最期、すなわち滅びがあるという事実に気づかせようとされました。

「先生。……だれが罪を犯したからですか」

イエスが、「神は罪人を罰する」という物語と遭遇された二回目の出来事は、まさに私自身の経験と重なるような出来事でもありました。イエスは生まれつきの盲人と出会われたのです。そのとき、弟子たちから次のような質問を投げかけられました。「先生。彼が盲目に生まれついたのは、だれが罪を犯したからですか。この人ですか。その両親ですか」。これに対してイエスは次のように答えられました。「この人が罪を犯したのでもなく、両親でもありません。神のわざがこの人に現れるためです」（ヨハネ９・２―３）

イエスの時代のラビ（先生）は、病は苦しんでいるその人の両親、もしくは本人の罪の結果によってもたらされるのだと教えていました。この盲人の場合、生まれつき目が見えないという先天的なものであったがゆえに、両親のせいでそうなったと考えられたのです。しかし、あるラビたちは、胎児であっても母胎の中で罪を犯すことは可能であるとも教えていました。[5]そうだとするならば、この男性自身に問題があった可能性も出てきます。

また輪廻《りんね》による生まれ変わりを信じるような古代の人々は、前世に犯した罪こそが先天的な病の原因であると受け止めていました。盲目という障がいに関していうならば、前世においてその人が母親を殺したことが原因していると信じられていたほどです。[6]

ところで、イエスはどのように回答なさったのでしょうか。出エジプト記20章５節にある、「父の咎《とが》を子に報い、三代、四代にまで及ぼし」というくだりを確証するように、この男性が盲目で生まれたのは両親が原因なのだとお答えになったでしょうか。

もしくは、胎児のときに犯した罪が原因であるとする一部のラビの主張を支持する発言をなさったのでしょうか。あるいはまた、そうした典型的なユダヤ教の物語から踏み出し、この男性は前世において何か悪いことをしたから盲目になったのだとお答えになったでしょうか。

ここにおいてイエスは当時の支配的であった物語に支持を表明する機会が与えられたにもかかわらず、そうすることを拒否なさいました。その代わりに、「この人が罪を犯したのでもなく、両親でもありません」と主張されたのです。罪を犯したことがない人間など一人もいないことを知る者にとって、こうしたイエスの答えは最初、奇妙に聞こえるかもしれません。

しかし、そのことが答えの要点ではなく、ここでイエスがはっきりと主張なさったことは、人が犯した罪とその人が抱え持つ病気との間には何の関係性もないということでした。確かにこのとき、「あなた方のいうとおりです。あの男性が生まれつき目が見えないのは両親の過ちが原因なのです。両親が異教の神々を信じたから、天の父が子どもに罰をお与えになったからです」と主張することもイエスにはおできになりました。あるいは、「これは男性自身の過ちの結果です。母親の胎内にいたときに貪欲《どんよく》な思いを抱いたので、神は罰として男性を盲目になさったのです」とおっしゃることもできたはずです。でも、イエスはこうしたことを一言も主張なさらなかったということを、あえて再び強調しておきたいのです。

それだけではありません。イエスはこの盲人をお癒《い》やしになっているのです。こうしたイエスの行為はさらに多くのことを暗示しています。仮にイエスが、その人が盲目であることはやむをえないことで、その人自身（もしくは両親）の罪に対するまったく正当な刑罰であると理解なさったとするならば、何もなさらずに立ち去られたことでしょう。なぜならば、罪が正当に罰せられるということこそが正義ですから。

しかしイエスはそうなさらずに、その盲人をお癒やしになることにより、神の力を現されたのです。新約聖書学者メリル・テニイ〔一九〇四―八四年。アメリカ人〕は次のように結論づけています。

イエスは、弟子たちの質問の背景にあるどちらの考え方をも受け入れることを拒否したのである。むしろその男の苦しみに目を留め、それを男の両親もしくは男自身によって犯された何らかの過ちに対する天罰として理解する代わりに、神のわざがなされる機会として捉《とら》えたのである。イエスは、盲目を刑罰の結果とか、不条理な偶然の出来事のゆえであるとは受け取らず、むしろ、その出来事を、男の人生に癒やしをもたらす神の力を現すようにとの、自らへの挑戦として受け取ったのである。(7)

正しい人の上にも雨が降る

明らかにイエスは、「人は受けるに値するものを受ける」という考えを廃棄なさいました。イエスによれば、神は、永遠の帳簿のようなものを手に、その帳尻《ちょうじり》を合わせようとあくせくしているお方ではありません。むしろそれに対してイエスは、神がすべての人々に対し、分け隔てなく接するお方であることを、次のような有名なことばをもって教えておられます。「天の父は、悪い人にも良い人にも太陽を上らせ、正しい人にも正しくない人にも雨を降らせてくださるからです」（マタイ5・45）

ここでイエスは私たちに明白な真理を語っておられます。ちょうど聖徒や罪人の区別なく、すべての人に太陽が昇り雨が降るように、神は人の行いにかかわりなく、すべての人に祝福をお与えになるということです。悲惨な出来事が素晴らしい人に起こることもありますし、また素晴らしい出来事が悪い人に起こることだってあるのです。したがって、私たちの住む世界をくまなく探してみたところで、常に罪人は裁かれ善良な人は祝福されるという主張を立証することなど不可能なのです。なぜなら現実がそうではないことを明瞭《めいりょう》に証ししているからです。

この人生に正義などない

なぜ「人の行いに応じて懲罰を下したり祝福を与えたりする神」という物語が一般的で、なおかつ人気のある考え方なのかの理由がわかるように思えます。私たち人間はコントロールすることを好みます。「人の行いに応じて懲罰を下したり祝福を与えたりする神」という物語は、こうした私たちに、この世界をコントロールすることができるという幻想を抱かせてくれます。これは混沌《こんとん》とした存在である私たちにとってとても魅力的です。

こうした考え方は、例えば、「梯子《はしご》の下を歩くと悪いことが起こる」とか、同様に、「鏡を割るとよくないことがある」、あるいは「黒猫が目の前を横切ると不幸なことが起きる」といったような、ある種の迷信であるにもかかわらず、そして心の深いところでは馬鹿げているとわかっているのですが、そうした迷信を信じることをやめられないでいるのです。

神は私たちの行いに応じて罰したり祝福したりするお方であるという信仰は単なる迷信であるだけではなく、それを立証できる一つの根拠すらないものなのです。四世紀に活躍したヒッポのアウグスティヌスは、この「信仰」の持つ明らかな問題点を指摘して次のように述べています。

神の判断によって、なぜ善人が貧しくされ、悪人が豊かにされるのか、私にはわかりません。……また、なぜ悪者が健康を享受《きょうじゅ》し、信仰の人が病のゆえに人生を無駄に過ごさざるをえないのかの理由がわからないのです。……しかも、そこには一貫性がありません。というのは、善人が幸福を享受し、悪人が不幸な人生を送ることもあるからです。神にどのような判断があって、こうしたことがなされたり許されたりするのか、私たちにはわかりません。しかし神は最も善であり、最も知恵に富み、最も正しいお方であり、そのお方のうちには弱さもなく、思慮に欠けることもなく、不公平のかけらもないのです。ともあれ、私たちにとって有益なのは、善人も悪人も同様に被る幸福や不運を、重要なこととは見なさないようにすることです。(8)

私は、アウグスティヌスの正直さが大好きです。私たちには、なぜ神がこうした出来事が起こること許可しておられるのかを知る余地もありません。さらにアウグスティヌスは、よいことがよい人に実際に起こるし、悪いことが悪い人にも起こることも、同様に指摘しています。

例えば、不妊症を例にとってもそうです。私は、子どもが与えられないということで大きな痛みと恥を感じている、善良で敬虔《けいけん》な夫妻を知っています。ところが一方で、ドラッグを買うために自分の幼い娘に売春を強要した母親に関する事件記事が今日の新聞に載っていました。

なぜ、このような女性が妊娠する能力に恵まれ、私の友人たちはそうではないのでしょうか。それならば、善良な人は常に苦しみに遭うが、悪い人は決して苦しみに遭わない、という結論を導き出すべきでしょうか。もちろん、そうではありません。悪人も苦しみますし、善人が栄えることもあるのです。このようにはっきりしていることといえば、こうしたことすべてを理解できる方法はないし、こうした「なぜ」という私たちの問いかけを説明してくれる理屈などない、ということなのです。

善を行う人のみが経験する祝福

こんなことがあっても、依然として、神は「最も善であり、知恵に富み、正しいお方」であり、なおかつ神には弱さや無分別や不公平もないとアウグスティヌスは信じ続けています。そしてなぜよいことや悪いことが起こるのかについて詮索《せんさく》するために時間を費やすことは「有益」でないという表現をもって結論としています。

単に私たちが知りえないことだから考える値打ちがないということではありません。より大事な論点は、そうした議論をしていては、正しいことに意識を集中できなくなってしまうということです。アウグスティヌスは次のように結論づけます。「それゆえ私たちは、善人だけに与えられるよいことを捜し出し、その一方で悪人に特有の邪悪なことから最大限の距離を置かなければならないのです」(9)

私たちは、「善人だけに与えられるよいこと」に注意を集中すべきです。これはどういう意味でしょうか。ここでいわれているのは、善を熱心に追い求める者にのみ与えられる祝福のことです。ある意味で、これこそが、私たちが頼ることのできる唯一の正義ということなのです。

例えば、この原稿を書いている今、私はブラジルにいて、二人の牧師と協力して働いています。その二人の牧師は、何年もの間、リオデジャネイロとカンピーナスの人々に仕え、みことばを説き明かし、愛を捧げてきた人たちです。私はポルトガル語を上手に話せませんし、人々が二人に語ることも理解できませんが、その牧師たちのところにやって来ては抱擁《ほうよう》し感謝を表すたくさんの男女の姿を一日中観察していれば、その二人の牧師の働きを通していかに人々が祝福にあずかっているかがよくわかります。エドゥアルド牧師とリカルド牧師の二人の顔は喜びで輝いていました。

これこそ、悪を行う者にはわからない事柄なのです。自己中心で意地悪く陰険な人には、この二人の牧師が感じていることを決して味わうことなどできません。これこそが、善を行う人にのみ与えられる祝福なのです。

逆に、アウグスティヌスは「悪人に特有の邪悪なことから最大限の距離を置かなければならない」と語っています。自己中心で意地悪く陰険な人は、心の奥深くで罪責感・孤独・悔恨《かいこん》・自己嫌悪を覚えるものです。このような人たちは、闇《やみ》に覆われ、なおかつ闇に襲われるとはどのような感じがするのかを経験しています。

こうしたこと自体は、問題に対する完全な解決とはなっていませんが、それでも、神がよいお方であることの一端を垣間《かいま》見せてくれています。愛し、仕え、誠実で、忠実な人に対して、悪人が決して知りうることのできないような喜びと平安とを与えることを、神は約束しておられるのです。

それでも、神は正義であられる

この世の人生において、私たちすべてに起こりくるさまざまな出来事の理由を理解することなど不可能です。正直に、かつ客観的に見て、この世の人生に正義のかけらもないことを認めざるをえません。苦しみについて、アウグスティヌスは、一種の知恵に富む結論を述べています。アウグスティヌスがいうように、いつの日か、私たちは理解するようになるでしょう。(10)

審判の日に、神が下される裁きが最高に正しいように見えるだけでなく、初めからなされていた、神のすべての裁きが、同じように公正であったことがはっきりします。事実、そのときに至り、人間の理解を超えた神の裁きの多くが、いやほとんどすべてが、いかに正しい裁きであったかをも知ることになるでしょう。そのとき、隠れていた神の裁きの公正さが、信仰を持つ者の目に明らかになるのです。

もしアウグスティヌスが私の教会の牧師であったなら、次のように語ってくれたことでしょう。「今、ここで、これらの事柄について知ることはできません。なぜなら、そうしたことは、私たちの理解をはるかに超えているからです。でも、いつか、それがすべて明らかにされる日が必ずやって来ると、私は信じています。その日、あなたは、あなたの娘さんが障がいをもって生まれ、すぐに死んでしまうようなことを神さまがなぜお許しになったのかという理由を完全に理解することでしょう。そして、その理由を理解したときに、あなたは神さまが正しいお方であると同時に、よいお方でもあることを知るようになると、私は確信しているのです」

私は信じられなくても、イエスは信じておられる

このことは、はっきりしておきたいと思います。それは、ただ単にイエスのお語りになった物語が私の助けとなっただけではなく、イエスご自身が深い悲しみと疑いの中に苦しむ私を導いてくださったということです。

イエスは苦しみについて説明なさるだけのお方ではなく、自ら苦しみを体験されました。十字架につけられ、父なる神に見捨てられたとお感じになったとき、人間が経験しうる最悪の疎外《そがい》を耐え忍ばれたお方がイエスなのです。娘のマデリンの病状を知らされるたびに、私は神に見捨てられているように感じたものです。しかしイエスはそんな私の思いをわかってくださるのです。

ガラテヤ人への手紙の中でパウロは、次のような心動かされる事柄を語っています。「しかし私は、神に生きるために、律法によって律法に死にました。私はキリストとともに十字架につけられました。もはや私が生きているのではなく、キリストが私のうちに生きておられるのです。いま私が肉にあって生きているのは、私を愛し私のためにご自身をお捨てになった神の御子を信じる信仰によっているのです」（ガラテヤ2・19—20）

この聖句を読む際、聖書を注意深く見るならば、「神の御子を信じる信仰」という句の後に脚注がついていることに気づくでしょう。多くの現代語訳聖書には、「あるいはまた、『神の御子の信仰』と訳すこともできる」という脚注がついています。なぜ、このような注が付記されているかといえば、原文に忠実でありたいと考える聖書翻訳者がこのような訳のほうがより正確な訳であると考えるからなのです。

そうだとするならば、なぜ、ほとんどの現代語訳聖書ではそのように読まないのでしょうか。私の理解では、イエスに対する私たちの信仰を強調する傾向があり、私たちに対するイエスの信仰ということは今まで考えたこともないというのが、その理由だと思います。

イエスは父なる神はよいお方だとお語りになりました。また、神は私たちのよい行いや悪い行いに基づいて目に見える報いや審判をお与えになるという考え方を認めることを拒否なさいました。雨は善人の上にも悪人の上にも降るのです。時として、私たちは（収穫のために）雨を祈り求めることがありますし、あるときは、（ピクニックのために）雨が降らないようにと祈ったりもします。望む望まないにかかわらず、善人にも悪人にも、雨が降るのです。

イエスは苦しみ・拒絶・疎外に直面なさいました。人々に嘲《あざけ》られ、神は本当にイエスとともにいてくださるのかと、人々から問われながら、十字架に架《か》けられていったのです。そしてイエスは、神が共におられるとお信じになりました。私のために信じてくださったのです。私たちが信じることができないときでさえも、イエスは信じておられます。私たちが祈ることができないときにすら、イエスは祈ってくださいます。私たちは、そのイ、エ、スの信仰にあずかっているのです。

私はパウロとともに、「私はキリストとともに十字架につけられました」〔ガラテヤ2・20〕と告白します。この奥義を理解していないかもしれませんが、しかし私は、イエスが私以上に私自身に近しいお方であることを知っています。「キリストが私のうちに生きておられる」〔ガラテヤ2・20〕のです。そして、そのお方の信仰によって生かされているのが私なのです。私はひとりぼっちではありません。

このことは、単に私の物語を修正する以上の出来事です。イエスが私のうちに生き、私を通して生き、私のために生きてくださることを受け入れるということです。父なる神の愛、イエスの贖《あがな》い、聖霊との交わりという恵みは、私が何かをしたことに基づいて与えられるのではありません。気が滅入《めい》るような状況にあってすらも、神はよいお方であると信じられるのは、聖霊の賜物《たまもの》なのです。

希望を持つことができる理由

マデリンが亡くなって数年後のある日の午後、私はひとり静まるときを持っていました。過去数年間の出来事を振り返りながら思い出していたのは、医師から宣告を受けたときの心が張り裂けるほどの苦痛、病院のロビーで過ごした数えきれないほどの眠れない夜のこと、墓地に遺体を葬った雨の降る暗いあの日のことでした。そうしたことを思い巡らした後、深く考えもせずに、「たぶん娘は生まれてこなかったほうがよかったのかもしれません」と神に向かって語りかけたのです。

実はそのとき、私の人生で今まで経験したことのないほどはっきりと、神が応えてくださるという体験をしました。その日、その瞬間、私の心の中に小さな声が囁《ささや》くのを感じたのです。それは小さな女の子の声で、今まで聞いたことのない声でしたが、瞬間に、マデリンの声だとわかりました。

「お父さん、そのようにいわないで。私が生まれなかったら、今、ここにいることなどできなかったのよ。この天国にいて私はとても幸せなの。そしていつの日か、お父さんやお母さん、そしてジェイコブもここに来て、私と会うの。そしてそれからずっと一緒にいることができるのよ。ここでは、私のために起こった素晴らしいことがたくさんあるの。お父さんは今はわからなくても、いつの日かわかるから」

すぐに私は、自分自身が抱いた情けない考えを悔い改め、床《ゆか》に突っ伏して泣いたのでした。そのようなことばを聞くことができたことは感謝なことでした。そのとき、もう一つの物語が心に浮かびました。それは、天国の約束についての物語でした。どうしたら悲劇を経験しながらも「神は私にとってよいお方です」と告白できるのか、またどうしたら、「見よ。神が私を殺しても、私は神を待ち望み……」（ヨブ13・15）ということばをヨブはいいえたのか、さらに、ゲツセマネの園で恐れに襲われていたイエスが、それでも父なる神に「アバ、父よ」〔マルコ14・36〕と呼びかけることがおできになったのかについて、私は理解し始めました。

マデリンの死の二年後に、妻のメガンが妊娠しました。八か月の間、私たちは多くの不安にさいなまれ、信仰は少しばかりしかありませんでした。最後の超音波検査のとき、心臓が口から飛び出るほどに緊張しながら、医師から告げられる「悪い知らせ」に対して身構えていたのです。

私たちが経験したことをまったく知らなかった検査技師は、「手も問題なし……心臓も問題なし……胎児はまったく異常ありません。性別をお知りになりたいですか」と、私たちが聞きたかったことを次々と語ってくれました。「ぜひ、教えてください」というと、「女の子ですよ」と知らせてくれたのです。私たちは笑顔になりました。そして妻が、「赤ちゃんの名前はどうしましょうか」と私に尋ねてきたのです。

そのとき、同時に私たち二人の口から、「ホープ（希望）」という名前が飛び出たのでした。

あなたがたは、世にあっては患難があります

マデリンが召されて十年が経ちました。神のご本性について、今では多くのことがわかるように思います。神の善とは、私が何が善で、何が善でないかを決めるような類《たぐ》いのものではありません。私は、不完全な理解しかすることのできない人間にすぎませんし、理解力にも限界があります。また信仰生活において養われ、成熟する中で、次第にいかに私が何も理解していなかったかを知るようになってきました。そして最終的に、私自身はイエスの証言によって立つというところに導かれていきました。

神に対して失望するという私自身の経験は、神について教えられる以上に、私自身や自分が抱いていた期待に関して多くのことを教えてくれる出来事となりました。神の善とは、非常に広大であり途方もないものであることが、私の中で以前にも増して明らかになってきています。イエスは、私たちの人生に問題など起こらないなどとは一言もおっしゃいませんでした。事実、イエスがお語りになったことはその逆のことでした。「あなたがたは、世にあっては患難があります。しかし、勇敢でありなさい。わたしはすでに世に勝ったのです」(ヨハネ16・33)

私たちは、苦悩や痛み、苦しみや喪失を避けて通ることなどできません。なぜなら、そうしたことは、人間として生きることの一部だからです。そして、そうした患難が私たちの成長に用いられていくからなのです。ちょうど、ヤコブが次のように語るとおりです。

「私の兄弟たち。さまざまな試練に会うときは、それをこの上もない喜びと思いなさい。信仰がためされると忍耐が生じるということを、あなたがたは知っているからです。その忍耐を完全に働かせなさい。そうすれば、あなたがたは、何一つ欠けたところのない、成長を遂げた、完全な者となります」（ヤコブ１・２―４）

私は、成功体験を通してよりも、試練を通して成長させられてきました。もちろん、試練がやって来ることなど願いません。ヤコブのようには神の国に深く根ざして生きえていない者ですので、試練を「この上もない喜び」とは思えない私がいます。でも、徐々《じょじょ》にではありますが、そうした試練のただ中で神を信頼することを学びつつあるのです。

私にとって、ここ数年、多くの試練を通されてきたということだけは、確かなことです。あれ以来、あの「招きと応答」をする教会に再び招かれて説教する機会はありませんが、でもあの講壇に立たなくても、「神はよいお方です！」と叫ぶことができます。娘が先天性の病を持って誕生したのは、妻や私や娘自身の罪に対する神からの罰ゆえの出来事ではないということを、はっきりと確信しています。そして私は神が正しいお方であることを知っているのです。

さらにまた、誤りが正され、すべてのことを完全に理解することのできる天国の希望を、揺らぐことなく確信しています。私を愛し、ご自身を私のために与え尽くしてくださった神の御子の信仰のおかげで、私はこうしたことすべてを信じることができます。私はどこにいようと確信をもって、「神はいつもよいお方です。そしていつもそうです！」と告白することができるのです。

魂を鍛えるエクササイズ――静まって被造世界を意識する

神がよいお方であることを知り、経験するのを助けるために、私たちにできることは何でしょうか。イエスが知っておられた神を意識することを助けるために行うことのできるエクササイズとは何でしょうか。

神がよいお方であることを経験することを助けるために二つのエクササイズを紹介しましょう。一つは、生活のペースを落とし、心を静め、今という瞬間に実際に「そこにいる」ことを学ぶことです。二つ目のエクササイズは、私たちの周囲にある美しいものに注意を払うように努めることです。

静まること

私たちの世界は騒々しく、せわしなく、静まるために立ち止まる人などほとんどいません。よいお方である神は、私たちが心を静めているときにのみ働きかけることのできるお方です。詩篇記者のことばを用いるならば、私たちは神が「よいお方」であることを知るために「静まらねば」ならないからです。

今週は、一日の生活の中で五分間の時間を沈黙して座る時間として確保してみましょう。温かく美味《おい》しい飲み物を片手に、座り心地のよい椅子《いす》を用意して、ただ静かに座る。ただそれだけです。それほど難しいことではありません。でもこのことが大きな恵みをもたらすのです。以下、幾つかのコツを紹介します。

●生活の中で少しの自由時間を見つけてください。例えば、活動と活動の合間の時間で構いません。

●少し早めに起床する。あるいは、待ち合わせの場所に少し早めに出かけ、その場所に着いたら時間の余裕ができるので、静かな場所を見つけて「ただそこにいる」。

●静まるとき、多くの人は、さまざまな考えがあちこちと頭の中を駆け巡ってしまうことを経験します。これは普通です。心は静まって何もしないことよりも、問題を解決するために動くことに慣れているからです。静まるという訓練を妨害する、気が狂ったように「頭の中を駆け巡る猿」に対処する二つのコツを紹介しましょう。

1　メモ帳を用意して、静まることの邪魔になることが何か頭に思い浮かんだら、それをメモ帳に書き留めておく。例えば、かけなければならない電話とか、洗濯物のこととかです。メモ帳に書き留めるだけで、心を静める助けになるはずです。

2　静まるとき、五分のうちの最初の一、二分、聖書を読むことから始めてみるのもいいかもしれません。

最初、静まることは骨の折れることのように思えるかもしれません。しかし、ほんの少し努力してみてください。日ごとに静まることが容易にできるようになることでしょう。しばらくすると、あなたの日々の生活にとって、この静まるというエクササイズの重要性が増してくることにすぐに気づくと思います。

こうしたエクササイズによって、生活のペースを落とし、今という瞬間に実際にそこにいるということを学び、次第に自分の中におられる神にもっと集中することができるようになってくるはずです。やがて、「休息」することが日常の習慣となり、この休息のおかげで、あなたの生活が奏でる一つひとつの音色（あなたのいろいろな活動）は美しい音楽になります。

被造世界を意識すること

歴史上の偉大な神学者たちは、神がよいお方であることの最初のしるしとして被造世界とその美しさに言及しています。パウロもローマ人への手紙の最初の章において、そのことを語っています。被造物の中に見られるまばゆいほどの彩《いろど》りや心を酔わせる香りは、それを創造した神の素晴らしさと栄光とを物語っているからです。

忙しい人々は気づきもしないかもしれませんが、一日に二回起こる太陽の昇り沈みの出来事は壮麗なショーのようなものです。神には醜い世界を創造することもできたはずです。私たちに畏敬《いけい》の念を感じさせるような世界を造る義務など神にはありませんでした。美は秩序と大いに関係があるものです。一輪のデージーを観察するだけでも、神の心のうちを垣間見る《かいま》ことができるように思います。

モーリーン・コンロイは、その著書『神の大きな愛を体験する』で、私たちに「被造世界にどっぷり浸《つ》かってみる(11)」ことが、神の善と愛とを経験する道であると述べています。そしてコンロイは、「被造世界にどっぷり浸かってみる」ために、具体的に次のようなエクササイズを勧めています。

野外を散策する。自然の景色・音・色彩に注目してみる。可能ならば自然公園や豊かな自然が残されているような場所に行ってみる。筆記用具を持って、その場所を調査することを託された者のようにいろいろ探索し、見たものを一つひとつ書き留めてみる。

そして観察したそれら一つひとつを、いまだかつて野外に出て造られた世界の美しさを経験したことのない人に伝えようとするかのように振る舞ってみる。鳥たちの色、対称的な葉の形、風の音などをメモしておく。神が偉大な芸術家であり、自分自身はその弟子であるかのようにして、神の芸術作品の細かなところに細心の注意を払って見るように努める。

振り返るために

このエクササイズにあなたひとりで取り組むか、あるいは他の人とともに取り組むかにかかわりなく、課題と取り組む中で経験したことを振る返るために、以下の質問に答えることは役に立つこ

とだと思います。いずれにしても、質問の答えを日記（デボーション・ノート）に書き記してみることはよい方法でしょう。そして小グループに集うようなときに、その日記を持参し、体験したことを小グループの仲間と分かち合うことは、あなたが課題と取り組む中で与えられた洞察を思い起こすうえで助けになるでしょう。

1　今週、どのようなエクササイズに取り組むことができましたか。「取り組めた」と答えた人は、ではどのようなエクササイズに取り組みましたか。また、そのエクササイズについて、どう感じましたか。

2　取り組んだエクササイズを通して、神について、あるいは自分自身について、何か学んだことはありますか。

3　静まるために一日五分間を確保することは、大変なことでしたか。

4　周囲の被造世界を注意深く観察する中で、あなたにとって特に際立って見えたのは何でしたか。

第3章　神は信頼できるお方

息子のジェイコブが六歳のときに、彼を遊園地に連れていったことがありました。その日、遊園地にはほんの僅《わず》かな人しかいませんでしたので、待ち時間なしに次から次へと乗り物に乗ることができました。そうした中に、今まで乗ったことはないけれど面白そうな乗り物を見つけました。ともかくも、私たちがその名のとおり「見せかけの公園（アミューズメント・パーク）」にいることがわかったのです。

さて、その乗り物に息子と私が座ると、十代の若い係りの人が、まずベルトの留め金を締めてくれました。その直後、乗り物は動き出し、グルグル回転し始めどんどんスピードも上がっていきました。さらに左右上下の動きが加わり私たちを揺さぶるのでした。横にいたジェイコブが外に放り出されやしないかと心配で、もう必死な思いで息子の体を捕まえていました。

動き出してから終わるまでの九十秒間、歯を食いしばり、握りしめた拳《こぶし》は真っ白になりながら、心の中では早く終わるようにずっと祈っていたのです。ところが、そうした私とは違いジェイコブのほうは大声を上げてはしゃぎ、最高の九十秒間を過ごしたようでした。

乗り物を降りたとき、鮮やかな赤いペンキで書かれた、その乗り物の名前が目に入りました。「ごちゃまぜにするぞ《スクランブラー》」という、確かにぴったりの名前です。ジェイコブは、「超楽しかった。もう一度、乗ろうよ！」といいました。即座に私は「だめ」と答えたのでした（もっと正確ないい方をするならば、「もう二度と乗らない。自分は最悪のお父さんだけど、でもゆるしてくれ」）。

その後で、近くにあったベンチに腰かけながら、「怖くなかったかい？　かなりワイルドな乗り物だったよね。何であんなのに乗ったんだい？」と尋ねました。すると息子は子どもらしい素直さで、「だって、お父さんが一緒に乗ってくれたから」と答えたのです。正しいか間違っているかは別に、この幼い少年は私を信頼していたのです。

私は、あの場面で、そんな信頼に足る者ではなかったし、また今でもそのような人間でないことはいうまでもありません。そうした私ですが、息子のためなら何でもしたいと思うほどに息子を愛しています。ですから、息子を傷つけるようなことは決してさせたくないと思っています。もちろん、それでも私には限界があり、有限かつ愚かな人間です。しかし息子からするならば、このような父親だったとしても、私と一緒にいることが、実は絶対的に安心できる状態を意味していたということなのです。

息子とのこうした経験を通して教えられたのは、神は信頼できるお方だと理解することが、とても重要だということでした。イエスが現してくださる神は、決して私たちに危害を加えるようなことはなさいません。神が恨みや悪意を抱かれるようなことはありません。神は完全によいお方なのです。そして、神が全知であり全能であるという事実は、神の善をより素晴らしいものとします。私はそのような神を信頼しています。仮に先行きが暗澹《あんたん》たる状況のように見えたとしても、です。もし神がまったき善なるお方でないなら、仮に全知全能であったとしても、何の意味もありません。もし神がまったき善なるお方でないならば、決して私は、そのような神を愛し信頼することはできないでしょう。

偽りの物語

すべての人が神は信頼できると信じているわけではありません。ある日の午後、私は若い男性から電話をもらいました。電話口でその男性はまるで息ができないような声をしていました。最初私は、彼が悲惨な事故を目撃したか、さもなければその事故に巻き込まれたので電話をしてきたのではないかと思いました。

私はその男性をよく覚えていなかったのですが、彼のほうは数か月前に私の講演を聴いたと話してくれました。ただし彼の話を聞きながらわかったことは、私が講演で語ったことと、男性自身の信じていたこととが正反対だったということでした（つまり、双方の物語が正面衝突していたのです）。そうしたもやもやを抱える中で、男性はある理由で自動車を運転できなくなり電話をかけてきたのです。話を聞けば自動車には何も問題はなかったのですが、その男性自身に問題があることがわかりました。

「スミス先生。先生が神さまについて話されたことが本当かどうか知りたいのです」

「具体的に、どの点についてお知りになりたいのですか」

「神さまは完全によいお方で、愛に満ち、信頼できるお方で、私たちの益を願って働いておられると先生はお話しされましたよね。先生がお話しされたことを一字一句記録したものですから。ところで私も神さまを信頼することができるというのは確かなのですか」

「はい、もちろんです。でもなぜ、そのようなことをお尋ねになるのですか」

「実は、ここ数日間、ずっと車を運転できずにいるのです」

「どうしてですか」

「それは、例えば頭の中に何か悪い、邪悪で、汚れた思いが浮かんできたとして、次の瞬間に交通事故を起こして死んでしまったとしたら、と考えると恐ろしいのです。もしそんなことが起こったら、私には悔い改める余裕がないまま死んでしまうわけですから、そうなれば神さまは私を直接地獄に落としてしまうことになるでしょう」

しばらく話しをした後、その男性が成長の過程で、神についてどのような物語を聞いて育ってきたのかを尋ねさせてもらいました。彼の話では、少年の頃から通う教会で、神の代理人であり、神のために語っていると自ら主張する牧師から、手遅れになる前に罪を犯すのをやめなさいというメッセージを、毎週毎週聞かされて育ったということでした。

もし実際に罪を犯すようなことがあれば、手遅れになる前に必ず悔い改めなければなりません。

神は罪をひどく嫌悪するために、たった一つの罪でも犯したなら、仮にその人が洗礼を受けている信仰者であったとしても永遠の刑罰に送り込むお方だということでした。神のご性質にまつわることのような物語が、幼い頃からその青年の心の中に叩《たた》き込まれていたので、彼の人生は取り返しがつかないほどに台なしになっていました。

私はその青年に、彼自身の話を聞かせてくださいとお願いしました(1)。彼が物語る神は信頼できる存在ではありませんでした。ある人を信頼するということは、その人が私たちの最善を考えてくれると信じることを意味します。また私たちを災いから守り、それゆえに信頼に足るお方だと信じることを意味するからです。こうしたことは、その青年が聞かされてきた神にはまったく当てはまりませんでした。

その神は青年の心に確信や勇気を起こさせる代わりにおびえさせ、自動車を運転できないようにさせたのです。青年は自らが聞かされてきた物語を語りながら、この物語は必ずしも神についての真理を伝えていない、と気づかされていったのです。

イエスが語る中心的な物語

私はその若者に、彼自身が持っている神についての物語とイエスが知っておられる神とを比べてみるようにと勧めました。イエスは、「すべてのものが、わたしの父から、わたしに渡されています。それで、子がだれであるかは、父のほかには知る者がありません。また父がだれであるかは、子と、子が父を知らせようと心に定めた人たちのほかは、だれも知る者がありません」（ルカ10・22）といわれました。ここでイエスはアバ[2]というたった一つの単語によって、ご自分の天の父について膨大な量の情報を提供されたのです。

アバとしての神

十字架刑直前の最後の数時間をお過ごしになったゲツセマネの園で、イエスは神に向かって、ユニークな呼称、すなわちアバという呼び名を用いて祈られました。このことこそ鍵《かぎ》なのです。なぜならばイエスがこのように語りかけられたことによって、イエスご自身がご存じの神のご性質について重要な事柄が明らかにされるからです。

アバという呼称の最もふさわしい訳語は「愛するお父さん[3]」というものです。これは親密さを表すことばであるとともに、そこには服従するという意味も含まれています。イエスが神に呼びかけられるときにアバという呼称を用いられたという事実からわかるように、イエスご自身にとって神というお方は疎遠で遠く離れたお方ではなく、イエスご自身の人生に親しく関係を持っておられるお方だということなのです。

このこと自体が神がよいご性質をお持ちであることを意味するわけではありませんが（「愛する」ということばも「お父さん」ということばも必ずしも「よい」という意味を含んでいるわけではありません）、しかし、新約聖書学者のC・F・D・ムール（一九〇八―二〇〇七年。イギリス人。ケンブリッジ大学で教鞭を執った）が語るように、「親密さを意味することばは、軽い気持ちの親しさではなく、深くて豊かな信頼に満ちた畏敬の念を含む[4]」ということなのです。

イエスは、ご自身の人生で最も困難な場面に遭遇された際に、神に向かって、このアバ（愛するお父さん）という呼称で呼びかけておられます。「アバ、父よ。あなたにおできにならないことはありません。どうぞ、この杯をわたしから取りのけてください。しかし、わたしの願うことではなく、あなたのみこころのままを、なさってください」（マルコ14・36）

このときイエスは、苦悩と死とに直面しておられました。ルカの福音書では、苦悩のあまり「汗が血のしずくのように地に落ちた」（ルカ22・44）と伝えています。しかし、そうした中でもイエスは、「わたしの願うことではなく、あなたのみこころのままを、なさってください」と祈られたのです。

こうした困難な瞬間において、どのようにしてイエスはこうした祈りを神に捧げることがおできになったのでしょうか。私が見出すことのできる唯一の答えとは、それはイエスがご自分の父を信頼しておられたからだということです。

イエスがお語りになったように、神はよいお方であり、愛に満ちたお父さんなのです。そして神は本当によいお方であるがゆえに、どのようなことがあったとしても、私たちはそのお方に従うことができるのです。ところが、もしかしたら、ある人は「なぜ、イエスがまったく疑わなかったかだって？　それは結局のところ、イエスは神だったからだよ！」と説明するかもしれません。

確かにそのとおり、イエスは神でいらっしゃいます。しかし同時に、イエスはまったき人間でもあられるのです。受肉（すなわち、人となるということ）するとは、制約を受けることでもあります。なぜならイエスは完全に人間であったがために、私たちが経験するあらゆることを経験されたからです。そして当然、その経験には、恐れや疑いも含まれていたことでしょう。しかし注意してください。疑いの真っただ中や、深い苦しみの中においてさえ、イエスは天の父なる神に信頼しておられたのです。

父としての神

イエスは神を「アバ」と呼ばれただけではなく、「父」とも呼ばれました。この事実を受けて、ある人々は次に挙げるような疑問を投げかけてきます。

● これは神が男性であることを意味するのですか。
● 邪悪で、暴力を振るい、しかも家庭をほったからしにするような者を父親に持っている人たちはどうなのでしょうか。
● 神を「父」と呼ぶことに抵抗感を持つ人はどうしたらいいのでしょうか。
● どのようにして神はイエスにとって父たりえるのでしょうか。
● イエスには母もいたのでしょうか。

ある日、一日かけて祈りについて講義した後、その学び会を閉じるにあたって、「愛する天のお父さま……」と私は祈り始めました。祈り終わると、ある女性が目に涙を溜《た》めながら、私のところにやって来て次のようにいいました。「今日、祈りについて先生が教えてくださったことは何もかも素晴らしいことばかりでした。でも、最後のお祈りで、先生が神さまに向かって『お父さま』と呼びかけたとき、私はわからなくなってしまったのです。実は、私の実の父親はひどい人でした。ですから、神さまのことを『父』と考えることは、私にはできないことなのです」

この女性には申し訳なかったと思いましたが、ただ一ついえることは、ここで「父」ということばを使わないというだけでは解決にならないということです。むしろ問題は、私たちが理解している父親ということばの意味から出発して、その意味を神に投影してしまうところにあるからです。

これではうまくいきません。イエスが神のことをご自分の父と表現なさるとき、私たちがすべきことは、父親とは何を意味するのかをイエスに定義していただくことです。この点においてカール・バルト〔一八八六―一九六八年。スイスの神学者。弁証法神学を創始した〕の次のことばは助けとなるでしょう。「まず最初に人間の父性があって、次にいわゆる神の父性があるのではない。むしろまったくその逆である。真実で本来の父性とは神に備わっているのであって、このお方の父性から、私たち人間の間で知られている父性が派生するのである」(5)

ここでバルトがいわんとしていることは何でしょうか。三位一体の神はこの世が創造される前から存在しておられた、ということです。つまり、神が人類を「神のかたちとして……男と女とに」〔創世1・27〕造られたずっと以前に、神は父・子・聖霊として存在しておられたということなのです。イエスと神との関係は、父と子との関係と同じだ、とイエスは定義しておられます。そして人間の男性が子孫をもうける前から、また人間の父と息子（もしくは娘）が存在する前から、父としての神と子としてのイエスは存在しておられたのです。

それゆえに、父性は、まず神とイエスとによって定義づけられるのであって、決して、アダムとその子孫によって定義づけられるのではありません。このことは非常に素晴らしいことを私たちに示唆するものであり、同時に、私たちに深い癒《い》やしをもたらすものでもあります。

先ほど紹介した女性と同様に多くの人々が、実の父親から深い傷を負わされる経験をしています。そのために、神を父と考えることにものすごい難しさを覚えるものです。しかし解決は、「父」という用語を捨てれば済むということではなく、イエスにその意味を定義していただき、その意味を教えていただくことにあります。

イエスは、父親が登場するたとえ話を幾つも語っておられますが（特に、「放蕩《ほうとう》息子のたとえ話」）、そうしたものよりもイエスがご自分の父に向かってどのように祈りをお捧げになったかに注目することによって、父なる神がどのようなお方なのかよく理解できると思います。

主の祈り

父なる神に向かって祈られた、その祈りの内容を通して、イエスは神のご性質を明らかにしてくださっています。弟子たちはイエスに祈ることを教えてくださいと求めました。おそらく、イエスの祈りの生活は生き生きとして、情熱に満ちているように弟子たちの目には映ったからでしょう。この弟子たちの要望に応えて、イエスは多くの人たちに親しまれている一つの祈りを教えてくださいました。

だから、こう祈りなさい。

『天にいます私たちの父よ。
御名があがめられますように。
御国が来ますように。
みこころが天で行われるように
　地でも行われますように。
私たちの日ごとの糧をきょうもお与えください。
私たちの負いめをお赦しください。
　私たちも、私たちに負いめのある人たちを赦しました。
私たちを試みに会わせないで、
　悪からお救いください。』（マタイ６・９―13）

まず祈りの初めに、イエスご自身がなさったように、神に向かって「父よ」と呼びかけることから始めるようにと教えてくださいました。しかしここで注意すべきことがあります。それは、あくまでもこの神の父性はイエスの祈りによって定義されるべきである、ということです。そのことを心に留めたうえで、では、イエスが教えてくださった祈りから何を学ぶことができるでしょうか。

第一に、「天にいます私たちの父よ」とありますが、この祈りのことばから神は近くにおられるお方だということを学ぶことができます。ユダヤ的宇宙観によれば、天とははるかかなたにある離れた場所ではありませんでした。[6] むしろ天とは、すべてのものを取り巻く大気であり、まさに人間が呼吸する空気を指すことばでした（覚えていますか。イエスが洗礼をお受けになったとき、「天」が開けたと聖書に記されています。それは、天がはるかかなたにあるのではないことの証拠です）。端的にいうならば、神はここに臨在しておられるということです。

第二に、「御名があがめられますように」という祈りのことばから、神は聖なるお方であることを学ぶことができます。聖さは純潔さとかかわりがあります。イエスは神には悪いところが何もないと教えておられます。神は罪を犯されませんし、悪に加担なさることもありません。短いことばで表現するならば、神はしみも傷もないお方なのです。

第三に、「御国が来ますように。みこころが天で行われるように地でも行われますように」という祈りのことばから、神は天を統べ治める王でいらっしゃることを知らされます。王とは他者に対して権力を持つ存在で、「王の王」なるお方です。すなわち、神は力に溢れたお方なのです。

さて、ここまで読んだかぎりでは、神が私たちの益を求めておられると信じられるように導いてくれる事柄は何もありません。人々は、自分たちのただ中に臨在する、聖く、力に満ちたさまざまな神々を信じてきましたが、そうした神々には人間に対する思いやりはありませんでした。しかし次に続く嘆願の祈りを通して、イエスの信じておられる神が憐《あわ》れみ深い性質を持っておられるお方であることを見出すのです。

第四に、「私たちの日ごとの糧をきょうもお与えください」という祈りのことばから、神は私たちを心にかけてくださるお方であることを知らされます。私たちの神は雨を降らせ、日を昇らせ、造られたすべてのものを惜しみなく豊かに養われるお方であり、空の鳥さえも養ってくださいます。このように神は備えてくださるお方であることを知らされるのです。

第五に、神は私たちの罪を赦してくださるお方です。リチャード・フォスターが、「神の心の中心には、赦したいという願いと、施したいという願いがある」[7]と述べているとおりです。私たちが罪を赦してもらいたいと切望するよりはるかに勝って、神は赦すことを願っておられるお方なのです。一言でいうならば、私たちの父なる神は赦しの神だからです。

第六に、「私たちを試みに会わせないで、悪からお救いください」という「主の祈り」のことばから、神が私たちを試みや悪から救い出すお方であることがわかります。神は今ここにおられ、力に満ちておられます。なぜならば、神は私たちを守りたいと願っておられるからです。私たちは、問題や不慮の事故、あるいは試練に遭遇して苦しむことがありますが、最終決定権は神が握っておられます。神に救うことのおできにならないことは何一つ私たちには起こりえないからです。

イエスの父である神は近くにおられ、聖く、力に満ち、私たちを心にかけ、罪を赦し、守ってくださるお方です。こうした神のご性質は、神とはどのようなお方であり、なおかつ父性とは何を意味するかについて、力強く表現するものといえるでしょう。それゆえここまで来て初めて、神はよいお方であると定義する道筋を得ることができ、また同時に、本当の親とはどうあるべきかを測る方法も得たことになります。したがって、父であれ母であれ、よい親であるためには、今まで述べてきた六つの性質を兼ね備えた親でなければならないということなのです。

父親としての私は一生懸命に努力して、こうした真の親に備わっているはずの六つの性質の一つでも反映しようとするのですが、しばしば失敗してしまいます。物理的には子どもたちの近くにはいますが、子どもの遊び相手になる代わりに新聞を読むことに夢中になり、子どもとの間に距離ができてしまいます。また仕事の関係で一度に何週間も家を留守にすることもよくあります。

また善であり、なおかつ純粋であろうと一生懸命に努めますが、ほんのちっぽけな違反を犯したとか、品がないとか、わがままだからという理由で、子どもたちにひどいことばを投げつけてしまうので、惨めな失敗に終わることがときどきあります。また子どもたちのために力強くなろうともしますが、時として子どもたちと同じように怖がったり混乱したりしてしまうのです。

子どもたちのために申し分のない備えをしてやろうと相当な努力をしますが、逆に与えすぎて子どもたちを甘やかしてしまうことも時にはあります。子どもたちを赦すといいながら、気がつくと、子どもたちの過去の過ちを引き合いに出していることもあるのです。子どもたちを守ろうと思いますが、襲いかかろうと待ち伏せているすべての敵から子どもたちを守ることはできない自分の不甲斐なさも、情けないほどひしひしと感じるのです。

仮に子どもや妻やほとんどの友人が、私のことを申し分のない父親だと評価し、また毎年、父の日には、二人の子どもが「今までで最高のお父さんだよ」と書いてあるカードをくれたとしても、私は自分のさまざまな足りなさを知っているので、そのことのゆえに子どもたちに苦労をかけることがないようにと祈るばかりなのです。

ここで私が主張したい点は、神の父性が人間の父性はどうあるべきかを定義するのであって、その逆ではないということです。ベッドの脇のテーブルには『いいお父さんになるにはどうしらいいか』というタイトルの小冊子が置いてあって、そこには「子どもと遊ぼう」とか「子どものいうことに耳を傾けよう」とか、よい父親になるための気のきいた秘訣《ひけつ》が幾つも紹介されていますが、そうしたものに頼るより、私自身が天の父なる神に近づき、そのお方に似るようにと私の心をつくり変えていただくほうがもっとよいように思います。神が私にとってどのような父親であるかということが、どのようにしたら子どもたちにとって私がよい父親になれるかについて教えてくれるからです。

父としての神に祈ることのできなかったあの女性の話に戻りましょう。あの女性は悲惨な子ども時代を過ごしました。父親から虐待を受け、常に冷淡な態度で接せられるという経験があったために傷ついていました。ですから、自分が抱いていたそんな父親のイメージを神に投影していたので、そこに見えてきたのは、どうしても愛したり信頼したりすることのできない人の姿だったのです。「そんなことにいちいちこだわるのはやめて、あなたも神さまを父と呼ぶべきです。イエスさまもそのようになさっているのですから」とその女性に向かっていうことほど残酷なことはありません。むしろ、その女性にとってよりよい解決の道とは、「父」とは何を意味するのかをイエスに定義していただき、それによって、イエスが体験しておられた父なる神を彼女にも体験してもらうように勧めることです。このようなプロセスを経て、ひょっとしたら彼女は癒《い》やされていくかもしれません。

イエスが示された神とは、ただ単に父親とはどうあるべきかを完全に映し出す存在であられるだけではなく、母親とはどうあるべきかをも明らかにしてくださいます。時として父親とは強くて頼もしい一家の大黒柱であり、母親とは優しくて温和な助け手であると考えられるものです。しかし、イエスの描かれる父親の概念の中には、父親や母親が持つすべての性質が完璧《かんぺき》なバランスをとって表されているのがわかります。

よい母親とは身近にいて、健全な逞《たくま》しさを備え、惜しみなく与え、よく赦し、保護してくれる存在でしょう。それどころか、よい人物とは、男女を問わず、未婚・既婚の区別なく、子どもがいるかいないかにかかわらず、こうした性質を兼ね備えた人のことを意味します。イエスご自身もまた父なる神を反映なさる存在です。したがって、イエスを見ることを通して私たちは父なる神を見るのです。イエスにおいてあらゆる善の性質が完全な調和をもって表されているのを見ることができるのです。まさにイエスは優しいお方であり、しかも必要なときには強いお方でもあるからです。

私たちにとっての真の父親を見つけ出す

私はあるイギリス人の牧師に会ったことがありますが、その牧師の物語は私たちの父として神に信頼するとはどういうことなのかを、美しく例証しています。最初私はカールに、どのようにしてクリスチャンになったのかについて尋ねました。するとカールはこのように話を始めました。小さい頃、彼はあまり教会に行くような子どもではありませんでした。また父親との関係はといえばても親しいものだったそうです。

カールが十四歳になったとき、父親は仕事中に悲惨な事故に遭って亡くなり、その結果、彼の人生は完全に狂ってしまいました。父親を亡くした苦痛を紛らわすために、学校で暴れるようになり、間もなくアルコールに溺《おぼ》れるようになりました。しかし、何一つ、心の痛みを和らげてくれるようには見えませんでした。

十七歳のとき、友人が集会に招いてくれました。きっとお酒を飲んで騒ぎまわるパーティーだろうと勘違いし、すぐに招きに応じました。実はその集会は「クリスチャンの家庭集会」で、イギリスでは一般的な修養会のようなものでした。数日の間、人々は大きな邸宅に集まって、そこで時を過ごし、語り合い、礼拝をし、レクリエーションなどのプログラムを楽しみました。

カールがその事実を知ったときにはもう手遅れで、いまさら引き返すわけにはいきませんでした。最初の二日間、彼は神に対して苦々しい思いを抱いていました。しかし最終日の日曜日の朝、礼拝の時間に彼は「わたしがあなたの父親です。わたしのところに来なさい」という、はっきりとした声を聞いたのです。カールがいうには、その声を聞いた途端に急に涙を抑えられなくなり、その結果、実の父親が亡くなって以来初めて心が癒《い》やされるという体験をしたそうです。

私たちはみな何らかの痛みや困難、場合によっては悲劇的な出来事にすら遭遇するものです。そうした中で、イエスが経験なさっていた神を体験し、その神に近づくとき、そこで苦難と向き合うえで必要な、今までとはまったく異なる新しい力を見出すようになります。もし神をアバ父（愛するお父さん）として知ることができないならば、そうした問題に対峙する勇気を手に入れることはできないでしょう。しかし、私たちが神を、イエスが知っておられた素晴らしく美しい神として知ることができるならば、私たちが経験している苦難は今までとはまったく違った意味を持つようになるはずです。

もし神が本当によいお方であり、私たちのために善を願っておられる方であるならば、私たちは真心から信頼をもってそのお方のもとに行くことができるようになります。祈るときにも正直になることができ、魂を注ぎ出して、神が素晴らしいお方であることに疑いを抱かせていた心の傷と向き合い、その傷を癒やしてもらうためにすべてのことをそのお方に委《ゆだ》ねることができるようになるのです。

あなたの杯とは何か

この章の前のほうで私は、ゲッセマネの園でイエスがどのように苦難に立ち向かっていかれたかについてお話ししました。イエスは愛するお父さん（アバ）に向かってご自分の前に置かれている「杯」を取り去ってくださいと懇願なさいました。この「杯」とは私たちの人生において無理やりやらされる事柄を象徴しています。したがって私たちすべての者は、私が飲むべき「杯」とは何ですか、と問わなければならないでしょう。

あなたの人生において、神に信頼することを困難にさせている要素とはいったい何でしょうか。それは離婚ですか。そのことによって傷ついていますか。あるいは、どなたかを亡くしたことによる喪失感で苦しんでいますか。人生を共に生きる伴侶に出会えず、一生涯独身かもしれないと思って悩んでいますか。今まで愛する人を失うという経験をしたことがありますか。夢が破れるという経験をしましたか。失業していますか。身体的な障がいを負うという経験をしましたか。

このように「杯」とは、人生において受け入れるのに難しさを覚える宿命のようなものでしょう。そして一般には、そうした「杯」が原因して、神はよいお方であると信じることを難しくさせるのです。娘が決して癒《い》されることのない障がいをもって生まれると担当医から告げられたことは、私が経験したたくさんの「杯」の中で最初の「杯」となりました。それはイエスと同じように、自分自身の願いとは相反する出来事でした。私は娘が健康な体をもって生まれてきてほしかったのです。

あのとき、心から神さまに向かって「愛するお父さん」と祈ることはできませんでした。

何年か経った後、ゲツセマネの園でイエスは何を経験されていたのか、また苦痛のただ中にあっても、いかにして神を信頼することがおできになったのかについて記す、トーマス・スメイル〔一九二八—二〇一二年。スコットランドの神学者〕の解釈を読みました。そのおかげで、神を信頼することに関する重要な点を理解することができました。

また周囲の人々から、「ジム、こんなつらい目に遭わされたのに、何でまだ神を信じていられるんだい?」と尋ねられても、答えることができるようになりました。しかしそれまでは何年もの間、そうした質問に答えることができないでいたのです。でもスメイルが解説してくれたおかげで、今はできます。スメイルは次のように語っています。


ゲツセマネの園で、イエスが祈りを通して語りかけておられた父なる神とは、イエスの全生涯にわたって親しくかかわってこられたお方であり、また惜しみなく与え、約束を反故《ほご》にすることなく、愛を完全に貫き通すお方でした。そのことをイエスご自身がよく知っておられたのです。それゆえにこそ、イエスは十字架につけようとなさる神の意思に、希望と期待をもって従うことができたのです。なぜなら、そのような思いを持たれるお方が愛するお父さん(アバ)であり、そのお方の変わらない愛はイエスにとってはすでに体験済みで、それゆえに完全に従うことができるほどに信頼できると確信しておられたからなのです。ですから、イエスの従順は服従を迫る命令に従うような意味の従順ではありません。むしろ、自らが経験しておられた神の愛に対する信頼に基づく応答から出た従順だったのです(8)。

スメイルは、父なる神と私たちとの関係について、「すでに自ら経験しておられた神の愛に対する信頼に基づく応答から出た関係」であると、父なる神とイエスとの関係を引き合いに出しながらとても的を射た解説をしています。イエスはご自身の父である神に愛されていることをご存じでした。それゆえに苦しみを通られるときにもそのお方を信頼することがおできになりました。公生涯において最悪のときにあってもイエスが神を信頼することがおできになった理由は、永遠にわたって素晴らしいお方であり、また美しいお方であるご自身の父である神のそば近くに生きておられたからなのです。

今ならわかるのですが、理解できないような出来事に遭遇するときでさえも、このすでに証明済みの愛は信頼に足るものです。この世界を見渡すと、そこには津波による大きな被害があり、幼児に対して性的な虐待が行われ、航空機事故や麻薬中毒の母親がいますが、そうした中で私は、すべてが益となるなどと簡単に告白しようなどとは思いません。むしろ私は、「イエスがご自分の愛するお父さん（アバ）を信頼したように、私もその神をよいお方として知っているので信頼することができます」と告白するのです。

私たちの物語を神の物語と結びつける

娘が天に召される日は予期せぬ仕方で訪れました。娘は術後の経過が思わしくなく、やがて体のあらゆる機能が停止し始めました。以前、何度か同じようなことを経験したときには常に持ち直すことのできたマデリンでしたが、このときばかりはそう行きませんでした。

私は礼拝奉仕を終えると、すぐに病院に向かいました。幸いなことに、アメリカ正教会の司祭であり友人でもあるポール・ホッジ神父〔アメリカのアイオワ州で司牧に従事〕も駆けつけてくれました。死にゆくマデリンを前に、ポール神父は妻や私とともに祈りを捧げてくださったのです。神父が祈禱書《きとうしょ》から選んだ祈りは、古代教会の時代から用いられており、深い神学的な教えを含んでいました。次に掲げるのはそのときに神父が捧げてくれた祈りの全文です。

おお主よ、私たちの思いはあなたの思いとは異なります。そして私たちの道はあなたの道とは違うのです。私たちはあなたに告白いたします、苦しむマデリンに置かれているあなたの御手が私たちには見えません。お願いです、私たちを助けてください。この最悪な出来事の中にも、私たちの思いや理解をはるかに超えた、あなたの目的があることを見ることができるようにと、あなたに請い求めます。

この世の罪と悪魔の力とによって捕らえられ、意味のわからない苦しみと痛みとの犠牲となっている無垢《むく》なこの幼子を見て、私たちの思いは混乱し、心は深い悲しみの中にあります。私たちは意志を失い弱り果て、力は抜けていってしまいました。

この幼子を憐《あわ》れんでください、主よ、憐れみをお与えください！　この苦しみを長引かせないでください。痛みと苦しみが増すことがないようにしてください！　あなたに何を求めたらいいのかもわからない私たちです。ただ、「みこころが天で行われるように地でも行われますように」〔マタイ6・10〕と祈ることができるように恵みをお与えください。信じることができるように、私たちの信仰を増してください、おお主よ、不信仰な私たちを助けてください。

あなたの幼子マデリンとともにいてください。そしてこの子とともに苦しんでください。この世が造られる前から定められている、あなたの救いのご計画に従って、幼子を癒《い》やしお救いください。神よ、あなただけが私たちの希望です。あなたを避けどころとします。今から後《のち》永遠に、代々限りなくおられる、父と子と聖霊によって、アーメン。(9)


何か月も、いや何年経った今も、メガンと私は、このときの祈りを鮮明に覚えています。それは私たちにとっては癒やしの時でした。そしてまた、娘を天に送るための備えをさせてくれる時でもありました。

なぜでしょうか。それは、この祈りが私たちの物語、つまりは私たちそれぞれの個人的な物語（母親、父親、病を患った幼子）を取り上げて、神が書いておられるさらに大きな物語（メタ物語）の文脈の中に置いてくださったからです[10]。この祈りは私たちの希望だけではなく、苦悩をもことばにしてくれていました。

神の「御手」を私たちは見ることができませんと祈り、またこの出来事すべてについての目的を見たいですと祈るほどに、この祈りは正直でした。苦しみに意味がないように見えるとき、私たちの霊はついに壊れてしまうのです。しかし、その祈りはさらに続きました。不信仰の中にあってさえも、私たちは信じているのだとこの祈りは告白しているからです。

そして、「この世が造られる前から定められている、あなた（神）の救いのご計画」という的確な文脈の中に、私たちの苦しみを位置づけています。神はよいお方であり、今もなおすべてを統べ治めておられます。それゆえに神の国では決して問題は起こらないのです。

素晴らしいお方であり美しいお方でもある神が最終的主権を持っておられる神の物語に、私たちの物語を結びつけるならば、すべての事柄が意味をなし始めてくるのです。確かに痛みは現実のものでしょう。しかし、不思議とそれが耐えられる痛みになってくるのです。そのようにして、私たちはやがて前に向かって動き始めることができるようになります。そして苦しみを越えた向こうに目をやり、私たちを取り囲んで大きく広がる憐《あわ》れみという現実に視線を向けることができるようになってくるのです。

杯だけでなく、祝福に焦点を合わせる

トーマス・スメイルは、イエスが、「惜しみなく祝福してくださるお方」として神を体験しておられたので、どんなときにもそのお方を信頼することがおできになったのだ、と語っています。日々、神は共におられ、イエスとそのなすところすべてのことを祝福してくださったので、イエスは神がよいお方であると強く意識しておられました。そのことこそが、最後の恐るべき瞬間においてさえも、イエスが神を信頼し続けることがおできになった理由です。

失望するような場面でも耐え忍ぶことができるようになるために、私たちにとって必要なことは、神が私たちの益のために尽くしておられるお方であるという明確な感覚を育むことです。私たちは、あらゆる瞬間に存在している神の祝福を次第に意識することを通して、そうした感覚を育むことが可能となります。

ジョージ・バトリック（一八九二―一九八〇年）はニューヨーク市にあるマディソン・アベニュー長老教会で一九二七年から一九五四年までの期間、牧師をしていました。バトリックは力強い説教者・教師・著述家でもありました。そんなバトリックの著書の一冊『祈り』は、今まで祈りについて書かれた中で、最も優れた書物の一つと見なされています。

ある日、その本を読んでいた私は、この世界に対する私自身の見方をすっかり変えてしまうような文章と出会いました。その文章の中でバトリックは、ある男の物語を語っていますが、この男は

ユニークな例話を使って、神がよいお方であることを人々にわからせてくれたのです。

その講師は一つのしみがついた、まっ白な紙を一枚取り出して講演を聴きに来た一団のビジネスマンに見せ、彼らに向かって何が見えるかと尋ねました。すると聴衆のすべての人から、「しみが見えます」という答えが返ってきました。

ところで、その質問は公正さを欠いてはいないでしょうか。なぜなら、間違いを誘おうとしていたからです。ともあれ、人間の性質には感謝の念が欠如しているので、黒く汚れている部分には気づいても、それ以外の大きく広がっている恵みの部分は見過ごしてしまうという、人間の本性をこの質問は明らかにしています。

ですから、私たちの人生の旅路において嬉《うれ》しかったことを意図的に思い起こす必要があります。たぶん、一日の終わりに、その日を振り返って、一つひとつの祝福を書き留めるべきなのです。もしそうすることを始めるのなら、それは決して終わることのない営みとなるでしょう。この世界中にある、あらゆるペンと紙とをかき集めたとしても、神の恵みを書き留めるには足りません。こうした作業によって、私たちが受け継ぐ、神からの「満足させてもらったという膨大な宝」を思い出せるようになるのです[11]。

バトリックが語っていることは明らかです。私たちを取り巻いている祝福を、私たちは「意識して」思い起こさなければならないということなのです。もしこうしたすべての恵みを見ることのできる目を持ち合わせているならば、全世界のペンや紙を集めても書き留めきれないほどの祝福を発見することができるでしょう。バトリックは決して「積極思考」の擁護者ではありません。バトリックは私たちが生きているこの世界についての深遠な真理を語ろうとしているのです。

以前、こんな光景を目にしました。ある女の子がお誕生会で、お友だちや両親が見つめる中、贈られたプレゼントを開けていました。ところでその子には欲しいものが一つあったのですが、それは出てきません。贈り物をした子どもたちは、包みを一つひとつ開けどんな反応をしてくれるかと期待しながらその女の子の様子を見ています。でも女の子は、どのプレゼントにも関心を示さないで、次から次へと横に置くだけなのです。

これには、私たち皆がひどく当惑してしまいました。特に誕生日を迎えた子の両親はそうでした。これこそが、恩知らずの典型的な例でしょう。その女の子は次々と贈り物を手にしながらも、自分が欲しいただ一つの贈り物のことしか考えられなかったのです。後になってわかったのですが、その女の子が欲しかった贈り物とは高価なものでも価値あるものでもなく、自分が受け取った他の多くの贈り物に比べれば大したものではなかったのです。

自動車を運転して家に帰りながら、この経験がいかに恐ろしいものか、またあの小さな女の子がどれだけ甘やかされ、感謝の心がないのかを考えさせられたことでした。そのとき、聖霊が私に次のように囁《ささや》くのが聞こえました。「お前はあの子と比べて、そんなに違いがあるというのか」と。

自分を顧みると、どれだけ私は、神が私の願うことをしてくれるようにということに意識を集中するあまり、神がすでにしてくださっている万を超すほどの出来事、しかも私が願う以上の素晴らしい事柄を見過ごしてしまっているか、ということを考えさせられたのです。

お金が足りないのであれもこれもできないとか、仕事上の問題や人間関係におけるストレスなど、大小さまざまな「杯」にやきもきするだけで、物を見るための目が私に備わっていることについて立ち止まって神に感謝することは決してないのです。もし私が視力を失って、その代わりに百万ドルを手に入れるならば、私は喜んでその百万ドルを支払って視力を取り戻すことを願うでしょう。私の目には百万ドルに換えがたい価値があるのです。

心臓や耳や配偶者もそうです。そして子どもたちもそうです。私が賢い者ならば、神が与えてくださっているそのような「絶大なる宝」のゆえに、毎日神に感謝をするために時間を使うでしょう。そうすることを始めるなら、それは決して終わらない営みになるのです。

私たちが直面している困難は現実のものです。しかし、バトリックがいうように、神の「大きく広がっている恵み」に比べれば取るに足りないほどちっぽけなものなのです。私たちには神からどれほど多くの祝福が与えられているのか、それも無償で惜しみなく与えられているのかを知れば知るほど、神が私たちの益のために働いておられることが、ますますわかるようになります。そしてこのようなことが起こるにつれて、神に対する信頼の度合いが高まっていくのです。

遊園地で私と一緒にあの怖い乗り物に乗った息子は、本来ならば怖がるはずだったのに、実際にはずっと笑いながら楽しんでいました。なぜでしょうか。息子の傍らにはずっと一緒に乗ってくれている存在があったからです。確かに息子がここまで成長する過程で、常に私は息子の面倒を見てきました。食べさせ、服を着させ、お風呂に入れ、共に祈りを捧げました。病気のときには世話をし、必要なものを調えてきたのです。ジェイコブはためらうことなく私を信頼していました。

　実は、あなたも私も、ジェイコブと同じような状況に立っています。私たちが生きている人生には、ときどき恐ろしいことが起こります。しかしまた同時に、楽しいこともたくさんあります。大切な鍵《かぎ》は、私たちの傍らにずっと一緒におられるお方を覚えていることにあるのです。あなたも私も、自分だけで直面しなければならないような事態は、この人生に一つもありません。必ず神が私たちとともにいてくださいます。そして神は私たちの益のために働いてくださるお方なのです。

　最も痛ましい状況の中においてさえも、その状況を回復することができる力をお持ちのお方が神なのです。なぜならば、神を信頼する人々のために、「神がすべてのことを働かせて益としてくださることを、私たちは知っています」（ローマ8・28）と約束されているからです。したがって、私たちにできる最小限のこととは、人生という乗り物を楽しむことなのです。

魂を鍛えるエクササイズ――祝福を数える

自分に与えられている祝福を数えることは、効き目のある霊的なエクササイズです。神があなたを祝福し、素晴らしい人生を送るために与えてくださった人や物や事柄をすべてリストアップしてみましょう。あなた自身の人生の細部にいたるまで注意を払ってください。気づかずに隠されたままでいることも捜してみましょう。簡単に見過ごしやすい素晴らしい事柄にも注意しましょう。

欲張らずに、まずは小さいことから始めましょう。神があなたの人生を祝福するために与えてくださった十のものをリストアップすることから始めてください。あなたの愛する人々の名前や、神が備えてくださった物や、与えてくださった機会、また例えば太陽や星、山々といった神の被造物なども、その十のリストの中に加えてください。あるいはまた、そのリストの中には、コーヒーやアイスクリームといった、あなたの好物も入れたいと思うかもしれませんね。それも結構です。

最後に、神があなたのためにしてくださったみわざも入れてください。たとえ私たちのほうで見落とすことがあっても、日々、神は、私たちのために働いて、恵みを備えてくださっています。そうしたことをリストに書き出してみましょう。このエクササイズの目的は、あの「小さな黒いしみ」よりも、はるかに「大きく広がっている恵み」のほうを意識して見られるようにすることです。

日ごとにそのリストに祝福を書き足していきましょう。そのリストに五十項目の祝福を書き出せるまで努めてみてください。そして、五十項目に達してもさらに続けてみてください。今週、感謝すべき祝福や事柄のリストが百項目になるまで試してみてください。そうする中で最後には、たぶんジョージ・バトリックが「絶大な富」と呼ぶ恵みを経験することでしょう。

私たちのうちのほとんどの人が、朝目覚めると、まず最初に自分が抱えている問題のことを考えることが習慣になってしまっています。今回の「魂を鍛えるエクササイズ」の助けを借りるならば、うまくいかないほんの僅かな問題から目を逸らして、素晴らしく美しいたくさんのものに目を向けられるようになります。

リストを書き始めるうえで何か難しさを感じるならば、数年前に『一万の恵みゆえに神をたたえよう（*10,000 Things to Praise God For*）』という書物を読み終わってから私が書き始めた次のリストを参考にしてみてください[12]。その書物には感心すべきことがいろいろと書かれていて、そのうちの幾つかはとても気に入りました。それに私自身で発見した項目も付け加えていったのです。私は何年にもわたって十数名の方たちと一緒にこの「魂を鍛えるエクササイズ」に取り組んできたので、そうした人たちが発見した祝福のリストも参考にしています。

ただ私のリストには、家族や友人の名前は加えていません。彼らのことを神に感謝していないからではありません。そうではなく、彼らのことは日常ベースで神に感謝することを習得したからなのです。したがって私のリストでは、神に感謝して褒め称えなければならないのに見過ごしてしまいやすい事柄を挙げることにしてあります。

ジムが書き続けている祝福リスト

神さまの存在
私とともにいてくださる神さま
イエスさま
教会
暑い日に飲むアイスティー
書物
疲れを取るための昼寝
神さまへの信仰を表明した愛する人
テニス
色
香り
夢（昼夜を問わない）
日差し
人々の知恵
笑い

初めて会う人の笑顔
私を見つけると嬉《うれ》しそうに尾っぽを振る愛犬
音楽
清潔な靴下
ハレルヤコーラス
恩師
子どもから受けるハグ（抱擁）
アイスクリーム
好奇心
木々の香り
詩
できたてのクッキー
海
輝きを持った人々
驚くべき免疫の仕組み
コーヒー
雨の香り

祈り
私を待っている天国への希望
やりなおすチャンスがあること
蝶々《ちょうちょう》
昔からの友だち
愛情豊かな親
クリスマス
豊かな会話
聖書
驚くようなことを発見する科学者
チョコレート
励まし
賜物《たまもの》豊かなのに謙遜《けんそん》な人々
エアコン
芸術家
旅行をすると、心が開かれて新しい発見をすること
偽りの噂《うわさ》を黙らせること

偉大な賛美歌

賛美を習慣とするために

このリストを作るエクササイズが一度限りのエクササイズで終わらずに、むしろあなたにとって継続する新たな習慣となり、やがてはライフスタイルの一部となることを願っています。音楽家で作家でもあるデイヴィッド・クラウダー〔一九七一年―。アメリカ人〕は次のように述べています。

よいものが見いだされたとき、私たちがそれを思いっきり抱きしめるならば、そのよいものを与えてくれたお方をも抱きしめることになるのです。……一瞬一瞬が神を賛美する機会となります。そこにはなすべき選択があります。それぞれの瞬間においてなすべき選択というものがあるのです。その選択こそが「賛美する習慣」なのです。神を見出すのは、普通の瞬間であったり、天啓を与えてくれるような瞬間だったりします。また神聖なものの中であったり、世俗的なものの中であったりします。谷の底である場合もあれば、丘の上である場合もあります。勝利に酔いしれているときもあれば、悲劇のどん底にあるときもあります。そのおかげで生き生きとした賛美が湧《わ》き出てきます。このことのためにこそ、私たち人間は造られたのです。(13)

私は、クラウダーが語っていることは真実であると信じています。「好奇心」のようにまったく普通のものにも感謝するならば、私たちは神に賛美を捧げていることになるのです。どの一瞬にも、私たちには、驚くほど価値のある何かを発見する機会が与えられています。このような試みをすればするほど、次第にこの営みは習慣のようになっていき、ついには無意識のうちに自分が祝福を数えていることに気づくでしょう。アウグスティヌスがいってるように、私たちも、「頭のてっぺんから足のつま先までハレルヤという賛美の塊」に変えられていくのです。

振り返るために

このエクササイズにあなたひとりで取り組むか、あるいは他の人とともに取り組むかにかかわりなく、課題と取り組む中で経験したことを振る返るために、以下の質問に答えることは役に立つことだと思います。いずれにしても、質問の答えを日記（デボーション・ノート）に書き記してみることはよい方法でしょう。そして小グループに集うようなときに、その日記を持参し、体験したことを小グループの仲間と分かち合うことは、あなたが課題と取り組む中で与えられた洞察を思い起こすうえで助けになるでしょう。

1　今週、祝福のリストを書くことができましたか。書きながら難しさを感じましたか。難しく感じた理由はどんなところにあったと思いますか。
2　エクササイズを通して、神について、自分自身について発見することが何かありましたか。
3　リストに挙げた項目で、自分自身が驚いたことはありますか。またなぜ驚いたと思いますか。

第4章　神は気前がいいお方

ダラス・ウィラードは次のように書いています。「キリストによる霊的形成の過程とは、段階を踏みながら行う入れ替え作業のようなものだともいえます。……つまり破壊をもたらすイメージやアイデアを、イエスご自身の心に満たされているイメージやアイデアに入れ替えてやるのです。……キリストによる霊的形成が向かう方向とは、私たちのイメージやアイデアをイエスのイメージやアイデアに完全に入れ替えることを目標として進んでいくことです[1]」

大学三年生のとき、連日、近くの大学で「地獄の業火」という説教を語る女性がいるという噂《うわさ》が私のキャンパスにも伝わってきました。私は大学で宗教学を専攻しており、いつの日か牧師になりたいと思っていたので、この女性が原因で引き起こされている騒ぎには何かと興味をそそられました。

何百人もの学生が群れを成して女性の説教を聞きにいきました。それは女性の語るメッセージに感動したからではなく、女性を嘲笑《ちょうしょう》するためでした。学生たちは女性のことを「小柄な女預言者」と呼びました。女性は平日は毎朝午前十時五十分きっかりにキャンパスにやって来て、いつも中央にある公園のベンチの上に立つと、およそ二十分間にわたる説教を始めます。しかし実際には、説教というよりは聴衆への非難でした。週を追うごとに聴衆は膨れ上がっていきました。これはいったいどういうことなのか、私自身もこのことの真相をつかむために見にいくことにしました。

女性が説教を始める時間の十分ほど前に私は現地に到着しました。いつもあの女性が立つということで有名なベンチのそばにある中庭には、すでに大勢の学生が詰めかけていました。ちょうど時間になると、まるで一八九〇年代に撮られた写真から飛び出して来たかのように、古めかしい地味な服を着た、背が低く風采の上がらない女性が気取った足取りでベンチに向かって歩いていきました。

そして、〝講壇〟に立ち上がると、聴衆に背を向けて下を向いたので、祈っているように見えました。女性が再び向き直った瞬間、聴衆は歓声を上げ始めました（いや、やじを飛ばしたといったほうが正確かもしれません）。女性は両手を挙げて聴衆を静かにさせると、ぼろぼろになった欽定《きんてい》訳《やく》聖書を高くかざしながら説教というか、激しくののしり始めたのです。

「主の目があなたたちすべての罪人の上に注がれています！　あなたたちがしていることすべてを、神が見ておられないなどと考えてはなりません。神が私をこのキャンパスにお遣わしになったのです。それは、あなたたちの邪悪な行いに我慢できなくなられたからです。神は姦淫《かんいん》・酩酊《めいてい》・嘘《うそ》つき・欺きのすべてをご存じです。それゆえに神は、罪人であるあなたたちのために一つのことを伝えようとしておられます。あなたたちのすべてが落とされようとしているのは……」。すると話を聞いていた群衆が女性と一緒になって「火の池だ！」と叫んだのです。

学生たちが馬鹿にして、からかったからといって、その女性は勢いづきも面白がりもしませんでした。ただ何もなかったかのようにひるまず説教を続けるのです。女性はさらに具体的な罪の名称を挙げるようになり、一連《リタニア》の話の区切りのところに来るたびに、すべての会衆が女性と一緒になって「あなたたちのすべてが落とされようとしているのは、火の池だ！」と叫びました。

私は学生会館のひんやり冷たい壁に寄りかかりながら、目の前に展開されているこの奇想天外なドラマの一部始終を観ていました。クリスチャンとして、私自身、女性が名を挙げ連ねた一つひとつの罪は、実際に罪であると信じています。無遠慮に女性とその語るメッセージを馬鹿にしていた周りの学生たちとは反対に、私は女性が取り上げた罪が罪であるという部分に関しては、真実であると考えています。

小柄な女預言者が語っていた物語ははっきりとしていました。その物語によれば、神はあなたが犯した罪ゆえに、あなたに対して怒っておられる。そしてその罪ゆえにあなたは地獄の永遠の炎の中に投げ込まれなければならないということでした。逆に女性は神の愛についてはまったく語ろうとしませんでした。神の恵みに言及することもまったくありませんでした。話をした丸三十分間の中で、イエスの御名は一度も口にされなかったのです。

確かに罪についての言及はありましたが、その場合、罪がどれだけ人の魂を傷つけるかということよりも、ただ罪が引き起こす刑罰についてばかり語ったのです。女性の物語は不十分なだけではなく、では人が変わるためにはどうしたらいいかについては、何も語られてはいなかったのです。ただ罪悪感と恐怖心を吹き込んだだけで、それでは効果的で長続きする動機づけにはなりません。

では、こうした神に関する物語を、女性はどこで手に入れたのでしょうか。また、イエスでしたら、その小柄な女預言者に対してどんなことをお語りになるのでしょうか。

偽りの物語――好意を勝ち取る

ところで、この女性の物語は極端なものではありますが、決して珍しいものではありません。もちろん、あれほど歯に衣を着せず、白黒はっきりさせて、しかも単純明快な語り口で語られることはそんなにないのですが。あの女性の物語の中心点は、神の好意を勝ち取るためにはどうすべきか、ということにあります。実は、こうした物語は、私たちの文化や多くの教会にすら深く浸透しているのです。

この物語では次のように語られます。愛と赦しは商品のようなもので、よい行いをすると、その出来栄えに応じて引き換えにもらえるものなのです。神に愛してもらうのも、受け入れてもらうのも、赦してもらうのも、それを受け取るのにふさわしい正しい生活を送ったご褒美としてもらうことになるのです。神が私たちに対して最も願っておられることは、私たちが罪を犯さず、その代わりに善をなすことです。

こうした物語は、他のすべての偽りの物語と同様に、半分だけ真理に根差しているのが特徴です。

神は私たちが罪を犯すことを願っておられず、また私たちが善を行うことを望んでおられるということは真実であって、それには変わりはありません。しかし、神がなぜそのようにお考えになるかといえば、それはただ罪が私たちを傷つけるものであり、またよい行いこそが私たち自身と、そのよい行いを受ける人との両者を癒《い》やすからです。

勝ち取るという物語が文化となっている

何かを勝ち取るという物語は私たちの世界に根を張っています。この世界では、何か物を手に入れたいならば勝ち取るしかないのです。小さい頃から両親の愛情を勝ち取るためには、よい行いをしなければならないと学んできました。学校の成績は、私たちがどれだけの成果を上げたかに基づいてつけられるということです。魅力があれば、その見返りとして愛してもらえます。逆に、拒絶・孤独・孤立などは失敗の結果としてもたらされます。

私たちがどのように見え、行動し、働くかに基づいて、毎日の生活のあらゆる局面において、あらゆる人が私たちに対する態度を決めているのが現実ですから、たとえ神が私たちの両親よりも大きなお方で、今の世の権力者よりも偉大で、私たちの親しい友人よりも私たちのことをよくご存じだといわれても、こうした勝ち取るという物語を真の神に投影しないというのは難しいことです。

その結果、すべてをご覧になり、すべてをご存じの神は、私たちが考えたり行ったりするあらゆる悪しき事柄に関心を持っておられるということになるのです。もし仮に、神が私の両親と同じような存在であるとするならば、ちょうど両親が私たちが悪いことをしたときに愛情を与えるのを差し控えるように、神もそれと同じように行動なさるかもしれません（「自分の部屋に引っ込んでいなさい！　今晩は夕食抜きです」）。

もし神が学校の先生のような存在だったら、私たちの成績は「1」でしょう（「怠けたことの結果ですね！」）。もし神が裁判官のような存在ならば、「告訴どおり有罪です」と判決を下されるかもしれません。したがって、成果主義を基盤とする文化においては、罪悪感、恐れ、羞恥心《しゅうちしん》、あるいは受け入れてもらいたいという渇望が、人々を行動へと駆り立てる中心的な動機となるのです。

人間の行いによって神の好意を勝ち取ることができるとする誤った聖書的物語

好意を勝ち取るという物語を支持するものとして私たちの世界や文化がありますが、それだけにとどまらず、実は聖書自体がその物語を支持するために利用されることがあります。例えば、イスラエルの民は不従順のゆえにヤハウェから懲らしめを受け捕囚へと送られたのだとか、ダビデの私生児は亡くなったが、それは姦淫《かんいん》によって授かった命であったという理由によるのだろうといったものです。

しかし、ここにはもっと大きな物語があるのです。その物語に導かれながら、これらの出来事も理解しましょう。イスラエルの民はヤハウェによって選ばれました。イスラエルには選ばれるに値する理由や行いなどありませんでしたが、ヤハウェはイスラエルを選び奴隷の軛《くびき》から解放し乳と蜜《みつ》の流れる地へと導いてくださいました。

　ダビデが犯した姦淫や殺人の罪は自らの死をもって償うべきものであったはずですが、逆にダビデは「神のみこころにかなう」人に変えられていきました。ダビデには、共に姦淫の罪を犯した女性から生まれたソロモンという名のもう一人の息子がいました。そのソロモンは知恵と力と富に恵まれた人となりました。「罪には報いが伴う」ということと、「私たちが犯す罪のゆえに神は私たちを完全に拒絶される」ということの両者には、同じ意味合いはありません。

　たとえ幾つかの聖書箇所から「好意を勝ち取るという物語」を少しくらい見つけることができたとしても、それは、罪悪感と恐怖という小さな布団《ふとん》カバーを作れる程度の布切れにしかなりません。聖書の話から出てくるもっと大きな物語とは、恵みと寛容さという大きくてずっしりとした壁掛け（タペストリー）のようなものです。

　ヤハウェは、罪を犯したばかりのアダムとエバのために膝《ひざ》を地につけて衣を作られました。ヤハウェはすぐに泣き言をいい他の神々を慕って姦淫に耽《ふけ》る遊牧の民を選び、決して見捨てることはさらなかったのです。

　ヤハウェのご性質に関して詩篇記者は「その変わることのない愛はとこしえまで」というきわめて深い真理を宣言しています。「変わることのない愛」と訳されているヘブル語のことば（「ヘセド」）は詩篇全体の中で百四十七回も使われていて、そのすべてが神のそうしたご性質を描写しています。「天の神に感謝せよ。その変わらない愛はとこしえまで」（詩篇136・26。訳者訳）

すべてのミュージカルは、分解すると「男の子が女の子と出会い、失恋し、再び女の子を取り戻す」ことに分けられるといわれます。もし仮に「男の子が失恋した」という一部分のみを全体から切り離して、「男の子が失恋した」というたった一つのエピソードから物語全体を説明しようとしたら、いったいどんなことが起こるでしょうか。当然、そうした理解は部分的でゆがんだものとなるでしょう。

聖書に出てくる理解に苦しむような物語（例えばアナニヤとサッピラ。使徒5・1―11）を、前後の文脈から切り離して取り出し、物語の全体像を見失ってしまうと、それと同じようになります。また文脈から切り離された話や聖書の一節（例えば、ローマ9・13「わたしはヤコブを愛し、エサウを憎んだ」）を取り出し、それに基づいて神についての教理を構築しようと試みる場合も、同様に聖書を乱用することにほかなりません。

一つの物語であれ、一つの節であれ、全体から切り離された部分は、そのもともとあった大きな物語の中で占めていた位置よりも高めて強調してはいけません。聖書におけるより大きな物語、すなわち最も中核となる物語とは、無償で与えられる一方的な恵みの物語であり、人間の罪深さをもってしても妨害されることのない愛をお持ちの神の物語であり、罪人のためにいのちを捧げられたキリストの物語です（ローマ5・8）。それ以外の小さな物語は、どちらの意味にも取れる（二つ以上の解釈の可能性がある）、あらゆる物語の一部にすぎないのです。

聖書における、すべての基盤となる大きな物語（メタ物語）とは、変わることのない神の愛の物語であり、この物語は不法なこの世のために、神が受肉され、死なれ、そして復活なさったときに頂点に達します。それゆえ、私たちは聖書全体とその各部分とをイエスの光の下で解釈すべきです。

パウロがヘブル語聖書〔旧約聖書〕から物語を引用する場合、その物語を常にイエスの光の下で解釈していることは注目に値することです。パウロはアブラハムの物語をそのまま語り直したりはしません。パウロはアブラハムの物語をイエスの物語の中に組み込んで語っています。アブラハムの信仰は、律法の行いとは関係なく信じる者を義とするキリストに対して私たちが抱いている信仰のようなものなのです（ローマ４章）。

アダムの堕落は決して最終決定ではありません。アダムの罪は罪なきイエスの自己犠牲によってひっくり返されるからです（ローマ５・12―15）。枝葉末節の物語は最も重要な物語の下で解釈しなければなりません。その最も重要な聖書の物語こそ、受けるに値しない者が労せずに与えられる愛、すなわち恵みの物語のことです。(2)

教会で聞かされる偽りの物語

人間の行いによって神の好意を勝ち取ろうという物語が、多くの教会でまかり通っています。たくさんの講壇からそうした物語が宣言されるのを聞くことができます。ヘンリー・クラウド〔一九五六年―。アメリカの臨床心理士。『境界線』の共著者〕は次のように述べています。「日曜日にいつもの教会に出かけると、こんなお決まりのメッセージを耳にするでしょう。『神はよいお方です。でも、あなたはよくない。だからもっと頑張るように』[3]」

人間の行いによって神の好意を勝ち取ろうという物語はあまりにも聞き慣れていて、しかも罪悪感や恐れや羞恥心《しゅうちしん》は人を操るうえできわめて手軽でなおかつ効果的なので、説教者は人々を地獄の業火から救い出し天国に繋《つな》がる喜びへと導くために、そうしたものを「道具」として使おうとします。聖書から比較的に重要でない物語を引用しながら、説教者は会衆をほんの少しだけ不安で落ち着きのない気持ちへと、巧みに導いていきます。

ある日、面白い番組はないかとテレビのチャンネルを変えていると、テレビ説教者がヘブル人への手紙6章から話をしている番組に出くわしました。実はその週、ちょうど私も同じ箇所を学んでいたところでしたので、その説教者がその箇所をどのように解釈するのか興味深く聴かせてもらいました。説教者は次の箇所を朗読しました。

一度光を受けて天からの賜物《たまもの》の味を知り、聖霊にあずかる者となり、神の素晴らしいみことばと、後にやがて来る世の力とを味わったうえで、しかも堕落してしまうならば、そういう人々をもう一度悔い改めに立ち返らせることはできません。彼らは、自分で神の子をもう一度十字架にかけて、恥辱を与える人たちだからです。（ヘブル6・4―6）

おもむろに眼鏡《めがね》をはずすと、説教者は講壇に寄りかかるような姿勢をとりました。カメラが次第に紅潮していくその顔をアップで映す中、彼はカメラに向かって静かに声を震わせながら次のように語りました。「この聖句は、あなたのことをいい当ててはいませんか」と。

そしてしばらく間を置いて、カメラに対して睨《にら》みつけるような視線を向けると、大きく怒りを込めた声をもって次のように怒鳴りつけました。「イエスに人生を明け渡し、神の素晴らしさを味わったのに、自らの罪深さのゆえに、イエスの尊い血潮を踏みにじるようなことをしているようなクリスチャンこそ、あなたではないですか」。そして続く十分の間、罪を犯すクリスチャンに対して激しい怒りをあらわにしました。

罪を犯すのをやめてからしばらく時が経過していたとしても、回心した後に再び罪を犯すならば、そのことに対してはイエスとその父なるお方とは、本当にお怒りになるということです。

ところで、この説教者はヘブル人への手紙６章４－６節の箇所を解釈するに当たり、完全に文脈から切り離して理解しています。そもそもヘブル人への手紙の中心的な物語は、イエスの犠牲がすべての罪を贖うのに見合うということを受け入れるのに困難を感じていたユダヤ人クリスチャン(4)の葛藤《かっとう》について語っていたものだからです。

ユダヤ人クリスチャンのうちのある者は、依然として神殿に行き、自分たちの罪が確かに贖われるようにとユダヤ教の儀式に従って動物の犠牲を捧げ、神との正しい関係を保とうとしていました。ですから、ヘブル人への手紙の本文が「堕落してしまう」（ヘブル６・６）と語るとき、それは、情欲や酒に溺《おぼ》れたり、あるいは嘘偽《うそいつわ》りの罪を犯し続ける人のことを指して語っているのではなく、むしろ、こっそりと神殿に参って山羊《やぎ》を捧げ、（御子の犠牲だけでは心配なので）ユダヤ教の要求も満たしておこうという、どっちつかずの生き方をしている人のことを指していました。こうした人たちのしていることは、まさに十字架の有効性を否定することであり、「神の子をもう一度十字架にかけ」ているのです。これでは、あたかもイエスを繰り返し十字架につけているのと変わりがありません。

では、どのようにして先ほどの説教者は、この聖書箇所をそこまで間違って解釈できたのでしょうか。理由は、私たちの心は「好意を勝ち取るという物語」にとても慣れてしまっているので、たとえその聖書箇所に「好意を勝ち取るという物語」がなくても、そうしたメッセージを読み込んでしまうことが起こるからです。例えば、「堕落してしまう」ということばを見ると、自動的に私たちの罪のことを指して語っているに違いないと思ってしまいます。

テレビ説教者は、その告発が頂点に達するまで、さらに大きな声を張り上げ、怒りを込めて語り続けました。説教者はカメラに向かって指を指すと次のようにいいました。「もしあなたが、自らをクリスチャンであると思いつつも、罪を犯し続けているような者だとするならば、それはまさにイエスさまの顔に唾《つば》を吐くようなもので、そうしたことを続けているならば、地獄の業火を免れることなど不可能でしょう」

そのように語る説教者の背後には聖歌隊の人々が座っていましたが、誰《だれ》もが不安げに自分の聖書に目を落としてメモを取りながら、カメラに映されるのを巧みに避けている様子でした。そうした聖歌隊の姿を見ながら、何と気の毒なのだろうという思いに捕らわれたことです。そしてイエスの教えとはまったく正反対の説教を聞かされたことに深い憂いを感じました。

イエスの物語——気前がいい神

これから私は、とても難しいことをするようにと、あなたにお願いしたいと思います。あなたが神について知っていると思っていることをすべて、いったん脇《わき》に置くようにしてください。もちろん、そんなこと不可能だと思われるでしょうし、確かにそうかもしれません。でも、あなたは神について何も知らないのだというふうに想像してみてください。そして今まさにイエスがあなたに向かって、神について、またそのお方がどのようにあなたとかかわりを持つのかについて物語ろうとされていると想像するのです[5]。単純に、しかも先入観なしに、イエスがご存じの神について語られるそのことばに耳を傾けてください。

天の御国は、自分のぶどう園で働く労務者を雇いに朝早く出かけた主人のようなものです。彼は、労務者たちと一日一デナリの約束ができると、彼らをぶどう園にやった。それから、九時ごろに出かけてみると、別の人たちが市場に立っており、何もしないでいた。そこで、彼はその人たちに言った。『あなたがたも、ぶどう園に行きなさい。相当のものを上げるから。』彼らは出て行った。それからまた、十二時ごろと三時ごろに出かけて行って、同じようにした。また、五時ごろ出かけてみると、別の人たちが立っていたので、彼らに言った。『なぜ、一日中仕事もしないでここにいるのですか。』彼らは言った。『だれも雇ってくれないからです。』彼は言った。『あなたがたも、ぶどう園に行きなさい。』こうして、夕方になったので、ぶどう園の主人は、監督に言った。『労務者たちを呼んで、最後に来た者たちから順に、最初に来た者たちにまで、賃金を払ってやりなさい。』そこで、五時ごろに雇われた者たちが来て、それぞれ一デナリずつもらった。最初の者たちがもらいに来て、もっと多くもらえるだろうと思ったが、彼らもやはりひとり一デナリずつであった。そこで、彼らはそれを受け取ると、主人に文句をつけて、言った。『この最後の連中は一時間しか働かなかったのに、あなたは私たちと同じにしました。私たちは一日中、労苦と焼けるような暑さを辛抱したのです。』しかし、彼はそのひとりに答えて言った。『友よ。私はあなたに何も不当なことはしていない。あなたは私と一デナリの約束をしたではありませんか。自分の分を取って帰りなさい。ただ私としては、この最後の人にも、あなたと同じだけ上げたいのです。自分のものを自分の思うようにしてはいけないという法がありますか。それとも、私が気前がいいので、あなたの目にはねたましく思われるのですか。』（マタイ20・1―15。傍点著者）

神の気前のよさを説くたとえ話

この物語はイエスの教えに耳を傾ける者たちにとってなじみのあるものでしょう。イエスの時代、大勢の失業者がいて、たぶんエルサレムとその周辺にはその数およそ一万八千人ほどだったといわれています(6)。毎日、人々は仕事を求めて畑に集まってきました。雇われなかった場合、人々は市場に行き、上手くいけば仕事にありつけるかもしれないとの望みを抱きつつ、互いに雑談しながら過ごしたようです。

イエスのたとえ話によれば、ぶどう園の主人は早朝六時頃に何人かの労務者を雇います。労務者は当時の標準的な日当で働くことに合意しました。ところが、そうした彼ら労務者だけでは負えない仕事量と時間的制限があったために、主人はさらに何人かの労務者を雇い、その労務者は九時頃から仕事を始めました。さらに主人は正午に労務者を雇い、午後三時、そして午後五時にも同じように労務者を雇いました。

夕方になったところで主人は労務者に賃金を支払います。ある者たちは十二時間や十三時間も働きました。ある者たちは五時間か六時間、そして最後に雇われたグループの労務者たちは一、二時間しか働くことができませんでした。

さて、いよいよ衝撃的な結末を迎えます。これらすべての労務者に対して同じ額の賃金、つまり当時の標準的な日当が支払われたというのです！　これは驚きでしたし、またたいへん不公平にも見えました。したがって一日中働いた労務者は不平をいい始めました。

ところが、それに対して主人は次のように答えます。「友よ。私はあなたに何も不当なことはしていない。あなたは私と一デナリの約束をしたではありませんか」。そして主人はさらに鋭いもう一つの質問を突きつけて締めくくります。「それとも、私が気前がいいので、あなたの目にはねたましく思われるのですか」と。

聖書学者のヨアヒム・エレミアス〔一九〇〇―七九年。ドイツの神学者〕は、ユダヤ教のラビたちによって、これと同じようなたとえが語られたことについて特に言及しています(7)。そうしたラビたちによって語られたたとえ話の結論部分はイエスの結論と大きく違うということです。それによれば、ぶどう園の主人は最後に雇われた労務者にも同じ額を支払うのですが、それは労務者がそれなりの働きをしたという理由からです。つまり、最後に雇われた労務者は一生懸命に働き、その結果、最初に雇われた人々が一日かかってなした働き以上の働きを、その短時間のうちに行ったというのです。

したがってイエスのたとえ話の結末とはまったく逆です。イエスによれば、ここで支払われた賃金は働きの報いや正義や公平さとは関係しているものではありません。エレミアスは次のように結論づけています。

イエスのたとえ話において、最後に雇われてきた労務者たちは一日分の賃金を要求できるような正当な理由など持ち合わせてはいなかった。それにもかかわらず賃金を受け取ることができたのは、一にも二にも雇い主の好意によるものである。このようにして、見たところささいな記述の中で、「(行いに対する)報いという世界」と「(神からの一方的な)恵みの世界」、すなわち律法と福音という二つの世界の間に横たわる違いが対比されているのである。……さて、あなたは神の気前よさに対して不平をつぶやくだろうか。気前のよさこそ、福音に関するイエスの弁明の中核にあるものである。すなわち、「神がどのようなお方であるかをご覧なさい。そのお方こそまったきよいお方なのですから(8)」。

仮にこの物語があなたの知っている神に関しての唯一のものであるとするならば、神について、また神があなたとどのようなかかわり方をなさるのかということについて、あなたはどのような結論を導き出すでしょうか。私でしたら、この世の常識に捕らわれずに行動されるお方として神を信じるでしょう。

私たちの世界においては、ユダヤ教のラビたちによって語られたたとえ話のほうが道理にかなっているでしょう。そのたとえ話では、最後に雇われた労務者たちが一生懸命に働いたので、その働きの報いを受け取ったからです。しかし私は、イエスによって語られた神の大いなる気前よさの前に度肝を抜かれた思いがします。最後に雇われた労務者たちは、一日の賃金に見合う働きなどしていません！　しかしイエスによって現された神は、私たちが確信をもって考えてきた仕方とは正反対の行動に出るお方なのです。

ブレナン・マニングは簡潔に次のように述べています。「イエスは要求なさる神ではなく、与えてくださる神を啓示なさった。すなわち、そのお方は抑圧なさるのではなく、引き上げてくださるお方であり、傷つけるのではなく、癒《い》やしを与えてくださり、非難なさるのではなく赦してくださるお方である[9]」

私たちは、人々から要求され、抑圧され、傷つけられ、裁かれる世界に生きています。そしてそこは、獲得できたものだけを得ることのできる世界です。私たちはそうした世界の現実を神に投影してしまうので、要求を突きつけ、抑圧し、裁き、傷つけ、そして私たちからは宥《なだ》められなければならないような「神」を容易に心に思い描いてしまいます。しかし、これに対してイエスがご存じの神は徹底的に気前がいいお方なのです。

気前よさと欠乏感

気前よさとは、人が豊かに満ち足りた状態の中で生活しているとき、あるいは他者の必要に心が動かされたときに起こることです。もし仮に私が三百個のトマトを持っている場合、そのうちの何十個かのトマトを与えること自体は難しいことではありません。それは手元に必要以上のトマトがあるので、自分にとっては余分なトマトをあげればいいからです。

『ウェブスター新アメリカ辞典』は気前よさを「あり余るほど、十分に、そして豊富に、与えたり分かち合ったりできる状態」と定義しています。しかし、手元にほんの少ししか持ち合わせがない場合でさえも、私は気前よくなることができます。例えば、たった一個のトマトしか持っていない私が、何も持っていない貧しい女性と出会ったとしたならば、手元にある最後のトマトを惜しまずに提供したいという思いになるでしょう。

つまり気前よさとは、あり余るほど豊かにあるという感覚から流れ出るものか、あるいは深い同情から出てくるものなのです。神はこの両者によって心が動かされるお方なのです。神はあり余る状態の中におられ、しかもそのお方の配剤は決して底をつくことがありません。そしてまた、神は私たちの必要をご覧になって、深い同情をもって心を動かされるお方でもあるのです。

愛と赦し、受容と親切とは、与えることによって少なくなってしまうようなものではありません。私たちが人を赦すと、私たちの内側にある赦しが減ってしまったり、あるいは赦すたびに、次第に赦す度合いが小さくなっていくこともありません。それなのになぜ私たちは、気前よく生きることがまれにしかないのでしょうか。

それは私たちが欠乏感の中に生きているからです。私たちは両親から十分な愛情を受けずに育ってきましたし、誕生日には満足できるだけの玩具をプレゼントしてもらえませんでしたし、知人からも十分に認めてもらったことがないからです。

私たちの預金残高には限界があり、収入を得る前に買い物をしてしまうことがよくあります。欠乏感の中で生活するうちに、自分が持っているものは守らなければならないということを私たちは学んできました。仮にそれを与えてしまうなら、私たち自身がついに悲惨な窮乏状態に陥るかもしれないからです

また、教会のこととなると、自分たちのけち、そして無慈悲さ加減に、幾度も驚かされた経験が

あります。自分が牧会している教会からほんの数キロしか離れていないところに新しい教会が建つということで、頭にきていた牧師と一緒に昼食をとったことがありました。その牧師は、「なんてずうずうしんいだ。あそこで教会を始めるということは、うちの教会員を何人か盗むことにほかならないっていうことがわからないのだろうか」といいました。

その牧師はその出来事に対して、欠乏感から反応しようとしていたわけです。新しい教会の成功が、自分自身を失敗者のようにしてしまうことを恐れていました。結局、私たちは皆、同じチームの一員なわけですから、新しい教会の成功はその牧師にとっても成功でもあるはずなのに、その牧師はそのように見ることができなかったのです。

このように、しばしば教会が気前よさの欠落した場になっています。自分のところ以外のすべての教会は間違っている。私たちのやり方だけが正しいのだ。だから私たちの教会は成功を収めなければならない。彼らが失敗しようと、そんなこと関係ないと考えるのです。

しかし、どうでしょう。私たちの神は、常に気前がいいお方です。私たちが持っているものすべては賜物《たまもの》です。私たちの側では何も努力せずに、私たちは造られました。私たちは一方的に与えられている空気を吸っています。太陽が昇り、私たちの惑星を温めるのも無償の出来事です。雨もそうです。大地を潤し、たくさんの美味《おい》しい果実や穀物を実らせます。

これらのものはみな、気前がいい愛の神が、労せずに備えてくださった「（天からの）マナ」です。したがって私たちは神に向かって、「あなたは私に借りがあるのですから、私がこのような報いをいただくのは当然です」などと主張する立場に立ったり、今後も立つことなどありえない話です。

私たちに与えられたものは何一つとして当然の報いとして受けたものなどありません。私たちは何一つとして自分で勝ち取ったものなどありません。神が与え続けてくださっているだけなのです。なぜなら神は、私たちが神のためにできることや、私たちがなすよいわざ以上にもっと大切なことに関心を持っておられるからなのです。

イエスの神が真に求めておられること

神と共なる生活は必然的に、「神は私に何を求めておられるのか」という決定的な問いを私たちに突きつけてきます。イエスが最も偉大な戒めは何かと尋ねられたとき、その答えは明確でした。「あなたのすべてをもって神を愛しなさい」。仮に私たちがイエスに、「神は私に何を求めておられるのですか」と質問したとしましょう。これに対してイエスは次のようにお答えになるだろうと思います。「神はあなたにご自身を知ることと愛することとを求めておられます」と。

この物語は、神が愛であり憐《あわ》れみ深いお方であり、そのお方の願いは愛することであり、また愛されることであることを伝えています。もちろん、このことは、神が罪に対して断固とした態度をとられるお方であることを否定するものではありません。神は罪を嫌われます。それは罪が神の子たちを傷つけるからです。神はご自身の子どもたちに夢中になるほど彼らを大切に感じておられるからです。
一六四八年に書かれた『ウェストミンスター大教理問答』は次のような問答から始まります。
問　人間にとっての中心かつ最高の目的は何ですか。
答　人間にとっての中心かつ最高の目的は神の栄光を現し、永久に心から神を喜ぶことです。

私は永久に心から神を喜ぶことという考え方が大好きです。あなたは神が、ご自身を喜ぶことをあなたに願っておられると思いますか。多くの人々はこのことを信じていないのですが、私たちは違います。昔、ノリッチのジュリアン〔一三四二?―一四一三年?。イギリスの神学者・神秘主義者〕は次のように書いています。「神に示すことのできる最高の敬意とは、神に愛されていることを知ることにより、私たちが喜んで生きることである」

このことばを初めて読んだとき、私は衝撃を受けました。「神に示すことのできる最高の敬意って、宣教地において神のために殉教《じゅんきょう》することじゃないの?」と思っていたからです。実はジュリアンは次のようなことばも残しています。「神が最も願っておられることは、どれだけ神が愛してくださっているかを知ったあなたの顔に笑《え》みをご覧になることです」

宣教地で殉教するという私の物語は、私が自然に愛している神を表してはいませんでした。ジュリアンの物語は、私が愛せずにおれない神を伝えています。ジュリアンが知っていた神は、私たちのことを喜んでくださるお方です。

あなたのことを喜んでくださる神

この世の考え方との違いをもっと際立たせながら神について物語るものとして、キャスリーン・ノリス〔一九四七年―。アメリカの詩人・随筆家〕の著書『驚くばかりの恵み』があります。その中でノリスは、一人の子どもを前にして神を発見したときのやさしい物語を語っています。

今年の春のある朝、空港の出発ゲートのところに、赤ちゃんを抱いた若い夫婦がいました。赤ちゃんは夢中になってじろじろと周りの人を見ていたのですが、それが人の顔であるとわかるやいなや、若いか若くないかに関係なく、あるいはかわいいかそうでないか、つまらなそうにしているか幸せそうにしているか、あるいは心配そうな表情をしているかなど、そうした違いにはまったくお構いなしに、その子はこれ以上ないというような満面の笑みで、その顔の持ち主に応えていました。

それはとても美しい光景でした。さえない色の出発ゲートはさしずめ天国の門となりました。相手をしてくれる大人なら誰《だれ》とも遊ぶその子の姿を見て、まるでヤコブのように畏《おそ》れの思いで立ち尽くすような経験をさせられたのです。なぜなら、神が喜びをもって私たちの顔を覗《のぞ》き込み、ご自身が造られ、そして他の被造物の中にあって「よいもの」と呼んでくださった被造物をご覧になる……、まさにこのようにして神は私たちをご覧になっているのだということに気づかされたからです。神や、そして愛情を豊かに受けている赤ちゃんのみが、このような仕方で周囲を見ることができるのだということに、私は気づいたのです(10)。

もし神があなたに対して怒っておられないとしたらどうでしょう。もし実際に神というお方が、ノリスの物語に語られているように、私たちの姿や感情、なしたこと、なさなかったことにかかわりなく、「これ以上ないというような満面の笑《え》み」をもって私たちに応えてくださるお方であったとしたらどうでしょう。

こうした神の満面の笑みを前に、私たちのほうからもこれ以上ないというような喜びを感じ味わうことこそが、そうした神に対して唯一可能な応答となるでしょう。もし神が、私自身の行いに関係なく私のことを喜んでくださるとするならば、即座に神の愛を感じることそのものが、神の愛に応えることになるでしょう。そしてそのようにすることを通して初めて、私は最も大切な戒めを守ることができます。

冒頭で紹介した女預言者のやり方では、神に怯《おび》えることはできたとしても、そのお方を愛することへと私を導いてはくれません。彼女は恐れや罪悪感を利用して私を変えようとしましたが、そうしたことによっては真実な変化をもたらすことなどできないのです。神が私たちを愛しておられ、その応答として私たちが神を愛する者となることを願っておられるという物語こそ、私たちに変化をもたらすための真実で永続する動機づけとなるのです。

私の考えでは、次の聖句こそ、聖書の中に出て来る最も大切なものだと思います。それはヨハネの手紙第一４章10―11節です。心を新たにすることによって私自身に起こった変革が、まさにこの聖句によって始められたからです。「私たちが神を愛したのではなく、神が私たちを愛し、私たちの罪のために、なだめの供え物としての御子を遣わされました。ここに愛があるのです。愛する者たち。神がこれほどまでに私たちを愛してくださったのなら、私たちもまた互いに愛し合うべきです」

この聖句は、神のことを伝える中心的な物語を私の中に形成するうえでの土台となりました。神に対する私たちの愛は、私たちに対する神の態度を決定づける要因とはなりません。神がまず私たちを愛してくださったのです。それは、私たちと神を和解させるためにご自身のいのちを捧げてくださった神の御子において、はっきりと知ることができます。そしてその愛は、私が神や隣人を愛するようにと押し出してくれます。

最初に神が私たちを愛してくださいました。そしてこれからも神が私たちを愛することをおやめになることなど決してありません。神が私たちに願っておられる最も中心的なこととは、道徳的な行動ができる人として成長することではなく（結果としてそうなるでしょうが）、まず神が愛してくださっているので、その愛に応えて神を愛する者へと造り変えられていくことなのです。

あなたに関する最も重要な事柄

アメリカを代表する偉大な牧師であり、また霊的書物の著者として知られるA・W・トウザー（一八九七―一九六三年）は次のように書いています。

> 神のことを考えるとき、心に浮かぶことこそが、私たちについての最も重要な事柄なのです……。もし「神のことについて考えるとき、あなたの心に浮かぶことは何ですか」という質問について、ある人から完全な答えを引き出すことができるなら、その答えによって、私たちはその人の霊的未来を確実に予測することができるでしょう。[11]

その人についての最も重要な事柄とは、その人が神をどのようなお方として考えているかということそのものである、と語るトウザーのことばは、一つの挑戦的な発言でもあります。多くの思索の後、そうしたトウザーの発言は本当に正しいと私は思うようになりました。

神に関する私たちの考えは、私たちが誰《だれ》であるかを決定づけるにとどまらず、私たちがどう生きるのかということについても多大な影響をもたらします。したがって神についてその人がどのように考えるかということを知れば、その人の「霊的未来」を予測することが可能となるのです。

神についてどのように考えるのか、いい換えれば、神はどのようなお方であると考えるのかということは、神と私たちとの関係を決定づけるでしょう。仮に神は無慈悲で厳しいお方であると考えるとしたら、たぶん私たちはそのお方を恐れて萎縮《いしゅく》し、そうした神から距離を置いて生きることになるでしょう。

あるいは神はあいまいで、宇宙における非人格的な力にすぎないと考えるなら、あなたとそうした神との関係はやはりあいまいで非人格的なものになると思います。神について正しい認識を持つことがきわめて重大なのです。神についての認識が私たちのすることすべてを規定します。私たちが低く誤った神観を持つならば、私たちが実際にしていることは、偽りの神を礼拝するという一種の偶像礼拝の罪を犯していることになります。

したがって私が発見したことは次のことです。すなわち、イエスが現してくださる神を知るときに、私は本当に神を愛するにいたるということです。三位一体なる神のご性質とお働きを知れば知るほど、この私は、父・御子・聖霊なる神の真理と素晴らしさと美しさに魅了されます。ですからイエスが現される神に注目してほしいのです。イエスの神は素晴らしく、美しく、愛と信頼に満ち、自己犠牲的で、赦しを与え、力強く、配慮に満ち、そして私たちの益のために働かれるお方です。

この本を読み終えたとき、あなたがイエスがご存じの神に魅了され、そして目覚めるときに、心が動かされ夢中になりながら、素晴らしさと美しさと気前よさを備えた神とともに新たな一日を生きることを喜びとするように願っています。

魂を鍛えるエクササイズ――詩篇23篇を祈る

詩篇23篇は、神が私たちを慈しみ、備えをなし、祝し、たとえ辛《つら》い状況にあっても共にいてくださる神の御国を指し示す美しい歌です。詩篇23篇の神は気前がいいお方です。神の寛大な備えと守りと配慮のゆえに、私たちにとって欠乏しているものは何もありません。神は憩いへと招いてくださり、そのところで私たちは活力を取り戻し回復していきます。

私たちにとって最も痛みを伴うような場面においてさえも、神は、そうした私たちを指導し案内してくださいます。そして神は私たちとともにいてくださるので、恐れることなく生きることができます。私たちに危害を加えようとする者たちの前で、神は私たちのために「食卓」さえも準備してくださいます。(12) しかも単に私たちの必要を満たしてくださるだけではなく、必要以上に豊かに施してくださり、私たちの杯を溢《あふ》れさせてくださいます。私たちの羊飼いである神とともに歩むとき、試練や苦しみの時期も含めて人生全体がよいものであり、憐《あわ》れみそのものとして見ることができるのです。

この詩篇は、特に「死の陰の谷を歩くことがあっても、……恐れません」という一節などが慰めを与えることから、ほとんどのキリスト教式の葬儀において朗読されています。しかしこの詩篇は単に葬儀の場面だけではなく、日々の生活のためのものでもあります。今週、常にこの詩篇を持ち歩き、できるかぎり何度も何度も口ずさんでみてください。

主は私の羊飼い。
私は、乏しいことがありません。
主は私を緑の牧場に伏させ、
いこいの水のほとりに伴われます。
主は私のたましいを生き返らせ、
御名のために、私を義の道に導かれます。
たとい、死の陰の谷を歩くことがあっても、
私はわざわいを恐れません。
あなたが私とともにおられますから。
あなたのむちとあなたの杖、
それが私の慰めです。
私の敵の前で、あなたは私のために食事をととのえ、
私の頭に油をそそいでくださいます。
私の杯は、あふれています。
まことに、私のいのちの日の限り、いつくしみと

恵みとが、私を追って来るでしょう。
私は、いつまでも、主の家に住まいましょう。（詩篇23篇）

毎晩、寝る前にこの詩篇を口ずさむようにしてください。そして目覚めたときにも口ずさんでみてください。歩くとき、一歩一歩の歩みに合わせて、この詩篇の一語一語を思い巡らしてください。このようにして今週、できるだけ多く、この詩篇を口ずさみ、味わい、呼吸の次にあなたにとっての自然なこととして身に着けてみましょう。そうするうちに、思いがけない場面でこの詩篇を祈り始めるあなた自身に気づくと思います。

このエクササイズは私の魂をどのように鍛えてくれるでしょうか

この詩篇の中では、大いに気前がいい神についての物語が語られています。ここで語られる神のイメージによって心を洗い流すことによって、あなたの魂にこの真実な物語を深くとどめることができます。そうすれば、あなたの心と体とがこの詩篇のことばによって整えられ始めるでしょう。このエクササイズを始める際に、あなたの注意を再び集中する作業が必要となるかもしれませんが、しばらくしてそれは祈りの経験へと導かれていくでしょう。

振り返るために

このエクササイズにあなたひとりで取り組むか、あるいは他の人とともに取り組むかにかかわりなく、課題と取り組む中で経験したことを振る返るために、以下の質問に答えることは役に立つことだと思います。いずれにしても、質問の答えを日記（デボーション・ノート）に書き記してみることはよい方法でしょう。そして小グループに集うようなときに、その日記を持参し、体験したことを小グループの仲間と分かち合うことは、あなたが課題と取り組む中で与えられた洞察を思い起こすうえで助けになるでしょう。

1　今週は、このエクササイズに取り組むことができましたか。「取り組めた」と答えた人は、ではどのようなことをしましたか。また、そのエクササイズについて、あなたはどう感じましたか。

2　エクササイズを通して、神について、あるいは自分自身について、あなたはどんなことを学ぶことができましたか。

3　詩篇23篇の中で、あなたにとって最も意義深い節やことばは何ですか。

第5章　神は愛なるお方

ある日の午後、私の友人で牧師をしているジェフ・ガンノンが執務室にいたときに、一本の電話がかかってきたそうです。受話器を取ると電話の主は若い女性で、「ちょっとお聞きしたいことがあるのですが。教会に行っても差し支えないですか」と話し始めました。

ジェフはその質問に戸惑いを感じました。「教会に来ることが差し支えるかどうかということですか。もちろん、差し支えなどありません。なぜ、そのような尋ね方をなさるのですか」と聞き返したのです。

すると女性は、「その質問に答える前に、私のことをお話しさせてください」といって、次のような物語を語り始めました。

その女性は中学生のとき、ある男性と関係を持ち、妊娠してしまいました。ところが、相手の男性は女性に対しても、また授かった胎児に対してもまったく関心がなかったのです。中絶はしないと決心し、その直後から彼女の心の旅が始まりました。そして、めちゃくちゃになってしまった自分の人生を建てなおさなければならないという必要性を感じ始めたのです。そこで女性は小さい頃通っていた教会に戻り、それでやっと正しい道に立ち帰ることができたと実感することができました。

教会の礼拝に出席し始めてから数か月した頃、自分が経験した失敗談を打ち明けることによって教会に集う女の子たちに何らかの益を受けてもらえるのではないかと思いついた彼女は、小学校高学年の女子を対象にデートやセックスにかかわる悩みや誘惑について証しをさせてもらいたいと、牧師に提案しました。

ところが、牧師は女性に、「お断りします。そんなことは、してもらいたくありません。あなたのような人によって女の子たちに悪影響が出ることが怖いですからね」と答えたのでした。その出来事を通して彼女は自分が受け入れられない存在であることを感じたのですが、それでもなお教会には安らぎを得ていたので、礼拝には通い続けました。

出産して二、三か月たった頃、女性は主の日の礼拝で赤ん坊に幼児洗礼を授けてほしいと思い、そのことを相談するために牧師に電話をしました。すると牧師からは次のような答えが返ってきたそうです。「そんなこと、うちの教会ではできません。未婚の母から生まれた赤ん坊に幼児洗礼を授けることなど考えられません」

そこまで語ってきた女性はジェフに向かって、「さあ、これであなたは私の物語を知ってくださいましたね。あらためてお尋ねしますが、私は、先生の教会に伺《うかが》っても差し支えないでしょうか」

ところで、その若い女性を受け入れずに拒否した牧師がとった対応は、ある人々にとってはショッキングなことであり、配慮に欠けたもののように思われるでしょう（実際にそのとおりですから）。しかし、牧師のこうした対応の背景にあった物語こそが、多くのクリスチャン（またはノンクリスチャン）の心の内側を支配している物語なのです。つまり、正しいことを行ったときにだけ神は人を愛してくれるという物語です。

一般に人々は神の愛は条件つきであると決めつけて生活しています。私たちの行動いかんによって、神が私たちについてどのようにお感じになるかが決まると考えています。そうなると、神の愛は絶えず変わりやすく不安定なものとなります。それはあたかも神が回転椅子《いす》に腰かけておられ、そこから私たちをご覧になり、私たちの考え、手のわざ、心に思い浮かぶことが純粋であれば微笑《ほほえ》みかけ、逆に罪を犯せば背を向けられるようなものです。

したがって、背を向けてしまわれた神に向き直っていただくための唯一の方法は、私たちが再びよい行いを始めることなのです。私はこの物語をじかに知っていました。昔、私の心の内に作り上げた「神」は回転椅子の上でくるくると向きを変えるお方でしたので、当時の私はその「神」の前で目まいがするような状態でした。

成果に基づいて評価が決まる世界

生まれて物心がつくとすぐに、私たちが生活を営む世界は、行いがものをいう世界であることを知ります。親は子どもが小さいうちから、その行動を型にはめてしつけることを始めます。そのため、私たちが最初に習い覚えることばの一つが「よい（いい）」と「悪い」ということばです。例えば、「まぁ、お豆を残さず食べたのね。いい子ね」とか、「クレヨンで壁に落書きしてはいけません。悪い子なんだから」という具合にです。このように人がことばを話せるようになる前から、他の人に受け入れられるかどうかは、私たちがとる行動にかかっていることを知ります。その結果、そこにできあがってくるのは、条件つきの厳しい愛に基づいている明らかに不安定な世界です。

親の立場からすれば、こうした物語を助長することは容易です。私は子どもたちを見ていて、子どもたちが何かよいことを行えば即座にそれを褒めることができます。反対に何か間違ったことをすれば、そのことで何かをいうことになるでしょう。子どもたちに対して、こうした行動をとらないように努めたとしても、そうなってしまうのです。

もちろん、こうしたしつけの一部は必要です。なぜなら親としての責任の一つは、正しいこととは何か、間違ったこととは何かを教えることにあるからです。しかしながら、こうした場合、難しいのは、評価されているのは自分のとる「行動」であって、自分自身の「存在」が評価されているのではないと、子ども自身にはっきりわかるように伝えることです。

よい行いをして神に受け入れていただこうという物語は、まず初めに生まれ育った家庭の中で始まり、家庭外においても同じ物語が語られます。このようにして、私たちが生活している世界において、この「よい行いをして受け入れてもらおうという物語」はいっそう強化されていきます。

学校でよい成績を収めれば褒めそやされますし、バスケットボールの試合で決勝点を上げれば賞賛されます。ハンサムであったりかわいかったりすれば、人々に認められます。こうしたことからすぐにわかるように、世間に受け入れられるのも、価値を認めてもらうのも、高い評価を受けるのも、その根拠は、外観から判断できる自分に備わった賜物《たまもの》や能力や出来栄えにあるのです。

こうした物語こそが、現実世界で見たり経験したりしているものであるために、神に対しても、ごく自然にこれとまったく同じ考え方を投影してしまいます。しかし、どうでしょう。神は、私たちの両親やコーチや上司よりもより偉大で、賢く、力に満ちたお方です。すべてのことをご存じです。

そうだとするならば、その神に承認され、受け入れられ、愛されるために、私たちの側で何を差し出すことができるでしょうか。この質問に対しあなたが予想している答えは次のとおりです。私たちは、宗教的な行為を差し出すことによって神に認められ、受け入れられ、愛されるのだと。

もし仮にごく普通の人に、「神に好意を寄せられ、愛され、祝福されるために、あなたは何をしなければなりませんか」と質問したとするとどうでしょう。答えは明白で一貫しているはずです。

「まぁ、私が思うに、教会に行き、聖書を読み、献金を捧げ、委員会の働きに参加し、助けを必要とする人に仕えることだと思います。あぁそれから、神は私が罪を犯すことを願っておられませんので、罪を犯す回数をなるべく少なく抑えることだと思います」

このように、リストに挙げられたことを行い、なおかつ罪を避けることによって、神が私たちに対して抱かれる感情を、自分たちのほうでコントロールしうるというのです。これが律法主義と呼ばれる、人が行いによって神の愛を獲得しようとする試みで、敬虔《けいけん》な活動によって神の好意を獲得したり、神の呪《のろ》いを避けようとするものです。

つまるところ、律法主義とは迷信なのです。それは前に述べた黒猫やはしごの迷信と何ら変わりのないもので、私たちは迷信的行為や律法主義的行いに引き寄せられやすい存在なのです。なぜなら律法主義は、混沌《こんとん》としてしまう世界の中で、あたかも、よい行いによって物事をコントロールしうるかのような感覚を与えてくれるからです。

しかし神の好意は、人がなす行為によって獲得されるものではありません。もしそうだとするならば、ウサギの足を幸運を呼び込む「お守り」として持ち歩くことと大差のないことになります。よい行いによって神に受け入れていただこうとすること（律法主義）が、絶えず不確かさや不安感をもたらすものであったとしても、その律法主義こそが、私たちの多くの者たちの心を支配する中心的な物語なのです。しかし幸いなことに、これはイエスの語られた物語ではありませんでした。実はイエスこそ、わざわざご自身のことばと行動をもって、これとは正反対の神についての物語をお語りになったお方だからです。

私は自分が聖書を学んできた中で、私たちがよいことをしたとき、あるいは敬虔《けいけん》な活動とかかわっているときにだけ神は私たちに好意をお示しになるとイエスが語られた箇所を一箇所も見つけることができませんでした。その代わりにイエスは、すべての人を無条件に受け入れてくださる神について語っておられます。そうしたイエスのことばに注目する前に、イエスの行動に目を留めてみることにします。

罪人を喜んで受け入れてくださる神

イエスは、物語をお語りになる中で父なる神を紹介なさっただけではなく、ご自身の品性と行動とをもって父なる神を証しされました。次に紹介する物語はマタイの福音書に出てくるもので、イエスが紹介なさった父なる神について多くのことを教えています。

イエスは、そこを去って道を通りながら、収税所にすわっているマタイという人をご覧になって、「わたしについて来なさい」と言われた。すると彼は立ち上がって、イエスに従った。イエスが家で食事の席に着いておられるとき、見よ、取税人や罪人が大ぜい来て、イエスやその弟子たちといっしょに食卓に着いていた。すると、これを見たパリサイ人たちが、イエスの弟子たちに言った。「なぜ、あなたがたの先生は、取税人や罪人といっしょに食事をするのですか。」イエスはこれを聞いて言われた。「医者を必要とするのは丈夫な者ではなく、病人です。『わたしはあわれみは好むが、いけにえは好まない』とはどういう意味か、行って学んで来なさい。わたしは正しい人を招くためではなく、罪人を招くために来たのです。

（マタイ9・9―13）

マタイは取税人でした。この職業は同胞のユダヤ人からひどく嫌われていました。普通、取税人は、道端にある高速道路の料金所のような収税所に座り、ローマ政府のためにユダヤ人から税金を集めました。また取税人は、当時のユダヤ人からいわゆる「悪党」と見なされたローマ帝国の手先として働く人でもありました。そしてもっと悪いことに、彼ら取税人は取り立てた税金の一部を横領し私腹を肥やすことで有名な者たちでもあったのです。したがって取税人は裏切者であると同時に、詐欺師《さぎし》でもあると考えられていて、実に不名誉なレッテルを貼《は》られていた人々でもありました。

さて、この聖書箇所を読むとき、イエスは取税人であったマタイを弟子の一人として招いておられることがわかります。一世紀の時代、ラビが弟子を選ぶ場合、とても厳格な基準をもって選抜することが常であったことからすれば、マタイが弟子として選ばれたという出来事は実に驚くべきことです。

ラビによって選ばれるというのは、めったにない大いなる特権でした。というのも、特別に義であると思われる人々にしか、この特権は与えられなかったからです。したがってイエスがマタイを選んだことは馬鹿げており、しかも衝撃的でもありました。

弟子として選ばれた後、マタイはイエスを食事のために自分の家に招きました。この行為は、自分にとっての新しいラビであるイエスに対する献身を表明するしるしでした。当然、マタイの友人は取税人や「罪人」と呼ばれるような人々でした。イエスはそうした人々と食事を共にされたのです。それは彼らに対するイエスの愛と受容の証しでもありました。

パリサイ人、すなわち厳格な宗教家は、しばらくイエスから目を離さないようにしていましたが、イエスが罪人たちと食事を共になさっているのを目撃したとき、[1]パリサイ人はイエスが偽預言者・詐欺師・ペテン師・偽善者であることを暴露したと思いました。

ところが、イエスはそうしたパリサイ人に対して、自分は健康な者のためではなく病人のため、義しい者のためではなく不義なる者のために来たのだと語られたのです。イエスは取税人同様にパリサイ人が病んでいて罪深いことを指摘されたのですが、皮肉にもパリサイ人はそれを認めませんでした。

一方、取税人は、自分自身を偽りませんでした。罪人呼ばわりされるのに慣れていたからです。取税人が心に抱いた唯一の問いは、なぜこんな自分がこの食事の席に招かれたのか、ということでした。

このようにイエスが、取税人に代表される名うての「ならず者」に働きかけておられるとするならば、私たちにもチャンスがあるということではないでしょうか。私たちが注目しているこの箇所について、ブレナン・マニングは次のように書いています。

> これこそが、宵の明星のように輝く啓示の光である。イエスは罪人のためにこの世に来られた。取税人のように「くず」と見なされた人たちのために。卑しい選択をしてしまい、夢が破れた者たちのために。そのお方は会社の重役、路上生活者、スーパースター、農夫、売春婦、依存症患者、国税庁の事務官、エイズ感染者、そして中古車販売のセールスマン……のためにも来られたのである。この聖書箇所は、繰り返し、何度も何度も読まれ、なおかつ暗誦《あんしょう》されるべきである。あらゆる時代のクリスチャンは、この箇所のまばゆいばかりの輝きを少しでも曇らせようと試みてきた。なぜなら、福音があまりにもよすぎるので、これでは真実であるとは思えなかったからである。[2]

ここでマニングが述べているように、なぜ私たちはこのメッセージを「曇らせ」ようとするのでしょうか。なぜ、福音が「あまりにもよすぎるので、これでは真実であるとは思えない」のでしょうか。それは私たちの内側に根深く入り込んでいる、よい行いをして受け入れてもらうという物語が、無条件で受け入れてくれるというイエスの物語の考えに合わないからなのです。

神が罪人を愛されるということは、いったいどのようにしたら可能になるのでしょうか。罪人が自ら改善すると約束すれば、神は罪人をお赦しになり、それだけではなく愛されることも可能となるのでしょうか。しかし、これはイエスが説かれた福音ではありません。イエスがことばと行いをもって公になさったのは、神は罪人をそのありのままで愛されるということだからです。たとえ本来のあるべき姿から遠くかけ離れていたとしても、そうした彼らを心から愛されるのです。

神は罪人を愛される

聖書の中でも最も有名な箇所で、イエスは次のように語っておられます。

神は、実に、そのひとり子をお与えになったほどに、世を愛された。それは御子を信じる者が、ひとりとして滅びることなく、永遠のいのちを持つためである。[3] 神が御子を世に遣わされたのは、世をさばくためではなく、御子によって世が救われるためである。（ヨハネ3・16―17）

この聖句は、実に数えきれないほど多くの人々の心に慰めを与えてきましたし、多くの人々によって聖書全体を要約する聖句と見なされてきました。ここでイエスはご自分が遣わされてきた理由を説明しておられます。それは、神が世を愛され、世を救いたいとお考えになったということです。

多くの人々は、神が人類に対して怒っておられるが、何らかの理由で最終的な審判を下すことを思いとどまっておられるのだ、と信じています。そうした人たちにとっては、イエスが次のようにお語りになったほうが、より違和感なく受け取れるかもしれません。「神は、実に、そのひとり子をお与えになったほどに、世に怒りを抱かれた。神が御子を世に遣わされたのは、世が自らを整えるようにと伝えるためであり、自らを整えた者はだれでも、永遠のいのちを持つことができる。実に、神が御子を世に遣わされたのは世をさばくためであり、世がよい行いによって救われるためである」と。

ここでイエスは、神が「僅《わず》かな人々」を愛されたとも、「ある人々」を愛されたとも、あるいは「多くの人々」を愛されたともお語りになってはいません。イエスが語られたのは、神は世を愛されたということです。そして誰《だれ》もが認めるように、この世とは罪人で溢《あふ》れている世界です。それゆえ神は罪人を愛されなければなりませんでした。

決してイエスは、「神は、実に、そのひとり子をお与えになったほどに、善良な人、義なる人、そして宗教的な人を愛された」とはおっしゃいませんでした。イエスは、神が世、すなわち罪人の存在も含めすべてを包括する世界を愛されたとお語りになったのです。使徒パウロは、このイエスのことばに呼応するように、次のように記しています。「しかし私たちがまだ罪人であったとき、キリストが私たちのために死んでくださったことにより、神は私たちに対するご自身の愛を明らかにしておられます」（ローマ５・８）

神というお方は、たとえ愛する者が自己崩壊し罪深い状況に陥っていたとしても、その者を愛されます。そしてこのことこそが、まことの愛を示すただ一つの確固たる証拠なのです。イエスが語られたたとえ話の中でも最も有名なものが、父とその二人の息子の物語です。それは、条件なしに神に愛されたいという、私たちの心の奥底にある叫びと響き合う物語でもあります。

放蕩する父

放蕩《ほうとう》息子のたとえ話は、本当ならば「父の愛のたとえ話」と呼ばれるべきものでしょう。(4)「放蕩する」と訳されるprodigalは、「向こう見ずに無駄遣いする」という意味のあることばです。この「放蕩する」ということばを私たちは、物語に登場する弟息子、つまり、罪深い生活をすることによって全遺産を使い尽くしてしまった人物と結びつけて用いてきました。

しかし、最も向こう見ずで無駄遣いをしたのは、むしろ、その恩知らずの息子に財産を分与し、財産を使い尽くした末に帰ってきたその息子を惜しみなく愛する父親、その人でした。ほとんどのクリスチャンにとってこの物語はなじみ深いのですが、イエスが父なる神について説いておられる教えを強調している、その中の幾つかの重要な側面を指摘したいと思います（ルカ15・11―32参照）。

すでに私たちはあまりにも多くこのたとえ話を聞いてきたために、しばしばたとえ話の中の衝撃的な部分に気がつかなくなっていることがあります。弟息子は父親に財産分与を願い求め、それを受け取るやいなや家を出て行きます。実際この弟息子の要求は非常識であり、無礼でもありました。(5)ところが、父親はすんなりその要求を呑《の》んでしまいます。

その後、弟息子はそのお金で罪深い生活をし、しまいにはお金を使い果たしてしまいます。雇ってもらえた唯一の仕事は豚の世話をすることで、豚のえさを口にしてでも飢えをしのぎたいと思うほどの状態でした。ちょうどそのときに、実家で働く雇い人たちは今の自分よりも恵まれた境遇にあることに気づいた弟息子は、父親に対し謝罪の告白をして、雇い人の一人にしてもらおうと願い出ることを決心しました。

そして、この物語はもう一つの驚きの局面を迎えます。そのことを伝えるのが、私自身、聖書の中の最も美しい聖句の一つと考える、ルカの福音書15章20節にある次のみことばです。「ところが、まだ家までは遠かったのに、父親は彼を見つけ、かわいそうに思い、走り寄って彼を抱き、口づけした」

ここで私たちは、この父親が、たぶん来る日も来る日も毎日、いかに息子の帰還を待ちわびていたかに気づかされます。そして息子の姿を発見したとき、父親はすぐさま憐《あわ》れみに満ちた心で「かわいそうに」思いました。

これは決して見過ごしていいような些細《ささい》なことではありません。なぜならば、ここにこそ神のご性質とみこころとが明らかにされているからです。たとえ私たちがなしうる最悪のことを神に対して行ったとしても、神は深い憐れみの愛をもって私たちを見つめてくださいます。

イエスの時代の父親とは、長老たちの前で子どもを石打の刑で処刑できるほどに、我が子に対して絶対的な権限を持つ存在でした。しかも父親が息子に対して行った仕打ちに誰《だれ》ひとりとして異議を唱えることなどできませんでした。それによって正義が保障されなければならなかったからです

(これが自然な物語です)。

ところが、このたとえ話に登場する父親は、何の償いも求めずに、その子を抱擁し、赦しのしるしであった口づけをしてしまいます。そして、息子を家に迎え入れて祝宴を催しました。父親はしもべたちに着物と指輪と靴《くつ》を持ってくるように命じます(6)。この着物と指輪と靴という三つの物は、息子としての立場を回復したことを象徴していました。こうして弟息子は息子としての身分が回復され、そのすべての権利を持つようになりました。そうした資格などまったくなかった彼が、今やすべてのものを手にしたのです。

神は罪人をとても愛していらっしゃるようです。もちろん、罪人が犯した罪を愛していらっしゃるのではありません。明らかに父親は息子が選んだ行動を深く悲しんでいました。父親は息子の無謀な生活を是認したのでも、見過ごしにしたのでもありません。よい父親ならば誰《だれ》もが間違いなく、弟息子がとった行動に怒るでしょう。

しかし、たとえ私たちの罪が最悪の状態であったとしても、そのこと自体が、神が私たちを愛されることを妨げる障壁にはならないことをイエスは知ってほしかったのです。またイエスは、私たちが神ご自身のもとに立ち帰ることを神が切に求めておられることを理解してほしかったのです。このように、このたとえ話は、救われる罪人についてよりも、ご自身に向かって罪を犯す者をも愛される神について、より多く語っているのです。

兄息子と私

イエスはこのたとえ話を、罪人たちと食事を共にしたという非難に対する応答として語っておられることを忘れないでいただきたいのです。ルカは読者である私たちのために、次のような場面設定をしています。「さて、取税人、罪人たちがみな、イエスの話を聞こうとして、みもとに近寄って来た。すると、パリサイ人、律法学者たちは、つぶやいてこう言った。『この人は、罪人たちを受け入れて、食事までいっしょにする』」（ルカ15・1―2）

すでに述べたように、イエスの行動は革命的なものでした。ラビは決して名うての罪人とともに食事をしませんでしたし、だからこそパリサイ人は食事を共にしているイエスを公然と批判することができました。

私たちの多くは放蕩《ほうとう》息子と父親に焦点を合わせてこのたとえ話を読む傾向がありますが、たとえ話の後半部分にこそ（ルカ15・25―32）、イエスが物語られることの狙いがありました[7]。このたとえ話は、踏みつけにされ取り残された人々に対して語られたのではなく、反対に神の無条件の愛を説く革新的なメッセージを受け入れることに困難を感じていた高潔で信心深い人々に向けて語られました。

兄息子は、罪人に対する神の愛という考え方にいらだちを覚える私たちを代表するような存在として登場します。たとえ私たち自身に向けられた愛であったとしても、無条件で人々を愛するという神の愛に違和感を覚える私たちの思いの一部を、兄息子は代弁しているのです。

宴会の騒ぎに気づいたとき、兄息子はちょうど畑で作業をしている最中でした。帰宅してみるとその祝宴が弟の帰還を祝うものであったことを知りました。そして兄息子は父親に対していいました。「これは不公平だ！　毎日働いている私のために、このような宴会が催されたためしがありません。それなのに、遊女に溺《おぼ》れてあなたの身代を食いつぶして帰って来たどうしようもない、あなたの息子——私はやつを「弟」とは呼びたくありません——のためには、肥えた子牛をほふらせなさったのですか」

このように怒る兄息子には怒るだけの正当な理由がありました。兄息子は父親に一度も無礼を働いたことなどありませんでした。お金のことで家族に損害を与えたこともありません。身勝手な振る舞いも決してしませんでした。しかし、そうした兄に対して弟のほうは、こうしたことはもちろんのこと、それ以上のことをして帰ってきたのに、英雄扱いで迎えられているのです。

ここで父親は兄息子に、自分は間違ったことをしてはいないのだということを理解させようとしています。父はいいます、「私のものは、全部おまえのものだ」と。いい換えると、「あなたは、あなたの弟と同じものを全部持っているのですよ」ということです。このことは、労働時間が違うのに同じ賃金で働いたぶどう園の労務者のたとえ話と似ています。

イエスは、私たちが恵みに関して抱いている疑問の中心を鋭く突いていらっしゃいます。私たちは恵みが好きになれません。恵みは現実には完全に公平なのですが、不公平に見えるからです。神はすべての人々に対して気前がいいお方です。神の気前よさは、よい行いをして神に受け入れてもらおうとする、私たちの物語を叩《たた》き壊します。

核心は、神から私たちを引き離す事柄がただひとつあるのですが、それは罪ではない、ということです。神から私たちを引き離す事柄とは私たちの自己義認です。そしてこの自己義認が神を私たちから遠ざけるのではなく、私たちを神から遠ざけるのです。神から私を引き離すのは私の罪ではありません。私たちを神から遠ざけるのは、私自身や私以外の人々に対する神の恵みを私が拒絶するときに起こることなのです。

父親は兄息子に対して、弟が返ってきたことがお祝いと喜びの原因となっていることを伝えています。ここでイエスがパリサイ人たちに向かってぜひともおっしゃりたかったのは、次のようなことだったのではないでしょうか。「もしあなたたちが取税人や売春婦、そして罪人と呼ばれる人々が私のところにきているのを見たならば、そのことで不平をいう代わりに、むしろ喜んでほしいのです。なぜなら、彼らは死んでいたのに生き返ったのですから」

パリサイ人は、神が罪人を歓迎しておられることを受け止め、共に喜びにあずかるかどうかの決断を迫られました。ところが、残念なことにパリサイ人はその迫りを拒絶してしまいます。私は自分自身が弟息子よりも兄息子、すなわちパリサイ人により近いように思います。そうした私にとって、神の恵みが罪人に向けられているということが心を煩わせているのではありません。むしろ、その恵みが私に向けられていることに、時に難しさを感じるのです。

神の好意を獲得するという私の物語は、かなり深く私自身の神学的枠組みに組み込まれているために、神の愛を受け入れるのが困難になります。実はそうだからこそ、以前、埃《ほこり》にまみれた図書館の片隅にあった本の中から見つけた詩が、私の心を動かしたのです。

神についての真理

数年前、最近よさがわかってきたシモーヌ・ヴェイユ〔一九〇九―四三年。フランスの哲学者〕に関する本を読んでいました。ヴェイユの書物は深い思索と敬虔《けいけん》な信仰を現しています。ヴェイユはユダヤ人家庭で育ち、後にクリスチャンとなりました。ヴェイユの伝記を執筆した人によれば、十七世紀に生きたジョージ・ハーバート〔一五九三―一六三三年。イングランドの詩人〕という名の牧師が書いた詩を読んだときにヴェイユはクリスチャンになったということです。その詩とは愛に関する第三の詩でした。

それを知った私は、すぐに図書館に行きハーバートの詩を収めている本を探しました。腰を下ろしてその詩を味わったところ、私自身もしばらくことばを失うほどに強く感動を覚えました。その詩を読み、思い巡らせば巡らすほどに、その深さに感動したのです。

愛（その三）

〝愛〟が私をあたたかく招き入れてくださったのに、私の魂はしりぞいた。
ちりと罪にまみれていたから。
しかし敏い目をお持ちの〝愛〟は、私のためらいに気づかれた。
私が戸口に入ったそのときから。
私に近づき、優しくたずねてくださった。
何か足りないものがあるのか、と。

ここにふさわしい客人がいないのです、私は答えた。
〝愛〟は言われた。おまえがその客なのだよ。
薄情で恩知らずな私がですか？　ああ、愛しい方よ。
私にはあなたに目を向けることもできません。
〝愛〟は私の手を取り、微笑みながらお答えになった。
誰がその目を造ったのか、わたしではないか？

そのとおりです、主よ。しかし私はそれを汚してしまいました。私は恥を
受けるにふさわしい者です。
おまえは知らないのか、〝愛〟は言われた。だれがその咎を負ったのかを。

愛しい方よ、では私があなたにお仕えいたします。
〝愛〟は言われた。おすわりなさい、そして私の肉を味わいなさい。
そこで私はすわり、それをいただいた。
（中村佐知訳）

おわり

いと高き神に栄光あれ、地に平和、
みこころにかなう者にあれ

この詩はきわめて古いためにことばが難解です。詩への洞察を深めるために、（少なくとも私にとっての）詩の意味について説明したいと思います。

●〝愛〟が私をあたたかく招き入れてくださったのに　いきなりハーバートは私たちに向かって神のご性質について語り始めます。詩人はヨハネ同様に神は愛であると語ります（Ⅰヨハネ4・8）。詩の全体を通して、この「愛」ということばを「神」ということばに置き換えて理解することができます。すなわち詩人は「神が私をあたたかく招き入れてくださった」と語って、神が私たちを招きよせてくださるお方であることを表しています。

●私の魂はしりぞいた　しかし、それに対して魂はどのように応答したでしょうか。神が近づいてこられるとき、きわめて近くまで来られたならば、しりぞくことこそが、私たちにとって自然で正しいことです。なぜなら神は聖く義なるお方だからです。

●**ちりと罪にまみれていたから**　次にハーバートは私たちがしりぞく理由を語っています。ここでハーバートは私たちが罪人以外の何者でもないと語ります。あなたも私も過ちを犯し、数えきれないほど神の期待に反してきたことを心底から認識しています。つまり、私たち自身が罪深いがゆえに、しりぞいてしまうのです。

●**しかし敏い目をお持ちの〝愛〟**　ハーバートは神の視力を「敏い目をお持ちの愛」と表現しました。素晴らしいと思いませんか。神は私たちのすべてを十分かつ完全にご覧になるお方です。神は私たちをご覧になります。そうです。愛と共感をもってご覧になるのです。

●**私のためらいに気づかれた。私が戸口に入ったそのときから**　ハーバートの時代、「ためらう」ということばは「ぐずぐずする」ことを意味していました。この動きがわかりますか。神は私たちを招かれますが、私たちはためらってしまいます。神はその理由もご存じです。私たちは罪を感じているからです。では神は何をしてくださるのでしょうか。

●**私に近づき**　神は近づいてこられます。神は私たちがよろめくのをご覧になり、私たちのほうへと歩み寄ってこられます。私たちが、ふらついて倒れそうになったとしても、神は近づいてこられるのです。

●**優しくたずねてくださった**　神は私たちに優しく尋ねられます。このところから両者の間に優しい議論が始まります。神は近づいてこられ、そして尋ねられます。私自身が心に抱く「好意を獲得して救われるという物語」に基づくのであれば、神のご質問は「なんであなたはそれほどまでに罪を犯したのですか」であるはずでしょう。ところが、そうではないのです。

● **何か足りないものがあるのか** 神の最初のご質問は、「腐った罪人であるくせに、あなたは自分のために何か弁護できることがあるのですか」ではなく、「何か足りないものがありますか。何か必要としているものがありますか」というご質問です。

● **ここにふさわしい客人がいないのです、私は答えた** 価値ある者であるという実感こそが、私たちに欠けていることなのです。私たちの多くは、神の前に無価値であると感じています。このことばを語る彼も、心にある真実を伝えています。

● **〝愛〟は言われた。おまえがその客なのだよ** 愛は、「あなたは高価である。あなたは高価であると私がいったから、あなたは高価なのだ。私があなたを愛しているから、あなたは高価なのだ」と語ることによって、私たちの価値に関する疑問に答えています。アウグスティヌスは次のように記しています。「私たちを愛することによって、神は私たちを愛を受けるにふさわしい器とされるのである」と。私たちの価値は決して業績や進歩、成果によって決まるのではありません。賜物《たまもの》として与えられるものであり、賜物であれば受け取ることしかできません。

● **薄情で恩知らずな私がですか？ ああ、愛しい方よ。私にはあなたに目を向けることもできません** しかし、私たちは賜物を受け取ることに抵抗を覚えることがあります。実際、この世界すべては、業績やその人が達成した成果に基づいて動いています。ですから私たちはこう思ってしまいます。「誰《だれ》ですって……、この私が？　不親切で、感謝の足りない、この私がですって？　神さま、あなたは、私がどれだけ邪悪な人間であるかをご存じないのですか。あなたの御顔を仰ぐことすらできない者なのですから！」

●**〝愛〟は私の手を取り、微笑みながらお答えになった。誰がその目を造ったのか、わたしではないか？**　これは衝撃的な場面です。神が何かに対して、またあなたをご覧になって、微笑《ほほえ》んでおられるのを想像できますか。私の知っている多くの人々は、彼らの存在を誇りに思っておられる、いや好意をもって見ていてくださる神を想像することなどできないと語ります。

　でも、ここで神の驚くべきお答えに注目しましょう。「誰が、あなたのその目をつくったのか、わたしではないか」。私たちは、「神さま、私はあなたを仰ぐほどに価値ある者ではありません」というのですが、それに対して神は、「わたしを仰ぎみることができない、そのあなたの目を、わたしが造ったということを、あなたは理解できないのですか」とお語りになるのです。

●**そのとおりです、主よ。しかし私はそれを汚してしまいました**　「はい。そのとおりです」と私たちは答えます。この点で神と議論することなどできないからです。「でも（常に、この種の「でも」ということばが口から出るものです）、私はそれを汚してしまいました」とハーバートはいっています。「はい、そのとおり、神さま、あなたは私の目をお造りになりました。

でも、私は、その目を正しく使うことをしませんでした。見てはいけないものを見てしまいました。そうした行いによって私はそれを汚してしまったのです」

●**私は恥を受けるにふさわしい者です**　ここで再び、哀れな魂は神に申し立てをします。「神さま、あなたは誰《だれ》に語りかけておられるのかをおわかりでしょうか。私はめちゃくちゃな者です。あなたは私に目をお与えくださいました。私にすべてのものを与えてくださいました。でもそれらを台なしにしてしまったのは私です。ですので、どうぞ、私の恥にふさわしくお報いください」

●**おまえは知らないのか、〝愛〟は言われた。だれがその咎を負ったのかを**　この重要な点までたどり着いた私たちに、神は一歩踏み込んでお語りになります。「わたしも反論するつもりはありません。確かにあなたは失敗しました。そしてあなたが罰を受けるに値する者であることも認めます。(ここに注意してください)でも、あなたは、その責めをすでに負った人がいたことを知らないのですか」と。神はいわれます。「イエスがあなたの責めを負ったのです。わたしの息子があなたの恥を身に受けたので、もはやあなたの負うべき恥はなくなりました」

ここでしばらく立ち止まってみましょう。ときどき、人々が神の愛について語るとき、それをまるですべての人に向けられている宇宙大の好意であるかのように見なしています。そしてそこでは正義が隅《すみ》に追いやられ、罪も問題とはされていません。このことこそが、多くの人々が自らを罪人であると受け止めなくなる理由です。

しかし、注意してください。もし仮にあなたが罪人でないのなら、なぜ、そんなにまで悪い気分になるのでしょうか。もしあなたが罪人である振りをしているだけならば、あなたは赦されている振りをしているだけのことになってしまうでしょう。神はいわれます。「あなたの罪は現実です。それは死刑に当たります。しかし、私の子、イエスがあなたに代わってその責めを負ったのです。イエスはあなたの罪を十字架の上に釘づけにしました。イエスこそが『裁き主であるのに、私たちの代わりに裁かれた者(8)』なのです」

●**愛しい方よ、では私があなたにお仕えいたします**　多くの場合、恵みのメッセージは私たちを喜びと自由へと解き放つのではなく、罪責感を感じさせます。そしてそうした効果を念頭に置きながら説教する説教者も多いのです。「そこの若い人、あなたは知らないのですか。イエスはあなたのために死なれたのです。そのことのゆえに罪責感を覚えませんか」というように語るのです。そして予想される応答は、「はい、罪責感を感じます。ご免なさい、主よ。真面目に生きることを約束します。よい人になるように努力します。約束します！　あなたのために宣教地で死ぬこともいといません。ただご命令を下さい。私は参ります。神さま、私はあなたに借りがあるからです」と。

●〝**愛**〟**は言われた。おすわりなさい、そして私の肉を味わいなさい**　これに対して神はいわれます。「すわりなさい。ここで休みなさい。食事を共にしましょう。わたしと一緒にいなさい。

わたしの臨在を楽しみなさい。そしてまず、わたしがあなたに給仕をしましょう。あなたがわたしに給仕する必要はありません。あなたはわたしのために何もする必要がないのです。わたしはあなたを造りました。なぜなら、あなたを愛しているからです。そしてわたしは心からあなたと一緒にいたいと願っています。わたしの心深くにある望みは、わたしに仕えるためにあなたが出ていくことではなく、わたしにあなたのことを愛させてほしいのです」

神があなたから最も求めておられることは何であると思いますか。

●**そこで私はすわり、それをいただいた**　これこそが、神が最も願っておられることです。神は私たちに仕えたいと願っておられ、私たちが食事をし、そのお方の素晴らしさを喜ぶことをご覧になりたいと思っておられるのです。いつの日か私たちは人々に仕えます。しかしそれは神の愛に対する応答としてそうするのであって、罪責感に動機づけられてするのではありません。

ジョージ・ハーバートは小さな教会の牧師になるためにすべてを捨てた優れた政治家でもありました。ハーバートはたくさんの詩を遺していますが、人に読ませようとして書いたのではありませんし、まして出版しようなどとは考えてもいませんでした。

ハーバートは死の床において一人の親しい友にたくさんの詩を書いたことを伝えました。そして、「どうぞ、私が書いた詩を読んでください。そしてもし役に立つようなものがあれば、あなたの好きなように用いてください」と語りました。

ハーバードの死後、幾つもの詩が出版されました。私は「もし役に立つようなものがあれば」と語ったハーバートの謙遜《けんそん》なことばに驚きを覚えました。ハーバートの詩が有益であることを見抜く知恵を持った、その友人のゆえに、私は神に感謝します。シモーヌ・ヴェイユも私と同じように感じたことだと思います。

律法主義の限界と愛の可能性

この章は、未婚のまま妊娠してしまった若い女性の物語から始まりました。教会の若者の会の中で女の子たちの助けになりたいと願った女性を、牧師は相手にしませんでした。しかも牧師は彼女の赤ちゃんに幼児洗礼を授けることも拒否しました。結局、女性は別の教会に行くことになりました。その後すぐに、新しい教会において、その子は受洗しました。

その後、この女性は若者たちとともに活動し、学校を修了し、ついに宣教の働きに献身しました。現在、彼女と娘さんはアフリカで宣教師として働き、生活しています。

魂を鍛えるエクササイズ――レクチオ・ディヴィナ

今週の霊的なエクササイズはレクチオ・ディヴィナと呼ばれるものです。これはラテン語で、文字どおりには「聖なる読書」という意味です。これは聖書を通して語りかけてくださる神の御声を心で聴くための方法です。この方法の起源はシェマと呼ばれる古代のヘブル人の伝統に由来し、ヘブル語聖書の中から読むべき箇所を選択し[9]、その箇所を区切りながら、そしてある特定のことばに意識を集中しながら読み進めていくものです。

レクチオ・ディヴィナは初代教会のクリスチャンによって共同体として実践された方法でもあり、後に砂漠の師父や師母によって個々人が聖書を味わう方法として教えられていきました。

レクチオ・ディヴィナでは、一般に聖書の数節を取り上げ、繰り返し、そしてゆっくりと単語や句の意味を思い巡らしつつ、それらの語句がどのように心に迫ってくるかに注意を集中させながら読みます。このようにして私たちは「聖書を祈る」のです。この方法は、聖書をテキストとして捉《とら》えて、その意味を理解することを目的とする聖書研究とは大きく異なります。逆にレクチオ・ディヴィナにおいて聖書のことばが「私たちを探る」ことになります。

どのようにレクチオ・ディヴィナを行うのか

１　まず初めに聖書箇所を選びます。今回のエクササイズではコリント人への手紙第一13章４―８節の箇所を用いてみましょう。

愛は寛容であり、愛は親切です。また人をねたみません。愛は自慢せず、高慢になりません。礼儀に反することをせず、自分の利益を求めず、怒らず、人のした悪を思わず、不正を喜ばずに真理を喜びます。すべてをがまんし、すべてを信じ、すべてを期待し、すべてを耐え忍びます。愛は決して絶えることがありません。（Ｉコリント13・４―８）

２　一、二分間、リラックスして深呼吸をしましょう。

３　**一回目の朗読**　定められた聖書箇所をゆっくりと一度読みましょう。一つひとつの句読点のところでしばらく休みを取ります（例えば、「愛は寛容であり」《休み》「愛は親切です」《休み》……といった具合です）。一回目の朗読が終わったところで、一、二分間、静まりましょう。

４　**二回目の朗読**　定められた聖書箇所をもう一度ゆっくりと読みましょう。再び、一つひとつの句読点のところでしばらく休みを取ります。しかし、今回は、一回目の朗読のときよりも長く休みを取ります。その際、ある語や句に心が留《と》まるかどうか、あるいは浮かび上がってくる語や句がないかどうかに気をつけながら進めてみましょう。そうした語や句を心に留めておいて、読み終えたところで、心に留まったものをノートに記録しましょう。

5　**三回目の朗読**　二回目の朗読のときに何らかの理由で心に留まった語や句にたどり着くまで再読します。その語や句のところに来たときに、そこにとどまってその語や句を二、三回繰り返し味わってみてください。

6　**思い巡らす**　しばらくの間、心に残った句を思い巡らしましょう。もう二、三回、ことばに出して口ずさんでみてください。そうした単語を、あなたの考え・記憶、あるいは心に浮かぶ他の聖書箇所と関係づけながら思い巡らしてみましょう。それを心や、欲求や恐れに触れるようにしてみましょう。「神はこのことを通して具体的に何を私に語ろうと願っておられるのか」を考えてみましょう。

7　**祈り**　最後の質問を祈りにして神に問いかけましょう。「神さま、この聖書箇所の中で、あなたが私にお与えになることばは何ですか、教えてください。今日、私にお語りになりたいことがありますか」。そのようにして神に聴きます。そして神が語りかけておられると感じたことは何でもノートに記録しておきます。

8　**休む**　しばらく体を動かさずに静まります。神の臨在を味わいましょう。これは何かをすること（doing）から在ること（being）に移行する段階です。何かするのではなく、ただ神の前にとどまりましょう。

９　**応答する**　自分自身と神に尋ねてみましょう。「与えられたみことばを通して、何をするように私は求められているのでしょうか」と。もしかすると、あなたは神をより深く愛するようにとチャレンジを受けたかもしれません。あるいは自分自身のある側面を受け入れるようにと示されたかもしれません。あるいは、あなたの知り合いの誰《だれ》かに仕えるようにとか、自分自身の性格の一部を変えるために何かを始めるようにと導かれたかもしれません。

そうしたことが何であれ、書き留めておきましょう。例えば、次のように書きます。「今日、神さまは私がより忍耐強い人になるようにと語りかけてくださいました。神さま、私とともにいてください。そしてどのように始めたらよいのかを教えてください」。神が下さったみことばのゆえに、また神が与えてくださったお召しのゆえに感謝しましょう。

※このエクササイズを終えてから、以下の箇所を読んでみてください。

イエスの物語と結びつける

レクチオ・ディヴィナはとても個人的な活動です。したがって、あなたがどのような経験をするか、あらかじめ私が予告することは不可能ですし、またそのようにすべきでもありません。想像するに、神はあなたのために特別なみことばを用意されていると思います。

しかし、今回、私があなたのために選んだ聖書箇所は特に愛に関するものでした。コリント人への手紙第一13章4―8節は結婚式でよく読まれるので、とてもよく知られている聖書箇所です。この箇所は、夫婦間の愛について語られているところではなく（もちろん、夫婦間の愛にも当てはまります！）、クリスチャン共同体においてどのように共に生きるかについてパウロが書いた文脈の中に出てきます。

中心点は共に生きる生活の核心に愛があるということです。別の箇所でも、神が私たちを愛されたように、互いに愛するようにと教えられています（Ⅰヨハネ4・11）。

また私たちは「神は愛である」ことを読みました（Ⅰヨハネ4・8）。ハーバートの詩のように、コリント人への手紙第一の聖書箇所に出てくる「愛」のことばの代わりに「神」ということばを入れて読むことも可能でしょう。

神は寛容であり、神は親切です。また人をねたみません。神は自慢せず、高慢になりません。礼儀に反することをせず、自分の利益を求めず、怒らず、人のした悪を思わず、不正を喜ばずに真理を喜びます。すべてをがまんし、すべてを信じ、すべてを期待し、すべてを耐え忍びます。神は決して絶えることがありません。

今週、愛を神に置き換えた、このことばを何度か繰り返し読んで味わってみてください。この章において私は、神が愛であることを語ってきましたが、私たちはその意味をよくわかっていないことが多いのです。この聖書箇所こそ、まことの愛が何かを私たちに説明しています。

追加のエクササイズ――ジョージ・ハーバートの詩を味わう

神の無条件の愛というテーマは、今後も取り組むべき課題です。もう一度、ハーバートの詩に戻り、味わってみましょう。ゆっくりと読み返し、ハーバートが提示している幾つかのイメージ（例えば、「目ざとい愛」というイメージ）を黙想してみてください。そして心の目でそのイメージを思い描いてみましょう。

振り返るために

このエクササイズにあなたひとりで取り組むか、あるいは他の人とともに取り組むかにかかわりなく、課題と取り組む中で経験したことを振る返るために、以下の質問に答えることは役に立つことだと思います。いずれにしても、質問の答えを日記（デボーション・ノート）に書き記してみることはよい方法でしょう。そして小グループに集うようなときに、その日記を持参し、体験したことを小グループの仲間と分かち合うことは、あなたが課題と取り組む中で与えられた洞察を思い起こすうえで助けになるでしょう。

１　あなたはレクチオ・ディヴィナのエクササイズに取り組むことができましたか。「取り組めた」と答えた人は、ではどのようにエクササイズと取り組みましたか。また、そのエクササイズについて、あなたはどう感じましたか。

2　取り組んだエクササイズを通して、神について、あるいは自分自身について、あなたはどんなことを学ぶことができましたか。

3　「愛（その三）」の詩の中で、あなたの好きな行はどれですか。その理由を説明してみてください。

第6章　神は聖なるお方

以前に一度説教に招かれたことのある教会に、五年ぶりに説教奉仕に出かけたことがありました。お話のレパートリーが少ないことから、前に説教したのと似た話をしました。その数年の間に、会衆が軽い健忘症を患っていることを私は期待していました。そのとき私は、読者がこの本の中ですでに読んでいる次のような幾つかの概念についてお話をしました。

神は無条件に私たちを愛してくださること。イエスは私たちのすべての罪を担って死なれたこと。神は私たちをご自身と和解させてくださったこと。そしてキリストにあって私たちは新しく創造された存在であること。

礼拝が終わると、立派な体格をして力のありそうな男性が私のほうにやってきたと思うと、私の顔をじっと見て、何もいわずにある電子機器を差し出したのです。差し出された電子機器に顔を近づけて見ると、そこには五年前にお話しした説教が文字となって映し出されていました。同じ説教を使い回して語った私を馬鹿にするために来たのだと、すぐさまそのように考えてしまったのです。「同じような説教をしたことをおゆるしください。でもおわかりいただけますか。語ることのできる説教は、これ一つしかないと思ったのです」

そのようにいいながら男性の顔を覗《のぞ》くと、涙が頬《ほほ》をつたって流れていることに気づきました。

「こうして前に出てきたのは、あなたが同じ説教をしたのでからかおうとするためではありません。感謝をお伝えするためなのです。確かに五年前に同じ説教を聴きました。それによって私の人生は完全に変えられました。私の育った教会はきわめて律法主義的な教会でした。そして毎週のように、神がどれだけ私に対して怒っておられるのか、そしていかに私が悪い者であるかを繰り返し語り聞かされてきました。

ですから毎日、私は神を恐れて生活していましたし、私もそんな神さまを愛することなどまったくできないでいたのです。そのような中で、あなたの説教を聴いたとき、私の心が和らいでいくのがわかりました。私はあなたの説教のＣＤを買い求め、ダウンロードし、何回も繰り返し聴きました。そして、その説教を知り合いの皆に配って回りました。私は警察官です。仕事柄、あまり感情的になったりしないほうですが、本当に今日のメッセージを心から感謝したいと思わされたのです」

そして互いにハグし合い、男性は喜びの涙を流していました。私はその証しに感動し、こみ上げてきた男性の感情に圧倒されていました。男性がそこから立ち去った後、他者の人生に実際に変化をもたらすことに用いられたことを知ったという満足感に浴することができました。私は心を神に向け、静かに感謝を捧げたのです。

この経験は、私にとって、無条件の愛をもって私たちを愛してくださる神のメッセージが、いかに人生を変革する力を持つものなのかを、あらためて思い知らされる出来事となりました。

さて、もう一人、私と話しをするために順番を待っていた若い女性がいることに気づきました。彼女が立っているほうに近づき、まず自己紹介しました。すると彼女は、満面の笑《え》みで次のように話し始めたのです。「説教をありがとうございます。とても自由な気持ちにさせていただきました」

「何しろ」といって女性が次のように話し出すまでの間は、再び満足感が私の心を覆っていました。「ここ六か月間、私はボーイフレンドと同棲《どうせい》しているでしょ。私が育った教会は、そのようなことは罪だといっていました。ですから彼と生活しながら、私の心にはいつも罪悪感がありました。でも今朝、先生は、神さまが条件なしに私たちを愛しておられ、イエスさまがすべての罪を赦してくださるとお話しくださいました。それを聞いて、もはや罪の意識にかられる必要はないのだと知りました。だってイエスさまが罪の代価を全部支払ってくださったんですもの！　ですから、こんな解放的なメッセージを語ってくださった先生に感謝したいと思ったのです」

そういって、女性は私と握手をすると、ちょうど医者から、「心配はいりません。癌《がん》ではありませんよ」と告げられたかのように、弾むようにしてそこから立ち去っていったのです。

私の心は落ち込んでしまいました。

私たちが何をしようとも神は私たちを愛しておられるという良い知らせ〔福音〕を、ただ単純に宣べ伝えることが、事柄の全体を伝えていることにはならないことに気づかされたからです。その女性が誤解していたことは――実は後で彼女に説明することができたのですが――私たちの愛の神は「焼き尽くす火」でもあるということです（ヘブル12・29）。

この事実は人の心を怯えさせるかもしれません。しかし、実際はこのことこそとても良い知らせなのです。神の聖さと純潔さについて、私が女性に説明すべき事柄はたくさんあります。ですからあの短いやり取りが、私たちにとっての最後のやり取りにならなかったことは幸いなことでした。

偽りの物語

今までのところで私は、宗教界で耳にする神についての暗く否定的な偽りの物語の幾つかを紹介してきました。そうした神とは私たちを厳しく裁く怒りの神であり、小言をいいながらせかしたり、小さな違反を大目に見るといった甘言でつったりするような神のことです。このような神は、イエスがご存じで、愛しておられ、宣べ伝えておられたお方とは違うものであることを私は示そうとしてきました。

逆に、神の愛とは、私たちの行為に左右されるものではないのです。神は愛なのです。神は罪人さえも愛するお方です。しかし、神が罪人を愛されるという事実には、普通、次のようなことばが続くはずです。「しかし神はなおも罪を憎んでおられる」と。このように表現された物語こそが、まったく正しいものであると私は信じています。

人は、この二つの有力な物語のどちらか一方だけを受け入れようとする傾向にある、ということが私が経験してきたことですが、どちらか一方を選ぶこと自体が、偽りの物語を作り出してしまうのです。

怒りに満ちている神

神は常に怒っていると考える人々がいます。憤りや怒りは神の性質に欠かすことのできないものである、なぜならば、神は聖なるお方であるのに対し、この世界の多くのものや事柄はそうではないからだと考えるからです。

一人の女性がこんな話をしてくれたことがあります。「神さまはいつも私に対して怒っておられると思います。でも、私がものすごく悪いことをするまでは我慢しておられるのでしょうが、そうしたことをしてしまった後の私は、『おお、何てことをしてしまったのだろう。このことで神さまは私をどうなさるおつもりだろうか』と思ってしまいます」と。

その女性の物語はごく一般的なものです。神はご覧になったすべての罪ゆえに怒っておられ、我慢の限界が来たところで、審判を下そうと待ち構えておられるのだと、多くの人は思い込んでいるからです。ところが、これに対して聖書は、「神は、実に、世を愛された」、そして「神は、キリストにあって、この世をご自分と和解させ」てくださったと語ります。

こうした聖句によって、私たちの中にある一般的な物語がいくぶん修正されていきます。すなわち、父なる神は私たちの罪に対して真剣に怒っておられ、私たちを地獄に堕とそうと考えておられるが、御子イエスは自ら進んで私たちの受けるべき刑罰を身に引き受けてくださった。このように御子が身代わりに神の怒りを引き受けてくださったことで怒りが解消され、そこにおいて初めて赦しが起こり、神の怒りと赦しの帳尻《ちょうじり》が合うことになるのです。

罪に無頓着な神

さて、特にポストモダンの世界にあって、もう一つ別の物語もまた広く受け入れられています。今日、多くの人々は「怒りの神」という物語を捨て去り、その正反対の物語を信じています。私たちの時代では、自分たちの考える神は、決して裁いたり、罪を罰したり、ましてや人を地獄に送るようなことは決してしない、限りなく慈悲深い霊なのだと主張するのを聞いたことがあるでしょう。こうした「テディベア」のような神が昔の怒る神に代わるものとしてたいへんはやりだしているのです。

テレビのトークショーを観ると、この神についての発言をよく耳にすることがあります。その主張はわかりやすいものです。無慈悲であり残酷であるゆえに、「誤った教理を信じた」とか、「ある種の罪に打ち勝つことができなかった」ことを理由に、いつでも人を永遠の苦しみの中に送り込む用意ができているような、〝マルキ・ド・サドが描くような神〟よりも、すべての人を祝福したいと願っている、愛に富む霊のほうがより好まれるのは明らかだからです。

しかし、こうした優しさだけを備えた霊が果たして聖書的な神なのでしょうか。こうした物語はイエスが父なる神に関してお語りになった物語に近いものなのでしょうか。楽しそうかもしれないが曖昧《あいまい》で、何を考えているのかはっきりしないような神は、聖書からも真の愛からもかけ離れたものなのです。

イェール大学で数十年にわたって神学と倫理学を講じ、卓越した教授であったH・リチャード・ニーバー〔一八九四―一九六二年。アメリカのキリスト教倫理学者〕は、示唆に富む洞察により、次のような有名な表現を使ってこの問題の核心をえぐり出しています。ニーバーによれば、現代の宗教的物語は「怒ることのない神が、罪のない人間を、十字架ぬきのキリストの奉仕によって、審判のない御国へと導き入れる(1)」ことを教えているのだというのです。

こうしたニーバーのことばは、正統的なキリスト教から出た幾つかの物語の罪に関する理解が、キリスト教の物語全体に影響を与えずにはいないことを示唆しているのです。罪に無頓着な神の物語は、当然ながらキリスト教全体の物語の土台を崩していきます。しかし、神は罪に対して怒りを示されるお方なのです。それゆえに、神の国において裁きは存在しますし、イエスが十字架上で死ななければならない必然性も、そこにあるのです。

最初はテディベアのような神は魅力があるかもしれません。しかし、私たちの現実世界を観察し、また自分自身の心の奥を深く探るならば、そこに紛れもない闇《やみ》を見出すことでしょう。怒りのない神は、この闇に対してまったく無力な存在です。奇妙に響くかもしれませんが、私は、神の怒りそのものに、そのお方の尊厳と愛とを示す美しさに通じる何かを見出すのです。その理由を説明する前に、もう一度イエスに目を向けましょう。それによって神のご性質についてバランスのとれた見方ができるようになる必要があるからです。

イエスの物語——神の正しい行為としての怒り

私たちはイエスのことを、ゆりの花が咲く野原を散歩しながら平和と愛を説いて回るような、おとなしく気立てが優しい人だとよく考えます。あるいはまた、肩に小鳥を留めながら口笛を吹きつつ、しかも作業所に住みついているネズミに手伝いをさせながら大工仕事をしているようなイエスの姿を思い浮かべているかもしれません（いや、ちょっと待ってください。私はシンデレラとイエスとをダブらせて考えていました）。

私たちは聖書の中に実際に登場するイエスご自身よりも、「何でもオーケーさん」タイプのイエスを想像することにより心地よさを覚えているのです。こうしたことを踏まえながら、そのような見方と対比して正しいものの見方を獲得するために、イエスが「裁き」と「怒り」について何をお語りにならなければならなかったのかに注目してみることにします。次に挙げる五つの箇所が、神にかかわるもう一つの側面を明らかに示しています。

このことに驚いてはなりません。墓の中にいる者がみな、子の声を聞いて出て来る時が来ます。善を行った者は、よみがえっていのちを受け、悪を行った者は、よみがえってさばきを受ける

のです。（ヨハネ5・28―29。傍点著者）

わたしはあなたがたに、こう言いましょう。人はその口にするあらゆるむだなことばについて、さばきの日には言い開きをしなければなりません。あなたが正しいとされるのは、あなたのことばによるのであり、罪に定められるのも、あなたのことばによるのです。

（マタイ12・36―37。傍点著者）

人の子は父の栄光を帯びて、御使いたちとともに、やがて来ようとしているのです。その時には、おのおのその行いに応じて報いをします。（マタイ16・27。傍点著者）

その日、哀れなのは身重の女と乳飲み子を持つ女です。この地に大きな苦難が臨み、この民に御怒りが臨むからです。（ルカ21・23。傍点著者）

御子を信じる者は永遠のいのちを持つが、御子に聞き従わない者は、いのちを見ることがなく、神の怒りがその上にとどまる。（ヨハネ3・36。傍点著者）

「裁き」とか「怒り」ということばは、イエスとのかかわりで頻繁に用いられるものではありません。しかし、私たちは、実際にイエスが「裁き」と「怒り」についてしばしばお語りになっていたという事実を見過ごしにはできません。では、どのようにして、今まで見てきた教えと、これらの教えを統合することができるのでしょうか。

イエスの説かれる神は、わがままな息子のために祝宴を催すお父さんのような神であり、同時にまたご自身を拒絶する者に対して怒りをお感じになる神なのですが、どのようにして私たちは、相矛盾するような対応をなさる神を理解することができるのでしょうか。こうしたことを考えるにあたり、私たちは「裁き」と「怒り」ということばをイエスがどのような意味で用いられたかということについて注意深く見ていく必要があります。

神の愛と怒りを調和しようとすることは困難なことです。多くの人々はそのような試みをせずに、単にそのつどどちらかを選ぶようにします。しかし、イエスは私たちがどちらか一方を選ぶことをよしとはしておられないので、私たちはこの両方を統合すべきなのです。愛と怒りの両者は共に神に備わっているもので、完全に神を理解するためにはその両者が必要であるとイエスは説いておられます。

この点についてパウロは次のように語っています。「見てごらんなさい。神のいつくしみときびしさを。倒れた者の上にあるのは、きびしさです。あなたの上にあるのは、神のいつくしみです」（ローマ11・22。傍点著者）

神は慈しみと厳しさの両者を兼ね備えたお方です。片方を排除して片方だけを受け入れることは不可能なのです。このように、慈しみと厳しさの両者を兼ね備えているという事実こそが、とても良い知らせ〔福音〕なのです。

熱情対憐れみ

アメリカの偉大な政治家であり、また大統領であったトーマス・ジェファーソン〔一七四三―一八二六年。第三代アメリカ合衆国大統領〕は奇蹟は信じないのですが、イエスに好意を寄せる科学者でもありました。残念なことに、イエスの倫理的な教えの直後に、一人分の弁当で五千人の人々を養ったり、水の上を歩いたり、目の見えない人を癒《い》やすという奇蹟の物語が出てきます。

ジェファーソンはこの葛藤《かっとう》をとても実際的な仕方で解決しました。どのようにしたかといえば、ジェファーソンははさみを手に奇蹟物語を片っ端から切り離していったのです。そのようにしてイエスの教えだけを残すことにしました。さらにジェファーソンは、信じるのが難しいと思えるイエスの教えの部分をも切り取ってしまったのです。そのようにして、自分が望むイエスを手にしていったのです。

こうしたことをするのは容易なことです。はさみは使わないにしても、私も同じようなことをしているかもしれません。すなわち好きでない箇所を飛ばし、好ましい箇所のみにとどまるということです。しかし、これは決して賢いやり方ではありません。このようなことを続けることによって、神やクリスチャン生活にかかわる重要な側面を見落としてしまうからです。そしてそのように見落とした部分が、実は大きな違いをもたらすこともありうるのです。

ジェファーソンと同じような考え方をする人物として、十九世紀の神学者アルブレヒト・リッチュル（一八二二―一八九年）（ドイツ人。自由主義神学の先駆者）がいます。リッチュルは怒りに満ちた神という概念が好きではありませんでした。リッチュルは、「神の怒りという概念はクリスチャンにとって何の宗教的価値もない(2)」と結論づけています。

こうしてリッチュルは、「怒り」の意味について再解釈をしたのです。怒りとは神が不在であることから生じる論理的な帰結であり、罪や悪に対する神の態度ではない、と。多くの人々がこの再解釈を歓迎しました。なぜなら、そうした再解釈は怒ることを超越した「神」を描こうとしているからです。このようなおとなしい「神」はただ沈黙しているだけのものとなります。

こうした「神」は、私たちに訴えかけるものがあります。なぜなら私たちは、愛と怒りというものに、人間的な思いを投影してしまうことからなかなか抜け出せないからです。私たちは愛のことを、しばしば非理性的な感情や気分であると考えるものです。ラジオなどで流れる愛を題材とした歌謡曲は、愛する者と一緒になるためなら、どんな山も海も乗り越えるという、自分自身の中に起こる愛する者に対する感情のほとばしりを表現するものがほとんどです。

しかし、実際にはそんなことはできません。一つか二つの山を越えただけで、次第に人の感情は醒《さ》め始めるものです。そして恋人を慕い求めていたはずなのに、現実には恋人よりもチーズバーガーのほうを選ぶかもしれないのです。一つの海（すぐに泳ぎつけるほどの海）を泳ぎきった後、愛の炎は消えていくと思います。

そういうわけで、私たちは「神は愛です」ということばを耳にするときに、神は狂うほどに私たちに好意を寄せていると仮定してしまいます。しかし、「愛」——特に「アガペー」という素晴らしいギリシヤ語——は私たちの考えとは異なる意味を持つことばなのです。ダラス・ウィラードによれば、愛するということは、まず第一に感情ではなく、「他者の益のために意思を働かせること」です。

愛は他者のために幸せを願うことであり、そのためには個人的な犠牲を払うこともいといません。もちろん神の愛には感情も伴います。神の愛は、お互いに夢中になっている十代の若者の「愛」というよりもむしろ、子どもに対する親の愛により近いものです。別のいい方をするならば、神の愛とはすぐに変化するような感情ではないということです。

同じようなことが「怒り」ということばについても当てはまります。このことばを耳にするとき、私たちはすべての理性とコントロールを失い発作的に激怒している誰《だれ》かを想像してしまいます。怒りとは、極端なケースにのみ使うような、それほどに強烈なことばだからです。

「腹を立てている」中にも、ある程度の自制が利いていて、腹を立たせた人々に対して、論理的で、なおかつ公正さをもって対応している人を見たことがあります。しかし、怒りについては、そうした例を見たことがありません。怒りとは、腹立ちを超えて激怒の状態に突入した人のことを丁寧ないい回しで表現したことばだと考えるからです。

ですから、神の怒りについて語るときに、怒りのあまりに頭をぐるぐる回しながら、分別なく発作的に激怒する神を思い描いてしまうのです。同じように、神の愛も思慮がなく感傷的な感情と理解してしまいがちです。しかし、神の愛とは常に人間に対してよいことを欲する思いであり、神の怒りもまた、罪と悪に対して常に変わることのない抵抗であるといえます。

私たちは、神は罪人ではなく罪を嫌う、といいますが、そのような場合ですら、神が何かを嫌うという概念自体が神にふさわしくないと思いがちです。怒りや審判や裁きというものに関してはあまりにも否定的な事例しか知りえない私たちにとって、神の怒り・審判・裁きという概念を理解するのは至難のわざなのです。

この問題の解決は、聖書が神の怒りは憐《あわ》れみゆえであり熱情から発したのではないと教えている点にあります。『アンカー聖書辞典』はその違いについて次のように説明しています。

ヤハウェの怒りはヘブル語聖書において人間の怒りとは異なるものとして描かれている。基本的にそれは「熱情」と「憐れみ」の違いに起因しているといえる。「熱情」は感情的発作……そして自制の喪失……として理解される。一方「憐れみ」は心遣いや決意を伴う行為であり、決心や決断の結果である。(3)

神の怒りは、無茶で非理性的な熱情である人間の怒りとは区別されるものです。例えば、パウロは神のことを腹を立てている存在としては決して描いていません。腹立ちとは人間の感情です。怒りはそれとは異なるのです。神の怒りは配慮に満ち、目的があり、理性的応答だからです。実際にそれは愛の行為そのものなのです。

神は、悪に対し優柔不断なお方ではありません。神は、ご自分が大切にしている人々を破壊するような事柄に対して激しく、そして強く敵対するお方です。そのことに私は感謝しています。それは神の愛のしるしなのです。ですから、神の怒りは、神の愛との関係において理解されなければなりません。

怒りは神の永続的な属性ではありません。愛や聖性は神の絶対不可欠な本性であるのに対して、怒りは人間の罪によって引き起こされるものだからです。つまり、罪がなければ怒りも存在しえないということです[4]。

怒りは、愛であり、聖であり、そして善であり美しい神による、悪に対する必然的な反応なのです。それゆえ神の怒りは一時のものであり、罪と悪に対する正しい判断でもあります。J・I・パッカーは次のように語っています。「聖書における神の怒りは常に公正である」。さらに「客観的な道徳上の悪に対する正しく、なおかつ絶対不可欠な反応である[5]」と。

そしてパッカーは次のような問いかけをもって結論を述べています。「善を行うことと同じように悪を行うことを喜ぶような神は、果たしてよい神なのだろうか。この世の悪に対して敵意をもって対応しない神がいたとするならば、果たしてその神は道徳的に完全なお方なのだろうか。決してそうではないだろう」(6)と。

もしこの世界の創造者が、このようによくも悪くもないどっちつかずの存在であるとするならば、この世界に公正さはあるのでしょうか。私たち人類がその内面から決して求めてやまないものがあります。それは公正さと正義です。私は決して、正義のない世界、善悪のない世界であってほしくないと思っています。そして道徳的な悪に対してどうでもよいと考える神などいらないと思います。

神はMADD（飲酒運転に反対する母親の会）

人間としての怒りを表現するのに最善の例として紹介することのできるものは、MADDという名前で知られる団体です。この団体は、飲酒運転によってわが子を亡くした母親たち（もちろん、その中には父親もいたと思います）によって組織されました。

長い間、死亡事故を引き起こした飲酒運転は過失致死罪に当たると考えられ、法律による処罰はいくぶん大目に見られるふしがありました。加害者が収監されないことはよくあり、再び飲酒運転を繰り返しました。これに対して悲しみに打ちひしがれていた母親たちは、自分たちの怒りを正義を実現するためのエネルギーに転化していきました。

母親たちは、酩酊《めいてい》を引き起こす飲酒は酒を飲んだ人の意思的選択の結果であり、したがって不本意ながら人の生命を奪ったのではないことを社会が認識するための啓発活動を展開したのです。そうした広報活動や草の根運動を通して、MADDは法律に働きかけ、人々の考え方、また行動の仕方を変えていく手助けをしていきました。

そのようにして最終的には、失った子どもを取り戻すことはできませんが、他の母親や父親の子どもたちの生命を救うという結果をもたらしたのです。これは、母親たちの努力の賜物《たまもの》といっても過言ではないと思います。

こうした母親たちの姿が示してくれた例は、私自身が神の怒りをどのように理解しているかを、人間のレベルにおいてかなりよく現していると思います。神は罪がご自分の子どもたちにもたらす影響を真剣に嫌われるのです。神が幼児虐待、性的虐待、あるいは個人情報盗難に対してすら無頓着であられるということは、馬鹿げています。

以前、私が思い描いていた古い神、すなわち静思の時を持てなかったことのゆえに、今にも私を罰しようとする執念深い神についてももうごめんです。この両方の神が誤っています。神は愛であり、そして正義なるお方であるがゆえに、罪と悪に立ち向かうお方なのです。神がそういうお方であることを私はとても喜んでいるのです。

神の本質としての聖性

神の本質は聖です。聖性とは神の属性の一つです。神は罪のしみのないお方です。神のうちには罪も悪も闇もありません。一貫して聖書は神の聖性について語っています。

主よ。神々のうち、だれかあなたのような方があるでしょうか。だれがあなたのように、聖であって力強く、たたえられつつ恐れられ、奇しいわざを行うことができましょうか。
（出エジプト15・11）

わたしはあなたがたの神、主であるからだ。あなたがたは自分の身を聖別し、聖なる者となりなさい。わたしが聖であるから。地をはういかなる群生するものによっても、自分自身を汚してはならない。（レビ11・44）

互いに呼びかわして言っていた。「聖なる、聖なる、聖なる、万軍の主。その栄光は全地に満つ。（イザヤ6・3）

聖性は神の本性の本質的な部分です。神が愛でないことなど不可能なように、聖でないことなど不可能なのです。この点についていえば、神の怒りはそうではありません。なぜなら、怒りは神の属性の一つではないからです。怒りは神の存在自体に関係する何かではなく、神の行動に関する事柄なのです。神は聖なるお方であるということは正しいことであっても、神が怒りに満ちているお方であるということは正しくありません。怒りとは、罪に対する聖なる神の単なる行為にすぎないからです。

これはとても重要な区別です。多くの人は神は怒った、怒りに満ちたお方であるという概念から始めますが、これは正しいことではありません。神は聖であり、また罪のないお方です。そして神の聖性と罪のないご性質は、神の善と美の一部なのです。聖性は神の本質です。神は、本質において怒りに満ちたお方ではありません。怒りとは人間が神を拒絶したときに経験するものです。そしてそれは神の愛の欠くことのできない一部分なのです。

私たちの神は焼き尽くす火

何年もの間、私は神が愛であり、なおかつ怒るお方でもあることを調和することに難しさを覚えてきました。私にとって解決となったきっかけは、スコットランド出身の偉大な作家であり説教家であったジョージ・マクドナルド〔一八二四―一九〇五年。ファンタジー作家として知られる〕の書いたものを読んだことにあります。

マクドナルドのある説教の中に、次のような意味深い四つのことばがありました。「愛は聖になることを愛する[7]（love loves unto purity）」と。その説教はヘブル人の手紙12章29節から語られたものでした。「私たちの神は焼き尽くす火です」。マクドナルドは、無条件で決して終わることのない愛の概念を聖の概念に結びつけています。つまり神は私たちを愛されたゆえに、私たちが聖なる者になることを切望し、私たちが聖なる者となるようにと忍耐強く働かれる、というのです。

マクドナルドは、神がいかに罪を嫌われているかを指摘することによって、神がいかに人間のためを思っておられるかを示しています。「常に神は罪の敵です。したがって人間と罪とがひとつであるかぎり、神は人間に敵対しているのです。つまり、人間の欲望・目標・恐れ・希望に対してです。こうすることによって結局は神は人間のためを思っておられるのです[8]」

神は私の罪を嫌っておられます。なぜなら、私のためを思っておられるからです。そして仮に私が罪を好むならば、神はそうした欲望に対抗して立ち上がってくださる、とマクドナルドは語ります。なぜならば、そうした欲望は私を破滅へと導くからです。それ以外のなにものでもありません。

確かに、私には罪についていい訳をしたり、自分の弱さを正当化する傾向があります。しかし神にとって、そうしたいい訳や正当化は、何の役にも立ちません。私たちは今、キリストによって和解させられたのですが、それにもかかわらず神は私の罪に対して無頓着なお方ではないのです。なぜなら、神は私を愛しておられるからです。罪というものは私を傷つけ、それゆえ神をも傷つけるものだからなのです。

神は、私にいやな思いをさせたり恥辱を味わわせたりしながら、私によい行動ができるようにさせるようなお方ではありません。またそのために神は恐れや罪責感を用いたりもなさいません。神が私のうちに変化を起こすときに用いられる方法とは最も崇高な仕方なのです。神の聖なる愛は私の生活にある罪の残りかすを焼き尽くすのです。これこそが真実な悔い改めに導く神の優しさなのです（ローマ2・4）。マクドナルドが「愛は聖になることを愛する」と語るのはそのような理由からなのです。

あなた自身、本当は聖でない神など望んでいません

すでに述べたように、テディベアのような神は、〝マルキ・ド・サドが描くような神〟みたいに嫌悪に満たされ理不尽に他者を傷つける残酷で怒っている神に代わるものとしては魅力的です。しかし現実は、誰《だれ》もテディベアのような神を望んではいません。なぜならば、そうした神は聖い神ではないからです。

J・I・パッカーは洞察に富む、次のような問いかけをしています。「正しいことと誤ったこととの違いにまったく関心を示さない神だとしたら、そうした神はよいお方で、賞賛すべきお方であるでしょうか。……道徳的に無頓着なら、それは神が不完全であることを示しているのであって、神の完全性を示せないことになるでしょう(9)」

寛大な神は次のようにいうかもしれません。「罪は大きな問題ではない。特に私の被造物同士が傷つけ合っていなければね。全人類は罪を犯す。私は別の見方をしている。確かに、人類は自分が作った神々のように生活している。でも、それだからといって、人類を責めることができるだろうか。なぜなら、私が人類を私に似た者として造ったわけだから、私のやるようにやっているにすぎないわけでしょう！　だから人類を大目に見るよ。一生懸命、よく生きようと頑張っているのだからね」と。

罪責感を抱いたり、良心が私自身を悩ませたり、あるいはまた、罪への欲求を正当化しようとす

るときの私は、テディベアのような神を求めるでしょう。しかし、そうした神をずっと欲しいと考えることはないのです。こうした神は、罪責感なしに子どもたちが飲酒や薬物やセックスをすることを許す放任主義の両親のようなものだからです。

若い頃は、そのような親がどこかかっこいいと思えたものでした。しかし、決してそうではありません。そのような親は怠惰なだけであって、本当の意味で子どもを愛してはいません。そうした親に育てられた多くの子どもは、薬物に深く入り込み、そのほとんどは二十一歳になる前に、自分の人生を台なしにしてしまっているのです。たぶん十五歳の頃のあなたには、こうした両親が理想だったかもしれませんが、でも本当はあなたもそうした両親を欲してはいないのです。

「それ、かっこいいじゃない。頑張る必要なんてないさ。みんな罪を犯しているんだから。きみ、罪責感なんて持たないでやってみなよ。罪なんて関係ないよ。ただ、楽しめばいいよ！」というような神を、私は求めていないのです。こうした神は私を愛している神ではありません。罪に対して甘いということは、愛していることにはならないのです。なぜなら罪は破壊的な力を持っているからです。私を傷つけるいかなるものをもお嫌いになる神を私は求めているのです。

「嫌う」とは強い意味合いのことばですが、でもよいことばなのです。真実な神は私を破壊するもの、すなわち罪や人間関係における仲たがいをお嫌いになるだけではなく、私を破壊するもの自体をも根絶しようとされたのです。私はそうした神を愛しています。この神は、私が犯した罪のゆえの罪過と痛みと苦しみとを背負い、究極の供え物として自らを捧げることによって罪を滅ぼしてくださったので、私は永遠の愛をもってそのお方を愛しているのです。

地獄の必要性

神は愛であられるゆえに、神から引き離された場所としての地獄が必要となります。愛は見返りとしての愛を要求するものではありません。愛は強制力をもって臨んでくるようなものではないのです。神はご自身ができるあらゆることをなさって私たちに近づいてこられるお方ですが、人間にはそうした愛を拒絶する自由があります。地獄とは簡単にいえば、神から隔離された状態です。たとえ他人が見てまともで正しいと評価できるような人であったとしても、神を拒絶するならば、その人は地上において地獄を経験するのです。

神は私たちがなす選択を妨害するお方ではありません。人は自らの人生から神を締め出すことを選ぶことができます。こうして地獄の扉は内側から鍵《かぎ》をかけられてしまうのです。ジョン・ミルトン〔一六〇八―七四年。イギリスの詩人〕の偉大な叙事詩『失楽園』の中で、「天国で奴隷になるよりは、地獄で王様になるほうがどれだけましか」とサタンが豪語することばが出てきます。

神の支配に委《ゆだ》ねることを拒絶することは、人間の生き方の一つの側面です。それをやめないならば、こうした拒絶は破滅をもたらすに違いありません。C・S・ルイスは次のように記しています。「神が私たちを地獄に『お送りになること』が問われているのではありません。芽のうちに退治しないかぎり、それ自体が地獄になるような何かが私たちの内に成長し続けているのです。この問題は深刻です。すぐに神の御手に私たち自身を委《ゆだ》ねましょう。今日、このときに[10]」

神は罪について深刻に心配してくださっています。なぜなら、罪はご自身の愛する子どもに破滅をもたらすからです。そしてまた神は、私たちの内に聖さが形成されることを切に願っておられます。聖さこそが完全へと導く道だからです。

第7章と第8章において、私たちの聖なる神がいかに私たちを聖なる民へと造り変えてくださるのかについて見ていくことになります。神は罪の問題を解決してくださるために、すなわち罪が持つ力を破壊し、私たちを罪悪感から解放してくださるために、自ら進んでご自身を供え物として捧げられました。

そうしたうえで神は死者の中からよみがえられ、私たちの内にキリストが宿ってくださることによって誘惑に勝利することのできる者へと造り変えてくださったのです。「イエスの弟子シリーズ」〔The Apprentice Series. このシリーズ。この本はその第一巻〕の第二巻、『素晴らしく美しいいのち（*The Good and Beautiful Life*）』〔邦訳未刊〕の中で、私たちの聖なる神が、どのようにして私たちを揺らぐことのない神の国に招き、日々の生活の中で私たちとかかわりを持とうとしておられるのかについて学びます。

『素晴らしく美しいいのち（*The Good and Beautiful Life*）』では、私たちが、キリストに似た者へと変えられていく旅の途中で経験する戦い〔怒り・情欲・偽り・貪欲《どんよく》など〕についても考察していきます。聖さにあずかっていく歩みは、私たちを聖い愛をもって愛しておられる聖なる神によって強力に推し進められていくものなのです。

恵みとは罪を大目に見ること以上のもの

この章は、神は私たちの行動をもはや気にもかけないということが、神の恵みであり神の赦しであると信じていた若い女性の話から始めました。数か月後に、再びその女性とお話しする機会が与えられたとき、私は彼女に、神の聖性がいかに重要であり、しかもよいことであるのかについて語ることができました。神は彼女の行動を大目に見たりはなさらないこと、でもそれは神が異性とまったくかかわってはいけないとおっしゃっているのではないことを説明したのです。

私は次のように語りました。「神があなたのしていることを承認しておられない理由は、あなたは神に捧げられた存在だからなのです。あなたの性も神にとって尊いものなのです。神は性に対して消極的なお方ではなく、むしろ積極的に支持なさるお方です。結局のところ、性とは神がお造りになったものなのです！

でも性交は、結婚の契約という究極的な誓約を交わした者同士によって分かち合われるようにと意図されたもので、結婚関係における互いの親密さを表す聖なる行為です。それ以下にセックスの価値を低めたり、割り引いたりすることは何でも、常に痛みと苦悩をもたらすものとなります。あなたは高価で尊い存在です。だからこそセックスを結婚まで待つのです」

「あなたがいわんとすることはわかります」と女性は語りました。「しばらくして、彼は私の性に関する部分にのみに興味があるだけで、人格としての私に関心があるのではなさそうなことがわかったのです。私たちの関係はめちゃくちゃです。私、どうすればよいのでしょう?」

これに対して私はいいました。「彼に伝えなさい。結婚するまでセックスはお預けと」

「でも、そんなことをいったら、きっと彼は『じゃあ、ぼくたちの関係はおしまいだね』というに決まっています」

「そうならば、彼の真実がわかるんじゃないですか。別れたほうが賢明なのではないでしょうか」

次に女性と会ったときは、彼女が私からのアドバイスに従ったこと、予想どおり彼は結婚したくないことがわかったので、最後には完全に関係を解消したことを話してくれました。そう話しながら、女性の顔には笑《え》みがありました。そのときには、彼女は自らが聖なる者なのだということに焦点を当てて生活し始めていたからです。

そんな女性が、まぶしいような姿で私の事務所の外に姿を現したのは、それから二年後のことでした。指にはめられた指輪を見せながら、喜びの声で次のように話してくれたのです。「最高の彼氏と婚約しました! 彼は私のことを本当に尊重してくれるのです。私たちは結婚するまでセックスはしないと決めました。先生が、私がいったいどのような存在なのかについて気づかせてくださったこと、本当に感謝しています」

いかに始まりが最悪であったか、私が語った説教によって、それを聞いた女性に自分の行いには問題がないと思わせてしまったことについて私は思い出しました。そのときふと気づいたことがありました。それは、彼女が罪の問題に取り組めるようになる前に、まず自らが無条件の愛をもって愛されていることを聴く必要があったのだろうということです。

このことは普通の人には受け入れるに抵抗があるかもしれませんが、私は正しいことであると信じています。私たちは、怒りが恵みに先立つことを当然のことと決めてかかりますが、それは決して聖書的ではないのです。神の最初のことばも終わりのことばも常に恵みだからです。

私たちが愛され赦されていることを確信していなければ、自分自身の罪深さと正しく取り組むことは不可能なことです。私たちは、与えられている材料を活かして自分自身を変える努力をすることによって、神が私たちに好意を持ってくださるようにしようとします。そうした私たちに対する神の最初のことばは、バルトが語るように、いつも恵みなのです。そのとき初めて私たちは、神の聖さと人間の聖さとを理解し始めることができるのです。

魂を鍛えるエクササイズ――余白

リチャード・スウェンソン博士〔アメリカで活躍中の医学博士〕は『余白（*Margin*）』というタイトルの素晴らしい書物を著しています。余白とは本の各ページにある何も書かれていない端っこの部分を指します。あなたが読んでいる本のページには上と下と左右に余白があります。仮に上下左右に文字がびっしりと詰まっていたら、それは余白のない状態です。

スウェンソンは私たちの生活もこれと同様だと考えています。スケジュールを詰めすぎるため、余暇、休息、家族、神そして健康のために使う時間的余裕がないことは、まさに生活の中に〝余白〟がない状態です。

スウェンソンは余白がある状態とない状態を次のように表現しています。

今日、私たちの生活の状況は余白を呑み込んでいます。……余白のない生活とは、ガソリンスタンドの二ブロック手前で自動車がガス欠になり、その時点で家に財布を忘れてきたことに気づき、その結果、十分遅れで子どもを学校に送迎したために、美容院を出た頃にはすでに二十分遅れていて、結果として予約時間に間に合わず三十分遅れてお医者さんにやって来たような状態のことです。

これに対して余白のある生活とは、階段を登りきった後でも息が上がらず、月末にも口座に貯えがあり、思春期の終わりになっても健全さを保っている状態のことです。

余白のない生活は、赤ん坊が泣いているときに同時に電話が鳴っているような状態です。それに対して、余白のある生活とは、午後におばあちゃんが赤ん坊の世話を引き受けてくれるようなものです。

余白のない生活とは、持ち上げることのできる重さよりも二キロも重い荷物を運ぶように依頼されることであり、余白のある生活とは、その荷物の半分を運んでくれる友人がいるようなものです。

余白のない生活とは、ストレスに関する書物を読み終える時間がないような状態で、余白のある生活とは、その同じ本を二回読むだけの時間的ゆとりがあるような状態です。

私が思うに、知り合いのほとんどの人にこのことが当てはまります。私たちが暮らしている文化の中では、忙しくなおかつできる以上の仕事を引き受けることこそが、自分が重要な人物であることを証明するしるしとして称賛されます。

スウェンソンは、自分のところにやって来る患者が自覚するより先に彼らの生活の中に余白がないことを発見しました。スウェンソンは医者として、ストレスが原因で起こるあらゆる種類の健康上の問題に気づき始めていました。そしてまた、自分の能力以上の仕事を抱え込むことがストレスの原因となることも発見しました。そのため患者に対して、生活のペースを落とし、生活するうえで必要のないことはしないようにと教え始めたのです。

次にスウェンソンは自分自身の生活を吟味《ぎんみ》してみました。すると、自らの生活の中にも同じような状況があることを見出しました。自分が週に八十時間も働いているために、健康、家族との時間、神との関係を犠牲にしていることに気づいたのです。これはスウェンソンに衝撃を与えました。健康、家族、神はどれをとっても自分にとって最も大切な宝物だったからです!

そこでスウェンソンは仕事の時間を半分に減らすことを決心しました。そうすることは、収入が半減することを意味していました。ですから決して簡単なことではなかったのですが、スウェンソンによれば、これこそが自分がなした最高の決断だったということです。

私は自分の生活の中に余白を生み出すために一生懸命努めています。その結果、一つの秘訣《ひけつ》を見出しました。単純なことですが、でも実行するのはとても難しいものです。その秘訣とは物事に対してただ「いいえ」ということです。

では、何に対して「いいえ」というのでしょうか。あなたの魂や他者の幸せにとって絶対必要であると考えられないものなら、何に対しても「いいえ」というのです。毎日、毎週、する必要があると感じている諸活動を記したリストには、たぶん数多くのよい活動が含まれていることでしょう。これはよいことか悪いことかについての選択ではなく、よいこととよいこととの間での選択です。

ここで一例をご紹介しましょう。この本に取り組んでいる若い女性が、生活における余白という考え方に心が留まったそうです。なぜなら、女性の生活にはそうした余白がまったくなかったからです。さっそく彼女は自分の生活の中に余白を生み出すことに取り組み始めました。

女性は学生で、また仕事もしていましたので、すでに余白を取ることのできない時間帯がありました。さらにまた彼女にとって家族と過ごす時間は、祈ったり聖書を読んだり、日記を書いたりする時間と同様に価値あるものでした。さらに女性にはボーイフレンドがいて、彼との時間も確保しておきたいと考えていたのですが、彼と過ごす時間が毎日三、四時間あることに気づいたのです。

女性は祈りを通して、彼と過ごしてきた時間こそが新しく余白を捻出する時間帯であることに気づかされました。そこでボーイフレンドに、これからも二人の関係を育んでいきたいが、週のうち三晩はひとりになる必要が自分にはあるのだと話したのです。これなら九時間から十時間の余白を生み出すことができるでしょう。

彼女は、このとき下した決断がいかに意義深いものであったのかについて後日私に話してくれました。余白を生み出した結果、学校での学びも改善され、神、そして家族との関係も深まることになったというのです。そして生活にリズムとペースができて、結果的に幸せと平安を感じながら日々過ごすことができるようになりました。ボーイフレンドとも今まで同様に関係を築くことができています。忘れないでください。神は余白なしで生きなさいとは誰にも命じておられません！

生活の中で余白が失われていくなら、それは私たち自身がそうしているのであって、それはまた私たちが神の国から逸脱していることを確かに示していることでもあります。ですから正直に、そして断固として自分自身のスケジュールと向き合ってみてください。あなた自身の霊的健康、人間関係の健全さ、そして身体的健やかさは、いずれもあなたの生活に余白があるかないかにかかっているからです。

余白と聖性

基本的に〝聖さ〟とは完全さを意味し、生命が十分に機能している状態を表すことばです。これに対し罪とは機能不全、もしくは病の状態と考えられます。私たちの時代、第一番に挙げられるべき霊的な病は、「急ぐ病」です。私たちはひっきりなしに急いでいます。なぜなら手帳を開けばそこにはぎっしりと予定が書き込まれているからです。生活の中に余白が失われてくると、疲れを覚え、孤独感を覚え、喜びを感じられなくなってきます。その結果、私たちは誘惑を受けやすくなります。

ですから余白が必要なのです。生活の中の余白は、バランスを取り戻し、魂を回復させてくれます。こうして喜ぶ力が増してくるのです。そしてこの喜びこそが誘惑から私たちを守る防波堤となります。このようにして余白と聖性は深いところで相互に関係し合っているものなのです。

次に生活に余白を生み出すためのアイデアを幾つか紹介しましょう。

- 普段よりも十分だけ早く起床し、その余白の時間を利用して一日を始める前に心静める時を持つ。

●必ずしも必要と思えない、娯楽を目的とする活動を軽減する。

●「これは本当に必要なことなのか」と問いかけながら、自分自身が取り組んでいる活動を幾らか減らすようにする。例えば、「私は教会の三つの委員会を掛け持ちしているけど、それは本当にしなければならないことだろうか」と問うようにしてみる。

●ある特定のことをいつもしていることに気づいたならば（例えば、友だちと時間を過ごすなど）、あなた自身の生活からその人を切り捨てるのではなく、その人と会う頻度を減らすことを考えられないだろうか。

振り返るために

このエクササイズにあなたひとりで取り組むか、あるいは他の人とともに取り組むかにかかわりなく、課題と取り組む中で経験したことを振る返るために、以下の質問に答えることは役に立つことだと思います。いずれにしても、質問の答えを日記（デボーション・ノート）に書き記してみることはよい方法でしょう。そして小グループに集うようなときに、その日記を持参し、体験したことを小グループの仲間と分かち合うことは、あなたが課題と取り組む中で与えられた洞察を思い起こすうえで助けになるでしょう。

１　今週、余白を作り出すために提案されたアイデアのどれかを実践することができましたか。「実践することができた」と答えた人は、ではどのようなことをしましたか。また、それをする中で、あなたはどう感じましたか。

2　取り組んだエクササイズを通して、神について、あるいは自分自身について、あなたはどんなことを学ぶことができましたか。

3　生活の中に余白を生み出すうえで、最も難しさを覚えたことは何ですか。逆に最もやりがいのあったことは何でしたか。

第7章　神はご自分を捧げるお方

姉のヴィッキーは頭がよく機敏で、私の知るかぎり最も聡明な人物の一人です。姉は小さい頃から教会で育ってきました。高校生のときはユースのグループの中で活躍していましたし、大人になってからは日曜学校で教え、さらに三十年にわたって聖歌隊のメンバーとして奉仕してきました。これまでの人生において何百回と説教を聴いてきました。ですから仮にイエスの受肉・死・復活の重要性とその真実の意味に関する明確なメッセージを聴いたはずの人が誰《だれ》かいたとすれば、それはまぎれもなく姉だったでしょう。

しかし驚くことに、どういうわけか姉は説教が意味することをちゃんと聴けていなかったのです（もしくは、講壇に立った者たちが明確に伝達できていなかったというべきかもしれません）。でもそれは姉だけにあてはまることではありませんでした。多くの人々は、イエスが人間となられ、死なれ、再びよみがえられた理由について明確でなおかつ理路整然とした説明をすることができません。

正直に告白するならば、宗教学を専攻した私でさえも、長年、その説明ができませんでした。基本的な説明（イエスは私たちを罪から救い出すために死なれた）ならできますが、しかしそこにある深い意味については理解していなかったのです。

ヴィッキーと夫であるスコットは私が担当するクラスを受講しました。そのクラスは、イエスの弟子になるとは何を意味するかについて学ぶものでした。そのコースの学びの重要部分には、十字架に関する深い考察が含まれていました。姉はクラスで学ぶことになる資料を見ながら、本当に正直に次のように語ったのです。

「ジム、私は今まで十字架を理解していなかったということを、認めなければなりません。イエスが死ななければならなかったこと、神がイエスを死に委《ゆだ》ねられたこと、そうしたことがいつも私自身を困惑させていました。それってほとんど児童虐待と同じじゃないかって」

さらに続けて彼女は次のような説明を始めました。神ならば、単純に「世を赦します」と宣言するだけで赦すことがおできになるのではないだろうか、あるいはまた神ならば、私たちがどのように互いに愛し合うことができるのかを教えることも可能なのではないだろうか。そのように考えると、十字架は不必要に思えてくる。さらにそうだとするならば、イエスは苦しみをお受けにならなくてもよかったし、血を流される必要もなかったのではないか、と。

それを聞いた私は、姉にすっかり共感してしまいました。一つの見方からすれば、イエスの十字架というものは恐怖のあまり身震いするような暗い出来事に思われます。そうであるにもかかわらず、どのローマ・カトリック教会でも、キリストの肉体が釘づけされているキリスト磔刑像《たっけいぞう》を掲げていますし、多くのプロテスタント教会では礼拝堂や尖塔に十字架があります。賛美歌の多くは十字架を賛美するものです（例えば、「主イエスの死なれた（When I survey the wondrous cross）」〔教会福音讃美歌一二二番〕）。

イエスの死はキリスト教神学の看板であり急所であるにもかかわらず、私たちの多くの者はその意味をつかみ損ねているのです。イエスが私たちの中に生きることを選ばれ、そしてまた私たちのために死ぬことを選ばれた理由を理解することは、私たちが信じる素晴らしく美しい神の本質をよりよく理解するうえで助けとなるのです。

偽りの物語――自らの力で神に到達する

すでに前の章で書きましたように、私たちは成果主義の世界に暮らしています。つまり私たちは自分で獲得したものを手にしているのです。（キリスト教を除いた）この世の偉大な宗教のすべては、これと同じ成果主義の原理に基づいています。人間は礼拝、捧げ物、正しい生活、あるいはこうしたものすべてを通して、神々からの好意や祝福を得るために、何かをしなければならないと考えるのです。

私たちの経験から推論するならば、こうしたことは理にかなったことのように思われます。私たちが生活している世界では、事柄はそのように動いているからです。つまり「よいことをすれば、よいことが起こる」とか、逆に「悪いことをすれば、悪いことが起こる」といったようなことです。

ヒンズー教や仏教において、こうしたことを「カルマ」と呼びます。教えに従い、ふさわしい供え物を捧げるようにして、自分自身の生活をきちんと整えていくならば、神は祝福をもって報いてくださるでしょう、というものです。神を見出すかどうかは、概して自分次第なのです。これは単に理にかなっているだけではなく、私たちに訴えるものがあります。それは、物事の結果を私たちがコントロールできるからなのです。

イエスの物語——神は神の仕方で私たちに働きかけられる

イエスが人となられ十字架の上で死なれなければならなかった理由を理解するうえで助けとなる書物は、アレキサンドリヤの主教アタナシオス[1]（約二九六—三七三年）〔三位一体の教義を擁護した教父〕によって著された『みことばの受肉について』という書物でした。今日、教会が、イエスの受肉（神が人となること）と死（十字架）と復活が、神と人を和解させるのにいかに必要であったかを理解することができるのは、アタナシオスによるところが大きいのです。

なぜイエスが死なれなければならなかったのかを理解するために自ら経験した苦闘を分かち合ってくれたヴィッキーと話をした後、私は姉の投げかけた問いを心にかけたままアタナシオスの古典的著書に立ち返ったのでした。

私の問いかけとアタナシオスの回答とを対話編に仕立ててみました[2]。遠い昔にタイムスリップして、アタナシオスの前に立って、イエスの受肉・死・復活に関して幾つかの難解な質問をしている光景を想像してみてください。

ジェイムズ　アタナシオス先生、人々がよく尋ねる質問があります。それはなぜイエスは人間になり、苦しみ、十字架の上で死ななければならなかったのかというものですが、ところで、なぜイエスは、どのようにすれば神を喜ばせる生き方ができるのかを、私たちに教えることをなさらなかったのでしょうか。

アタナシオス　もし人類が全的堕落に陥っていなければ、そうすることもおできになったかもしれません。私たち人間が単に律法を破ったのであったならば、そのことを悔い改めることもできたでしょう。あるいは単に私たちの問題が無知に起因していたならば、教育こそが解決となったことでしょう。

しかし人間の問題は、そうした事柄よりももっと深刻でした。私たちは堕落していて、邪悪なものとなっているのです。それはちょうど病気と癒《い》やしの関係のようなものでしょう。いくら意志を強くしても、あるいは知識を蓄積したとしても、そのこと自体は病気の癒やしには繋《つな》がりません。

ジェイムズ　どうしてこのような窮地に陥ってしまったのでしょうか。

アタナシオス　話せば長いお話になりますが、でもできるかぎり簡潔に短くお話ししましょう。神はご自身のかたちに似せて人間を創造されました。つまり、それは、人間が考えたり、創造したり、そしてまた神を知ることができる者として造られたということを意味しています。

アダムとエバには神との交わりに生きる自由が与えられていましたが、そうした二人に神は一つだけ戒めをお与えになりました。それによって二人が愛・喜び・服従を神に向かって表現することができるためです。その戒めとは善悪の知識の木から取って食べてはならないというものでした。神のみが真に善と悪とを知りうるお方ですから、善悪の知識の木とは神になろうとする欲望を象徴するものでした。

ですから二人は「善悪の知識の木からは取って食べてはならない。それを取って食べるとき、あなたは必ず死ぬ」（創世2・17）と警告を受けていたのです。ところが、二人はこの木から取って食べてしまいました。そして即座に霊的な意味で死を経験し、神の御前から退けられ、もはやエデンでの安らかな交わりを享受することができなくなったのです。

そして結果として、肉体的にも死を経験し始めることになりました。いつの日か肉体が死を迎えるというだけではなく、その戒めに背いたときから堕落した状態で生きることになったのです。

ジェイムズ　でも神は二人を赦すことがおできになりましたよね、そうですよね。

アタナシオス　いいえ。神はお与えになった戒めを反古にすることはおできになりませんでした。しかし、ご自身の尊い被造物を破壊されるままにすることもおできにならなかったのです。では、そうした中で神が善であられるならば、何をなさるべきでしょうか。それが神の経験なさったジレンマでした。

ジェイムズ　人類が救われるために他の方法はなかったのでしょうか。神は人類が悔い改めることを要求することはおできにならなかったのでしょうか。

アタナシオス　いいえ。悔い改めは、堕落してしまった今現在の本質を、決して変えることはできなかったのです。これは不可能なことですが、仮に人類が罪を犯すことをやめたとしても、人類の内側は堕落しており、死の律法のもとに置かれている現実に変わりはなかったからです。

ジェイムズ　それなら、この問題に対する解決とは何でしょうか。

アタナシオス　これは何がではなく、誰が解決してくれるのかという問題です。ご自身が神のことばなるお方、初めからおられ、無からすべてのものを創造されたお方のみが、人間の抱えるこの問題を解決することがおできだったのです。この目的のゆえに、肉体によって制限されることなく、また罪の力の影響下におられることのない神が私たちの世界に介入してくださったのです。そのお方は自ら肉体をまとわれました。私たちと同じ人間の体を取られたのです。

ジェイムズ　でも、なぜですか。神はもっと別のかたちで現れることはおできにならなかったのでしょうか。なぜ人間の体を取られなければならなかったのでしょうか。

アタナシオス　イエスは私たちと同じ体を取られたわけですが、それは人間の体はいつしか朽ちて死んでいくべきものだからです。イエスはすべての人に代わってご自分の肉体を死に渡され、それを父なる神に差し出されました。

これは私たちに対する純粋な愛のゆえでした。したがってイエスの死においてすべての人が死を経験したことになるのです。またそれによって死の律法も廃棄されたのです。このように炎に包まれた藁と同じように、イエスはご自分の死をもって死の呪《のろ》いを完全に焼き尽くし、死の力に終止符を打たれたのです。

ジェイムズ　イエスは死ぬことがおできになるために肉体を取られたのですか。そうなのですか。

アタナシオス　そのとおりです。堕落は死によってしか取り除くことができません。この理由により、イエスは死ぬべき体を身にまとわれました。ご自分が身にまとわれた肉体を、しみや汚れも何一つない供え物、またいけにえとして死にお任せになることによって、イエスはご自分の兄弟姉妹のために身代金を支払われ、そうして死を滅ぼしてくださったのです。要求されていた負債がイエスの死においてすべて支払われました。

ジェイムズ　あなたは「身代金」ということばに強調点を置きました。その意味がわからないのですが。

アタナシオス　堕落後の人類の状態である「全的堕落」は、「全的に堕落していないもの」を捧げることによってしか解決することができないのです。イエスは罪のないお方なのです。

ジェイムズ　そのことは、あなたや私にとって、どのような意味があるのでしょうか。

アタナシオス　イエスは、私たちが自らのためになしえないことを代わりになさることによって原初の堕落を無効にしてくださったのです！　自らの体を犠牲になさることによってイエスは次の二つのことをなされました。

一つは、私たちの道を遮っていた死の律法に終止符を打たれたということ。そしてもう一つは、復活の希望を与えることによって新しいいのちの始まりを実現されたということです。おわかりになりますか。イエスは死を滅ぼされたのです。

ジェイムズ　では、話題を変えさせてください。ところで、なぜイエスは、あのような仕方で、つまり十字架の上で死なれなければならなかったのですか。他の死に方によって同じ目標を達成することはできなかったのでしょうか。

アタナシオス　イエスは、万人が目撃できるように、実にリアルで否定する余地もないほど公けな仕方で死なれました。仮にイエスの死の目撃者が一人もいなければ、イエスが復活なさったことを誰《だれ》も信じなかったはずです。目撃者は物語の語り部として見なされることでしょう。

ジェイムズ　でも、なんであのような恥ずべき仕方で死なれなければならなかったのでしょうか。十字架刑は、この世が知るかぎり、最も苦痛が伴い、しかも屈辱に満ちた処刑方法です。もっと大切にされるような仕方で死ぬことはおできにならなかったのでしょうか。

アタナシオス　あなたが十字架をひどく嫌っていること、またそうであるべきことも、私にはわかります。でも、次のことをお考えください。驚くべき、そして素晴らしい逆転が起こったのです。なぜなら、人々が刑罰として与えた、不名誉で恥辱に満ちたものであると考えた死が、死を打ち破る栄光に満ちた出来事になったからです。

人々はイエスを辱めの中で殺そうとしましたが、十字架は神の栄光のシンボルとして永遠にそびえたつことになりました。そして最後に注目すべきポイントは、もしイエスが十字架刑に処せられなければ、その死によってもたらされる恵みはどのようにして全世界の隅々にまで行きわたることができるのかということです。なぜなら、十字架刑こそ、全世界に向けて両手を目いっぱい広げて死ぬことのできる唯一の方法だからなのです。

報われることのない愛で愛することのリスク

神は、完全に自由なるお方です。そのようなお方が簡単に傷つけられてしまうような赤ん坊として私たちの世界に来られ、そして成人なさってからは辱めや苦しみ、そして処刑をも耐え忍ぶことを喜んでお選びになりました。神はそのようになさらなければならなかったわけではありません。人類の問題（堕落、神からの疎外、神のかたちの喪失）を解決する唯一の方法は神ご自身が介入なさることであるというアタナシオスの発言が正しいとしても、だからといって神がそうなさらなければならないということにはなりません。

このような仕方で神が私たちを救済されなければならないという義務などはどこにもないからです。むしろ神は「片思い」のような報われることのない愛で愛するというリスクを引き受けながら、このような仕方で私たちを救うことをお決めになりました。もしこうした神の愛を人間が拒絶したらどのようなことが起こるのでしょうか。

ヨハネはこの点について次のように語っています。「この方はもとから世におられ、世はこの方によって造られたのに、世はこの方を知らなかった。この方はご自分のくにに来られたのに、ご自分の民は受け入れなかった」（ヨハネ１・10―11）。これは強烈な聖書の記述です。なぜなら、この箇所には幾つかの重要な真理が語られているからです。第一に、「世はこの方によって造られた」ということです。神はイエスによってこの世界を創造されました。そしてそのイエスが今もなお全世界を保持し続けておられるのです。

御子は、見えない神のかたちであり、造られたすべてのものより先に生まれた方です。なぜなら、万物は御子にあって造られたからです。天にあるもの、地にあるもの、見えるもの、また見えないもの、王座も主権も支配も権威も、すべて御子によって造られたのです。万物は、御子によって造られ、御子のために造られたのです。御子は、万物よりも先に存在し、万物は御子にあって成り立っています。（コロサイ１・15―17）

第二に、「この方はもとから世におられ」たということです。神は私たちと同じ空気を呼吸なさり、人生におけるあらゆる痛みや苦しみを味わうために、私たちの世界に来ることを強制されたのではなく自由に選び取られたのです。

そして第三に、「世はこの方を知らなかった」とあります。三位一体の第二位格であるお方の栄光が隠されている状態です。神は徹底した謙遜《けんそん》を貫いてこうした状況に身を置かれました。そして、最後に、「ご自分の民は受け入れなかった」のです。

報われることのない愛というものは、人間が経験するものの中で最も苦痛に満ちたものでしょう。報われないことを知りつつ誰《だれ》かを愛するということは、深い痛みを感じさせる経験であり、激しい苦痛を伴うものです。神は報われることのない愛がもたらす痛みを経験されたのです。

神が苦しみを経験なさったり、そうした何かをお感じになるという考え方に異論を唱える人々がいます。そうした人々の語る物語によれば、心を動かされないという意味で、神は苦痛を感じることのないお方だということです。この物語は神が万能であることを擁護しているように聞こえます。

しかし、もし神が人を愛するお方であるならば（「神は、実に、……世を愛された」ヨハネ3・16）、報われることのない愛がもたらす痛みを必ずや感じられるに違いありません。痛みや喜びを感じることのできる神を信じることに困難を覚えている人は、痛みや不安、あるいは喜びすら感じることのおできになるイエスを信じることにも、同じような難しさを経験していることを私は知りました。

イエスは笑われたでしょうか。あるいはきまり悪さを感じられることがあったでしょうか。感情を害されるようなことはあったでしょうか。聖書はイエスは人間が味わうあらゆるものを経験されたと語っていますから、私が察するに、イエスは笑われたでしょうし、きまりの悪さを感じられたり感情を害されることもあったでしょう。

友人のリッチ・マリンズは、以前、イエスについて「ぼくのような少年／あなたのような人」と題する美しい歌を書いたことがありました。マリンズは、イエスが少年だった頃、私たちと同じような感情をお持ちだっただろうかという好奇心を歌にしています。

お腹をすかしながら成長しましたか。
成長するスピードは速かったですか。
通り過ぎるあなたを見た小さな女の子たちはくっくっと笑ったかな。
何がそんなにおかしいんだろうと考えたことがありましたか。

犬とじゃれあい、その鼻をなめたことがありましたか。
ホースでまいた水の下をくぐって遊んだことがありましたか。
冬、雪で天使を作ったことはありましたか。

かくれんぼをしていて怖くなってしまったことがありましたか。
膝をすりむいてしまったとき、泣きたいのをこらえたことはありましたか。
静かな小川で岩をスキップして渡ったことはありましたか。

ある日、リッチはこの歌の中でいちばん好きなところは、雪で作った天使のくだりだと話してくれたことがありました。その理由を尋ねたところ、「実際に天使を創造された方が、小さな男の子として雪の天使を作っている姿を想像するのが大好きだからさ」と話してくれました。

神が喜びや痛みをお感じになるということに違和感を覚えるのは、そのようなものは神以下のものだと考えるからではないでしょうか。傷つきやすいとは弱いことのように思えますが、実はそうではないかもしれません。おそらく傷つきやすいとは実は本当の強さであり、他者の益のために自らを犠牲にすることは弱さのしるしではなく、この世界が知っている中で最高の力強さの表れなのです。

これよりも大きな愛はない

「私たちにはそんな価値はないのに、なぜ神は私たちのためにこのようなこと（受肉・十字架など）をなさったのか」という問いかけは、いまだ探究すべき質問でしょう。エドワード・ヤーノルド〔一九二六―二〇〇二年。オックスフォード大学で教鞭を執った〕はこの問いかけに次のように答えています。

なぜ父なる神が（十字架刑を）お許しになったのでしょうか……ある人は、人間の本質が神ご自身のかたちに造られているからだ、というのが答えだと提案するかもしれません。一粒の麦の法則が神ご自身を映し出しています。すなわち、神ご自身の栄光は自己犠牲の中に見ることができます。それゆえに、荊の冠を栄光の冠として身に着けておられる頭なるキリストのからだに属する者たちは、その方のいのちを分かち合って生きるのです(3)。

天地万物の中心にはこうした一つの原理が働いています。それは自己犠牲が最も崇高な行為であるということです。一粒の麦は命を与えるために地に落ちて死ななければなりません。この宇宙は、それを造られた神の本質を映し出しています。イエスが次のようにお語りになったとおりです。「人がその友のためにいのちを捨てるという、これよりも大きな愛はだれも持っていません」（ヨハネ15・13）

自己犠牲は弱さのように見られてしまいます。しかし、それこそは愛の一側面なのです。コリント人への手紙第一13章４―５節には、次のようなことばがあります。「愛は寛容であり、愛は親切です。また人をねたみません。愛は自慢せず、高慢になりません。礼儀に反することをせず、自分の利益を求めず、怒らず、人のした悪を思わず」

私たちのうちの多くは、強さは統治や支配の中に見出すことができるという偽りの物語に従って生きています。しかしそれらは決して力を表す最高の形ではありません。神の力は弱さのうちに完全に現れるものだからです（Ⅱコリント12・９）。一粒の麦の力は、その麦が地に落ちて死んだときにのみ発揮されるものなのです。神の力もまた十字架の上において最も鮮やかに証しされたのです。

神なる御子は、最も低い状態において私たちの世界に降りてこられ、三十年の間、まったく普通の生活を営まれました。私たちが経験するものすべてを同じように経験されました。そしてそのお方の教えと生活において、ご自身の父なる神をこの世にお示しになったのです。そして最高のいけにえ、世界のすべての人々のために捧げるいのち、そしてまた世の罪を取り除く神の小羊として、進んで自らをお捧げになったのです。

「私はあなたの益のために自らをいけにえとして捧げます」というのが神が心でお感じになったことでした。そして私たちも、自己犠牲を伴う小さな経験をするような場合、ほんの少しの時間ですが、神が抱かれた思い（自由、解放、心の高揚、目的、意味）のほんの一部を感じ取ることが許されるのです。

これ以上ほかに何ができたというのですか

著作家、そして説教者として知られるブレナン・マニングには、どのようにして「ブレナン」と名づけられたかについて語る素晴らしい物語があります。子どもの頃、レイという名の親友がいました。二人は何をするにも一緒でした。

ティーンエイジャー時代、一緒にお金を出し合って一台の自動車を手に入れました。ダブルデートのときも一緒でした。いつも一緒に学校に通い、ほかのことも一緒にしていました。そして一緒に陸軍に入隊し、新兵訓練所にも一緒に参加し、前線で共に戦いました。

ある晩、防空壕の中で座りながら、ブレナンはブルックリンで過ごした時代の楽しい思い出を語り、それをレイがチョコレートバーを食べながら聞いていました。そのとき突然、そこに手投げ弾が飛び込んできたのです。レイはブレナンの方を見ると微笑《ほほえ》んで、持っていたチョコレートバーを投げ捨てると、火を噴いている手投げ弾の上に覆いかぶさりました。その次の瞬間、爆弾が爆発し、レイは死んでしまいました。しかし、ブレナンの命は助かったのです。

その後、ブレナンが司祭になったとき、聖人から名前を取るようにといわれ、自分を救ってくれた友人、レイ・ブレナンのことを思い出しました。そしてブレナンの名前を取ることにしたのです。何年も後、ブルックリンに住むレイの母親を訪ねました。その晩、お茶を飲みながら、遅くまで起きていました。ブレナンはレイの母親に、「レイは私のことを愛していたと思いますか」と尋ねました。

するとブレナン夫人はソファーから体を起こし、たしなめるようにブレナンの顔の前で人差し指を振りながら叫んだのです。「イエス・キリストよ！　彼は、あなたのために、これ以上ほかに何かできたというのですか」と。

その瞬間、神の臨在を経験した、とブレナンは語っています。ブレナンは、自分が「神は本当に私を愛しておられますか」と困惑しながらイエスの十字架の前に立っていて、イエスの母マリヤが、「イエス・キリストよ！　彼は、あなたのために、これ以上ほかに何かできたというのですか」と息子のイエスを指さしながら語っている姿を想像したのです。

イエスの十字架は、私たちために神がなさることのできるすべてをなしてくださったみわざです。

しかし、そうであるにもかかわらず、私たちは、「神は本当に私を愛しておられるのでしょうか」とか「私は神にとって大切な存在なのでしょうか」、あるいはまた「神は私のことを心にかけておられますか」と疑いを抱くことがよくあるのです。

こうした問いかけに対するイエスの母親の答えは、「イエスは、あなたのために、これ以上ほかに何かできたというのですか」というものです。喜んで他者の益のために自らの必要を犠牲にするときこそが、人生最高の瞬間であり、エドワード・ヤーノルドがいうように、神のかたちに造られた者として生きるということにもなります。

私たちは、神のかたちに造られました。その神とは喜んで自分自身を他者のために犠牲にされた方です。この神を知れば知るほど、また私たち自身の本質を理解すればするほど、自己犠牲ということが私たちにとってより自然なものとなるのです。

他者の益となるために自らを犠牲にした人々の物語はそれを聞く人間の心深くに鳴り響きます。私たちはそうした物語を文学や映画の中に見出すことができます。C・S・ルイスの『ライオンと魔女』に登場するアスランは偉大なライオンで、キリストの人物像を表しています。アスランは、エドマンドの罪の代価を払うために自らの命を犠牲にすることによって白い魔女（サタン）を欺くのです。

白い魔女は自分はアスランとその王国を永遠に打ち負かしたと考え、そのことに喜んで同意します。しかし白い魔女はその「深い魔法」と呼ばれるものを知りませんでした。その魔法とは、罪のない者が自ら進んで罪のために死ぬならば、死よりも強いエネルギーを創り出すということでした。それこそが自己犠牲が生み出す偉大なパラドックスなのです。

自己犠牲が生み出すパラドックス

天の御座を後に、私たちと同じ人間となられ、そして最後に殺されていく過程において、イエスは最も力ある者が最も弱い者となる道を歩まれました。パウロはこのことを、美しいことばをもって歌われた初期のキリスト教の賛美歌を用いながら説明しています。

キリストは神の御姿である方なのに、
神のあり方を捨てられないとは考えず、
ご自分を無にして、
仕える者の姿をとり、
人間と同じようになられました。
人としての性質をもって現れ、
自分を卑しくし、
死にまで従い、
実に十字架の死にまでも従われました。

それゆえ神は、この方を高く上げて、
すべての名にまさる名を
お与えになりました。
それは、イエスの御名によって、
天にあるもの、地にあるもの、地の下にあるもののすべてが、
ひざをかがめ、
すべての口が、
「イエス・キリストは主である」と告白して、
父なる神がほめたたえられるためです。（ピリピ2・6―11）

これこそが、自己犠牲が生み出すパラドックスなのです。すなわち、ご自分を無にされ、へりくだり、従順に生きられることによってイエスは「高く上げ」られたのです。もしイエスが神の国で最も偉大な人は誰《だれ》ですかと聞かれたならば、「この子どものように、自分を低くする者が、天の御国でいちばん偉い人です」と答えられたでしょう（マタイ18・4）。最も偉大な人は仕える人だからです。この物語は、「仕えられる者こそが偉大な人である」と教える、この世の国の物語とは正反対の教えなのです。

誰かを赦すとき、私たちは弱く、傷つきやすい者のように人の目には映るものです。しかし、実際はそれこそが強さと力を表すものなのです。被害者が加害者を赦すときに、被害者は勝利者となります。加害者に対して勝利するのではなく、加害者のために勝利した者となるからです。

弱さは私たちが人に対して赦しを与えないようにと作用するものです。私たちの恐れが、自らを委《ゆだ》ね、犠牲になることを妨げようとするからです。しかし「キリストが内に宿っている人」は、イエスの生き方、イエスの自己犠牲の歩み方を学んでいます。イエスはただ単に見習ったり、真似たりすべき模範に過ぎないお方ではありません。イエスこそ、私たちがより頼むべき力の源なのです。私たちは、私たちを強くしてくださるキリストによって、どんなことでもできるのです（ピリピ４・13）。

天が降りてきて、地に口づけをする

さて、ここで私の姉のヴィッキーが提起した、「なぜイエスは死なれたのか」という質問に戻ることにしましょう。イエスは死なれる必要はなかったのですが、あえて死を選ばれました。父・子・聖霊がひとつとなって、堕落し破壊されてしまったこの世を回復するために働きかけてくださったのです。

神は、無力な私たちのために、私たちができなかったことを代わりにしてくださいました。それが十字架です。十字架こそが神の愛と犠牲のシンボルなのです。イエスは人間の状況を引き受け、

たのです。

癒《い》やしてくださいました。そのようにして、すべての被造物に対する神の愛の深さを明らかにされ

神の国の鍵《かぎ》となる原理とは、「神のみこころに委《ゆだ》ねれば決して失われず、それらは美しいものとなる」ということです。飼《か》い葉桶《ばおけ》と十字架が、この世が目にしたものの中で最も美しい二つのイメージであることは疑う余地がありません。何百万もの渦巻く銀河を創造なさった神が肉体をまとわれ、簡単に傷つけられてしまうような存在となることを選んでくださいました。つまり、そのようにして天が降りてきて、地に口づけをしてくださったのです。死ぬことのない神が十字架にかかられ自らを任せて死なれることを通して、全世界をご自分のもとに引き上げてくださったのです。

十字架、そして自らを犠牲にされる神の本質に関して、六か月間におよぶ学びと考察の後、ヴィッキーは美しい内容の手紙を私に送ってくれました。そこには五十六歳にしてついに十字架の意味を理解するに至った経緯が記されていました。

姉はその手紙とともに贈り物をもくれました。その贈り物の包みを開くと、そこには彼女が作った美しい十字架がありました。その十字架を、私は誇らしく思いますし、常に目につくようにと私の部屋の棚のところに置いてあります。その十字架を見るたびに、私たちのために自ら進んで死を選び取ってくださった神に感謝を捧げるのです。「わたしが地上から上げられるなら、わたしはすべての人を自分のところに引き寄せます」と語られたイエスの預言は、本当に真実なものだからです（ヨハネ12・32）。

ダラス・ウィラードは、著書『聖なる陰謀（*The Divine Conspiracy*）』の中で次のように記しています。「それゆえに愛に満ちておられる神と出会う鍵《かぎ》とは、イエスを見るということです。できるかぎり十全に、そして明確な心をもってイエスを受け止めるようにすることなのです。それこそが神をほめたたえることなのです(4)」

これをするための最善の方法は福音書を読むことです。四つの福音書を読むことにより身近にイエスを見、イエスと出会うことができます。福音書を読むたびにイエスがいかにリアルにそこに登場しているかということに驚かされます。書かれたこれらの記録が放つ輝きは、イエスを私たちの目の前に生き生きとした姿で描き出す記者の能力によるものです。

今週は二、三時間を確保してヨハネの福音書全体を読み通してほしいと思います。聖書中のある一書を一気に読み通すということはあまりすることがないかもしれません。普通は短い箇所を読んだり、ある一節について書かれてあるディボーションの手引きを読む程度のことでしょう。一書を通して読むのは、それによって始まり・中ほど・終わりからなる物語全体を把握することができるからです。

ある人は、「何で他の福音書ではなくてヨハネの福音書なんですか」と疑問を持たれるかもしれません。ヨハネの福音書はユニークな福音書です。ロゴス、すなわちことば、あるいは「人となって、私たちの間に住まわれた」神の子について語るプロローグをもって始まります。ヨハネは一連のユニークな物語を綴《つづ》りながら、イエスを垣間見《かいま》せようとしていますが、ヨハネの福音書において最も重要なことは、イエスと天の父との関係がはっきりと描かれている点です。

私は、ヨハネの福音書を一度につき五—七章ずつ、四つの部分に分けて読み切ることを提案します。また、ある小グループでは声を出して順番に輪読しながら読み進んでいくやり方をとっています。注意すべきことは、あくまでも聖書研究にならないようにすることです。特にスタディーバイブル（説明つき聖書）を用いている人は注意してください。読みながら脚注が気になることがあるからです。

読みながら（例えば、「なぜイエスは水をぶどう酒に変えたのだろうか」とか）心に疑問がわくタイプの人でしたら、そうした疑問を書き留めておいて、後からそのことについて調べるようにしましょう。今回は、始まり・中ほど・終わりのある物語を読むように、福音書もそのように読んでほしいと思います。多くの人たちにとってこのエクササイズは骨の折れるものとなるかもしれませんが、その報いはとても大きなものとなることでしょう。

振り返るために

このエクササイズにあなたひとりで取り組むか、あるいは他の人とともに取り組むかにかかわりなく、課題と取り組む中で経験したことを振る返るために、以下の質問に答えることは役に立つことだと思います。いずれにしても、質問の答えを日記（デボーション・ノート）に書き記してみることはよい方法でしょう。そして小グループに集うようなときに、その日記を持参し、体験したことを小グループの仲間と分かち合うことは、あなたが課題と取り組む中で与えられた洞察を思い起こすうえで助けになるでしょう。

1　今週、このエクササイズと取り組むことができましたか。エクササイズに取り組みながら、どんな感想を持ちましたか。

2　取り組んだエクササイズを通して、神について、あるいは自分自身について、あなたはどんなことを学ぶことができましたか。

3　ヨハネの福音書の中であなたの好きな聖書箇所・物語・聖句は何でしたか。

第8章　神は造り変えるお方

ケアリーが新しい教会で日曜学校の教師をしていると聞くまで、もう彼のことは何年も忘れたままでいました。そんなとき、ケアリーから電話があり、面談の約束をしました。彼と再会することは私にとっては楽しみでした。

その日彼は、成功したビジネスマンがいつも身に着ける背広とネクタイ姿でやって来ました。そのような服装だったので、手首にはめていた「イエスだったらどうするか（"What would Jesus do?"）」ということばの頭文字のＷＷＪＤが刻まれたワイン色のブレスレットが目立っていました。

遅れてやって来た私は、「きみに、こんな嬉《うれ》しい訪問を受けるだけの借りがありましたっけ」というと、ケアリーは何で自分がここにやって来たかを突然思い出したように悲しい顔になって、「あなたの助けを本当に必要としているんです」といったのです。

「できることがあれば、喜んで助けになりたいと思っているよ」と私は答えました。

「今、まさに私は神さまと格闘しながら自分の道を歩んでいる状態です。頑張れば頑張るほど、事態は悪くなる一方のように感じます。家族はみな元気で、仕事のほうもとても順調です。でも神さまとの関係だけは難しいところに立たされているんです」

「あなたが立たされているところは、普通はよいところですよ」といった私に、ケアリーは困惑の眼差しを向けるだけでした。

「具体的にお話しすると、罪との戦いに負け続けているということなんです。もう何年間もです。私は出張が多く、よくホテルで時間を過ごします。ポルノが私にとってとてつもなく大きな誘惑となり、しょっちゅう誘惑に負けてしまいます。私は本当に罪意識を感じ、神さまに対して『ごめんなさい』と告白し、『もう決して同じことを繰り返しません』と約束をするんです。妻にさえもこのことを告白したところ、妻はとても感情を害して取り乱しましたが、最後には理解してくれました。彼女はそれが本当の私ではないことを知っているからです」

そこまで話を聞いたところで私は彼のことばを遮るようにして、「あなたは自分が誰《だれ》であるかをご存知ですか」と尋ねました。

「ええと、私はクリスチャンですが」とケアリーは答えました。

「では、そのことは何を意味するのかわかりますか」とさらに尋ねました。

「ええと、それは私がイエスを信じ、そのお方の戒めに従うように努めていることを意味していいます。教会に通い、聖書を学び、どこでもまとまった時間を見つけたら静思の時を持ちます。ご存じのように罪を犯さないように努めています。よい人であるように心掛けてはいますが、でも深いところでは今でも私はただの罪人にすぎない者であることを知っています」

「ケアリー、あなたがそのように努めていることを決して疑ってはいません」といい、さらに続けて「そしてもう一つ、かなりの期間、一生懸命頑張ってきたけれど、まったく効果がなかったということもまた、疑いの余地のないことだということが、あなたのいったことからわかりましたよ」とお話ししました。

「そのとおりなのです」といって彼は話を続けました。「このブレスレットを身に着けることによって、イエスさまのように生きる必要があることを自分に思い起こさせることで、事態は改善されると考えていたのですが、そうはいきません」

それに対して私は、「そうですか、では私に幾つかのことを確認させてください。あなたはクリスチャンで、同時に罪人でもある。これは正しいですか」と尋ねるとケアリーは、「はい、そのとおりです」と答えてくれました。

続けて私のほうから、「それならば、もしあなたが罪人であるならば、そうしたあなたにとって普通の行動とはどのようなものですか」と質問すると、「ええと、罪を犯すということだと思いますが、でも、それが正しいようには思えません」という答えが返ってきました。

それを受けて私はさらに次のようにことばを添えたのです。「それだけではなくて、気分的にも正しいように感じられないと思いますよ。ケアリー、その理由をお話ししましょうか。それが正しいようには思えない、正しいように感じられない、その理由はそれが正しいことではないからなのです。あなたのやり方はいつも失敗に終わっていますね。そうですか」

これに対して彼は「そのとおりです」と答えました。これを受けて私のほうから一つの提案をしました。「たぶん、別のやり方があるのです。あなたと一緒にそのことと取り組むために、喜んでお時間を提供したいと思いますよ。でもそれをするにはある程度の時間が必要となります。手早い修理や魔法の薬など存在しないからです。その別のやり方とは、あなたの考え方、つまり自分自身のアイデンティティーを変え、クリスチャン生活が意味することは何かということの理解を刷新することと関係しているからなんです」

これを聞いたケアリーは、「自動車を徹底的に分解して検査するみたいですね」と反応しました。私は、「いいえ、あなたは必要なものすべてを手にしているんですよ。あなたに必要なのは新しいアプローチの仕方なのです。喜んで私と一緒に取り組む気持ちさえあれば、もっとずっといいアプローチの仕方を見つけることになると思いますよ」とお話ししました。

「今となっては、何でもするつもりです。どうぞよろしくお願いします」とケアリーはいいました。

ケアリーと私は、その後六か月にわたる取り組みのコースを共に学び、私はこの章で紹介する基本的な原理を彼に教え始めました。ケアリーが直面している状況は、自分自身の状況を変えるために努力しては失敗を繰り返している多くのクリスチャンの経験と変わりありません。問題はイエスの復活のいのちがもたらす効力についての理解不足にあります。

第７章で、私たちは、特に十字架の出来事にあらわされた、三位一体の神が備え持っておられる自己犠牲的なご性質に注目しました。イエスの犠牲は罪に対して神が下された一度限りの永遠の裁きであり、それはこの世を神と和解させるためになされた行為でした（Ⅱコリント5・19）。しかし素晴らしく美しい私たちの神の物語は十字架で閉じられるものではありませんでした。三日の後にイエスはよみがえられ、罪と死に勝利され、そして今、イエスに従う者に復活のいのちを与えてくださるのです。復活の力こそがこの章の主題であり、それはごく少数のクリスチャンしか理解していない真理であり、その御力により頼んで生きているクリスチャンの数はさらに少ないといえるでしょう。

偽りの物語――私は罪人です

ケアリーの物語は決してまれなものではありません。直面する具体的な誘惑や罪は異なるかもしれませんが、私たちすべては彼が経験した苦労と無関係ではないからです。イエスを主と受け入れ、そのお方に従おうと努めているクリスチャンは、自らの内側にある葛藤《かっとう》を覚えるものです。クリスチャンであれば誰《だれ》もが、罪が間違った行為であることを知っていますし、「今日、罪を犯すつもりです」というはずがありません。ところが、いわゆる「大きな罪」ではない「小さな罪」（善意のうそ、他人の持ち物を欲しがってしまう、過度な心配、他人を裁く）を繰り返し犯してしまう自分自身を発見します。私たちは、あるべき自分になっていないのです。

私たちの生活の中に罪が蔓延《まんえん》し力を発揮していることから、先ほどのケアリーのように、私たちの基本的なアイデンティティーは「罪人」であるという結論に簡単に行き着くことになります。明らかに「罪人」というほうが「聖徒」というよりもより現実に実感できる感覚なのです。ええ？　私が、聖徒ですって？　冗談でしょう。こうして私たちの経験は、私たちが頭からつま先まで罪人であるという物語を受け入れさせるのです。「私は罪人であり、だからこそこれだけ多くの罪を犯すのである」という主張はまことに論理的に思えます。

偉大な神学者たち、少なくとも私たちよりも頭の切れる人々もまた、基本的に私たちは罪深い者なのであると、はっきりと結論づけています。宗教改革で掲げたスローガンを表現する際に、マルティン・ルターは、クリスチャンとは“simul《シィムル》 justus《イウストゥス》 et《エト》 peccator《ペッカートル》”であるといいました。その意味は、「義であり、同時に罪人である」ということです。

これが、「私たちのわざによって神の救いを獲得することができる」という考え方に対するルターの反論の仕方でした。私たちは救われました。義とされ、神との和解をいただいています。そして同時に、私たちは罪人なのです。

クリスチャンが罪人であるという考えは、正しいと思えますし、過去においても現在においても神学者たちによって明確に表明されてきたものです。しかしそうであるにもかかわらず、私はこの教えは正しくないという結論を持つに至りました。なぜ正しくないかといえば、それは新約聖書に示された物語ではないからです。さらに、その考えは、完全に非論理的で矛盾を含み、相反する考えが衝突しているからです。

デイヴィド・C・ニーダム〔アメリカ人。マルトノマ大学（MU）名誉教授〕は次のような問いを提起しています。「本質的に自己中心的な罪人であるとの自覚を持ちながら、他方でそうした自分の人生の目的が神中心に生き、聖潔を生み出すことにあるとしているクリスチャンほど挫折感を味わう存在がほかにあるだろうか(1)」と。

ケアリーはこのようには表現しませんでしたが、これこそが自らの内に見出した葛藤《かっとう》だったのです。ケアリーは自分が罪人であると語っていましたが、その罪ゆえに深い苦しみの中にいました。それはちょうど、枝についたりんごの実が成長し続けることで、深い苦しみを経験しているりんごの木のようなものです。

私たちが基本的に罪人であるという教えは失敗へと導くものです。多くのクリスチャンが、キリストにある自らのアイデンティティーについて貧しい理解しか持っていないために、数えきれないほどの挫折を味わい、見せかけのクリスチャン生活に甘んじているのだと、私は考えています。

ケアリーは自らの行動にがっかりした結果、私のところにやって来ました。しかし私がケアリーを見たときに、私の目に彼の姿は別の存在として映っていました。確かに悲しく、恐れ、挫折した人生を生きていましたが、そのケアリーの中に、キリストの血潮によって買い取られ、神の御力と神のご臨在とによって満たされた、神の子、キリストにある人、そして永遠に生きる者とされた存在を見たのです。

私がケアリーに求めていたことは、単に望まれていない行動をやめることだけではなく、すでにいただいていたにもかかわらず味わうことのなかった、キリストにある充足・温かさ・力・喜びを彼が深く味わうことでした。

そのため私たちは共に聖書を学びながら、たくさんの時間を過ごさなければなりませんでした。「私は罪人です」という物語は、ケアリーの心の中に深く刷り込まれていました。みことばに深くつかることを通してしか、ケアリー自身、自らの内にある物語の誤りに気づくことはできないのです。

新約聖書の物語――私は聖徒です

今までもしてきたように、偽りの物語をイエスの物語に置き換えていかなければなりません。神は私たちをご自身と和解させてくださったので、神の国にあってそのお方とともに生きることができるようになったということをすでに見てきました。神による和解は、神が願っておられる聖なる民に変えられていくプロセスの始まりなのです。グレッグ・ジョーンズ〔一九六〇年―。アメリカ人。デューク神学校教授〕は物語の書き換えの必要性について次のように語っています。

神によって罪が赦されるということは、神の国において新しいいのちをいただくということであり、死をもたらす罪の物語という一つの物語から、キリストにある神との和解という物語に移されることなのです。後者の物語において、私たちは罪が赦され、悔い改めと赦しの生涯を送りながら聖なる者とされていくことを学ぶことができるようになるのです。(2)

ジョーンズが語ることは正しいのです。つまり、私たちの物語はまずは刷新されなければなりません。「私は大変な罪人である」という物語は、「もはやキリストにあって罪に支配されてはいない。むしろ神と和解し、罪は打ち破られた」と語る物語に置き換えられる必要があります。

イエスは、すべての人々の罪を赦されるだけのお方ではなく、罪自体が持つ力をも打ち破られたお方です。このことは、すべての人が救われることを意味しません。イエスの御名を呼ぶ者だけが赦しを経験するのです。

神は私たちと和解することだけを願っておられるのではなく、私たちを造り変えることを望んでおられます。そのお方は罪の罪過だけではなく、罪の力をも取り去ってくださいました。キリストに従う者は、キリストの十字架のみわざの功績に浴するだけではなく、信仰において実際に十字架の苦しみにもあずかるのです。

このことについてパウロは次のように述べています。「私たちの古い人がキリストとともに十字架につけられたのは、罪のからだが滅びて、私たちがもはやこれからは罪の奴隷でなくなるためであることを、私たちは知っています」（ローマ6・6）。私たちは罪赦されただけではなく、キリストの死と復活にもあずかるようになったのです。私はイエスのように罪のない生活を送るように努めてはいません。そうではなく、罪のない生活を生きられたイエスが、今、私の中に生きておられるということなのです。

「キリストにあって」あるいは「主にあって」という句はパウロ書簡の中に百六十四回出てきます。この事実は私たちが「キリストにあって」という句の意味を探究するようにいざなうのではないでしょうか。

しかし「キリストにある」ということの事実が、「イエスはあそこにおられるけれども、罪深い私はここにいる」という最有力な物語によって影が薄くされている、と私は思うのです。新約聖書はイエスが弟子たちから引き離されてはいないことを語っています。むしろイエスに確信を置いている者の内にイエスは住んでおられます。クリスチャンとは、内にキリストが宿っておられる人のことなのです。

クリスチャンはただ単に赦された罪人ではなく、「新しくされた人」です。イエスを内に宿す人であり、イエスと同じ永遠のいのちを持つ者なのです。新約聖書はこの問題についてははっきりしています。次に挙げる幾つかの箇所がこの事実を語っているからです。キリストに従う者の本当のアイデンティティーを指し示している表現に注意して読みましょう。

神は聖徒たちに、この奥義が異邦人の間にあってどのように栄光に富んだものであるかを、知らせたいと思われたのです。この奥義とは、あなたがたの中におられるキリスト、栄光の望みのことです。（コロサイ１・27。傍点著者）

あなたがたは罪によって、また肉の割礼がなくて死んだ者であったのに、神は、そのようなあなたがたを、キリストとともに生かしてくださいました。それは、私たちのすべての罪を赦し、

（コロサイ2・13。傍点著者）

私はキリストとともに十字架につけられました。もはや私が生きているのではなく、キリストが私のうちに生きておられるのです。（ガラテヤ2・20。傍点著者）

こういうわけで、今は、キリスト・イエスにある者が罪に定められることは決してありません。

（ローマ8・1。傍点著者）

あなたがたのからだは、あなたがたのうちに住まれる、神から受けた聖霊の宮であり、あなたがたは、もはや自分自身のものではないことを、知らないのですか。

（Iコリント6・19。傍点著者）

もしキリストがあなたがたのうちにおられるなら、からだは罪のゆえに死んでいても、霊が、義のゆえに生きています。（ローマ8・10。傍点著者）

あなたがたはすでに死んでおり、あなたがたのいのちは、キリストとともに、神のうちに隠されてあるからです。（コロサイ3・3。傍点著者）

上に挙げた聖句は「キリストにある」者としてのクリスチャンについて描写する箇所のほんの一部にすぎませんが、たぶんケアリーの前提が誤りであったことを示すうえでは十分でしょう。ケアリーは私に、「キリストが私の中に生きておられることについて、今まで一度も考えたことがありませんでした」と話してくれました。彼とのこのような出会いを通して、私は多くのクリスチャンがこの事実に目が開かれていないことがわかったのです。

すべて新しく造られた者

ケアリーが学び、確信したことは、新約聖書がクリスチャンの内にキリストが宿っておられることを繰り返し教えているということでしたが、次に新たに彼の心の中に生じた問いは、「では、〝キリストにある〟とは何を意味することなのか」という直接的で的を射たものでした。この問いの答えを得るために、まずケアリーと私が丹念に調べ始めた聖句が次のみことばでした。

「だれでもキリストのうちにあるなら、その人は新しく造られた者です。古いものは過ぎ去って、見よ、すべてが新しくなりました」（Ⅱコリント5・17。傍点著者）

ケアリーは、この聖句をもとに幾つかの質問をしてきました。「では、どのように神はこうしたことをされるのですか。〝新しく造られた者〟とはズバリ何のことですか。そしてそのことは私たちの人生にどんな違いをもたらすのでしょうか」

私は次のように答えました。「あなたは蝶《ちょう》が、どのように蝶になるかを知っていると思います。ここにはとてもわかりやすいアナロジー（隠喩）がありますね。蝶になる前は青虫であり、芋虫ですよね。這えずりまわるだけで飛ぶことなどできません。でもそれが繭《まゆ》、すなわちさなぎになります。その英語の『さなぎ（chrysalis）』の語源は、見ればわかるように『キリスト（Christ）』です。そしてさなぎから蝶が現れ、完全に造り変えられるのです。古いものは過ぎ去った。そして新しいものが現れたのです。以前は地を這いつくばって動いていたのに、飛べるようになる。クリスチャンも以前は罪の支配下にありましたが、今は自由の中に生きることができるのです」

「そのアナロジー、とても気に入りました。ジム、理解できたように思います」とケアリーはいいました。

「多くのクリスチャンがこのことを理解していないことが、私にとってなぜ痛みとなっているのかわかりますか。クリスチャンの人が『私は恵みによって救われた罪人にすぎません』と告白するのを聞くと、『「私は羽のある青虫にすぎません」と語る蝶のようですね』といいたくなるんです」

この会話で、私たちは含み笑いをしました。最後に私は次のように会話を結びました。「キリストに従う者として、あなたは完全に神さまと和解させられています。そしてもはや神さまは、あなたの罪に基づいてあなたとのかかわり方を決めようとはなさいません。あなたは永遠に罪赦されています。そしてあなたは完全に新しく造られた者でもあるのです。あなたの古い性質は死に、今やキリストにあって生きた者とされているからです。

そしてあなたは決して死ぬこともないのです。イエスがよみがえられたことによって死を滅ぼされ、新しい永遠のいのちをあなたにお授けになったからです。それゆえあなたは、今このときも天を経験することのできる完全に新しい人となり、そしてこの世の人生の終わりにはまったき栄光を受けることになるでしょう。それこそ、素晴らしい、そして美しい神しか与えることのできない、素晴らしい、そして美しい贈り物のようなものです」

するとケアリーはこのように質問してきました。「あなたがお話しくださっていることが、すっかり理解できるようになりましたが、でももう一つだけわからないことがあるので助けてほしいのです。なぜ今もなお、私は罪と苦闘しなければならないのかということです。なぜ蝶《ちょう》なのに青虫のように振る舞いたいと願うのでしょうか。これをわかるようにしていただけたらと思います」

罪はとどまるが、それによって支配されてはならない

キリストにある私たちはイエスとともに新しいいのちへとよみがえらされました。その結果、新しいアイデンティティーをいただいたのです。そのアイデンティティーとは、キリストを内に宿す者というものです。私たちは内に住む聖霊を授かりました。私たちはキリストを身に着けたのです（コロサイ3・10）。今や私たちの国籍は天にあります。私たちの霊は、「アバ、父」と神に愛されて

いる子どもとして呼びかけるのです（ローマ8・15）。

しかし、霊的に新しい人になったとしても、今もなお私たちは、罪の残滓《ざんし》が宿る自らの古き肉体をもって生活をしています。さらに心の中には今でも古い物語、過去の記憶や古くからの習慣も健在です。神の真理にまっこうから対立する世界に生きています。このようなことが、新しくされた後も罪との格闘がある理由なのです[3]。

聖書はこのことを霊と肉との戦いとして表現しています。「肉」（ギリシヤ語ではサルクス[4]）とは神から切り離された生活を意味することばです。サルクスは、神から離れ自分勝手に生きているようなときに生み出されるものです。この点についてパウロは次のように記しています。「なぜなら、肉の願うことは御霊に逆らい、御霊は肉に逆らうからです。この二つは互いに対立していて、そのためあなたがたは、自分のしたいと思うことをすることができないのです」（ガラテヤ5・17）

パウロはクリスチャン、すなわち「キリストを内に宿している」人々に再び活力を与えるために手紙を送っています。サルクスと霊との戦いは洗礼漕から立ち上がるときに終結するのではありません[5]。正確にいえば、実際にはそのときから戦いが始まるものなのです。

メソジスト運動の創始者であるジョン・ウェスレーは、このことを次のように説明しています。「キリストにあるすべての赤ん坊は聖いのですが、完全にそうだとはいえません。その人は罪から救われましたが、でも完全に罪から自由になったのではないからです。罪が支配することはないのですが、罪は残るものです。……私たちは〝十字架の血潮によって神と和解させられた〟者です。

その瞬間、……肉は私たちの支配者ではなくなったのです[6]」

宗教改革者ジャン・カルヴァンも同じようなことを書いています。「私たちは肉体の牢獄に繋《つな》がれていた時期があまりにも長かったので、罪の痕跡は私たちの中に残ることでしょう。しかし洗礼のときに与えられた神の約束を忠実にしっかりと握りしめているならば、罪があなたを服従させ支配するようなことはありません[7]」

この人生において、確かに罪の痕跡は残るものです。私たちは、贖われていない肉体と不可分の関係に置かれています。私たちの肉体はいつかは死ぬべきものです。それも骨や筋肉、腺や感覚だけでなく、思考や感情も死んでしまいます。そうした莫大で信じられないほど入り組んでいる電子的・化学的な複合体であり、文化・遺伝・（時には）邪悪・地理・病理に影響される死すべき存在なのです[8]。

私たちはサルクスによって支配される必要はありませんが、キリストから離れて生活するとき、サルクスの影響を受けやすくなります。罪深い行為を繰り返すことは、長いこと満たされることを求めたが満たされることがなかったニーズが原因です。もはや罪が支配することのない私たちであるにもかかわらず（ローマ６・14）、欠けていると感じるものを見つけ出すために罪に向かってしまうのです。

これは重要なことです。なぜならケアリーのような多くのクリスチャンが、回心を経験した後に罪を犯すことのできる能力の現実に打ちのめされてしまうからです。回心の前でも私たちは罪が正しいとは考えませんでしたが（神を信じていない人ですら、罪について「おい、それって本当に人生を有意義にするよね」とはいわないのです）、回心後では、罪を犯すと、私たちは大いに不安にさせられるものなのです。

そうした場合、こうした葛藤《かっとう》があることを承知し、事態を予想することができるならば、私たちにとっては大きな助けとなります。問題が生じても驚かないでしょう。前もって注意を促されることは、それに備える助けとなるからです。

ジョン・ウェスレーは、罪から身を守るために、罪の残滓《ざんし》は存在しているという事実を忘れてはならないと語っています。私たちには罪に対する抗体があるというのは間違った考えです。ウェスレーは「そうした考え方が、私たちの内にある悪しき性質や、もういなくなってしまったといわれているが、実は私たちの心の奥底で今もなお横になっている〝デリラ〟に対する警戒を解いてしまうのです。そうした考え方が弱い信仰者の盾を引き裂き、信仰者から信仰を奪い取り、この世・肉・悪魔からの猛攻撃に信仰者をさらすのですから[9]」と説いています。もちろん、私たちを打ちのめす誘惑を避ける最善の方法は、内に住んでおられるキリストに結びつくことです。イエスは私たちがご自身にとどまる必要があることを語っておられるのです。

新しい生き方――キリストにとどまる

私たち自身が新しい人、新しく造られた者とされたので、その生き方も新しくなる必要があります。イエスが内に住んでおられる人として、今や私もイエスが生きられたように生きることができるのです。すなわち私の意志力によってではなく、徹底して神により頼み、深く親しく交わり、そのお方へのまったき信頼によってクリスチャン生活を送ります。イエスはぶどうの木とその枝のイメージをお用いになりながら、この新しい生き方について説明なさいました。

わたしにとどまりなさい。わたしも、あなたがたの中にとどまります。枝がぶどうの木についていなければ、枝だけでは実を結ぶことができません。同様にあなたがたも、わたしにとどまっていなければ、実を結ぶことはできません。わたしはぶどうの木で、あなたがたは枝です。人がわたしにとどまり、わたしもその人の中にとどまっているなら、そういう人は多くの実を結びます。わたしを離れては、あなたがたは何もすることができないからです。

（ヨハネ15・4―5）

「ぶどうの木」であるイエスは、「枝」である私たちに注がれるいのちの力です。こうしてガラテヤ人への手紙5章22節に出てくる愛・喜び・平安といった実を実らせるのです。木から切り離された枝は果実を実らせることはできません。なぜなら、実らせる力は枝にはないからです。それと同じように、クリスチャン生活を生きる力も私たちの内にはありません。事実、私たちはイエスを離れては何もできないからなのです。

これこそパウロが「もはや私が生きているのではなく、キリストが私のうちに生きておられるのです」（ガラテヤ2・20）と語る理由です。私たちがイエスから離れるならば、もはやそのお方のいのちは私たちの中に注がれなくなります。それはちょうど木から切り離された枝のようで、そこにはいのちが通っていません。

しかし、私たちはキリストの聖なるご性質にあずかる者であり、キリストとともに生きる者とされています。このことについてペテロは次のように述べています。「その栄光と徳によって、尊い、素晴らしい約束が私たちに与えられました。それは、あなたがたが、その約束のゆえに、世にある欲のもたらす滅びを免れ、神のご性質にあずかる者となるためです」（Ⅱペテロ1・4）。私は神（もしくは神のような存在）ではありませんが、新たにそのお方のご性質にあずかっている者です。私の体にキリストのいのちと力とが吹き込まれているからです。

こうしたことの説明をすべて終えた後で、「つまり鍵《かぎ》はキリストにとどまっているかどうかにかかっているということですね。ところで、そのためにはどうしたらよいのですか」とケアリーはさらに質問をしてきました。

私は次のように答えました。「『とどまる』とは、イエスさまを信じ、イエスさまにより頼むことを意味しています。イエスさまは私たちの外側にいるお方でも、また私たちを裁くお方でもなく、私たちの内にいて力づけてくださるお方なのです。こうしたキリストにあるアイデンティティー、そのお方のご臨在、さらに私たちの内側に働く力への意識が深まれば深まるほど、より自然な仕方でイエスさまにとどまるようになります。私たちは自分の物語を正し、霊的なエクササイズを行って真理に対する意識を深めなければなりません。

最後に、もう一つお話しして終わりにしましょう。それはイエスさまのなさるやり方は難しくないということです。イエスさまが『わたしのくびきは負いやすく、わたしの荷は軽い』（マタイ11・30）とおっしゃったとおりです。よくあることですが、私たちはイエスさまがするように求めておられると思われることを、自らの力に頼って実行しようと努めるものです。ちょうどあなたのブレスレットに書かれたことばのように、です。でも、それは不可能です。むしろ私たちを『強くしてくださる方によって、どんなことでもできる』（ピリピ４・13）という方法によって行っていくものなのです」

ジェームズ・Ｓ・スチュワート（一八九六―一九九〇年。スコットランド国教会の牧師。エジンバラ大学で教鞭を執った）は、古典的著書、『キリストにある人（*A Man in Christ*）』の中でこの真理について誰《だれ》よりもわかりやすい表現をもって説明しています。

「私の内におられるキリスト」とは、重たく不可能な理想とはほど遠い事柄を意味するものです。……「私の内におられるキリスト」とは、内側から私を支えるキリスト、私を担ってくださる原動力であるキリスト、私の人生すべてに見事な調和と活力を与えてくださるキリスト、そしてすべての重荷を翼に変えてくださるお方、つまりその重荷を自分が担うものではなく、むしろ自分を担ってくれるものに変えてくださるお方を意味しているのです。(10)

田舎の犬と都会の犬(11)

あなたは田舎の犬と都会の犬の違いがわかりますか。田舎の犬と都会の犬の話は、キリストにある新しいアイデンティティー、そしてどのようにしてクリスチャン生活を営むかについて説明する素晴らしい例話です。

田舎の犬は歩き回るためのかなりの自由を保障する広々としたスペースで生活をしています。小川のほうに下りていくこともできますし、スカンクとレスリングをすることだって可能です。日当たりのよい牧場で昼寝をしたり、餌《えさ》を探して歩き回ることだってできます。最初、田舎の犬はあちこちを歩き回り、心地よい所で昼寝をすることでしょう。

でもしばらくすると田舎の犬は、ずっと以前からなじんでいる同じ場所、すなわち主人の家のポーチに、毎日毎日とどまるようになるものです。田舎の犬は自分がいうところの「パリに」行ったことのある犬なのです。二、三度、引っかき傷を負ったこともありますが、それと同時に大きく広がる活動範囲そのものを見ることもできました。

今や田舎の犬は主人の近くにいることに満足を覚えるようになりました。このようにして田舎の犬はビスケットを手に入れ、頭をなでてもらったり、お腹をさすってもらうご褒美にあずかるのです。

これに対して都会の犬はずいぶん違います。都会の犬は家の中にある犬小屋の中で生活し、家を離れることは禁じられています。都会の犬には一つの目標があります。それは、そこから逃げ出すことです！　都会の犬はいつどのようにしてドアが開くのかを学びますし、逃走する望みを抱きながらドアを押し開ける仕方をわきまえています。ドアが開く瞬間、都会の犬はそこから一目散に逃走するのです。

そうすると主人は犬の後を追いかけなければなりませんし、場合によっては自動車に乗り、逃げた犬の名前を大声で呼び、頼むから戻ってきてくれと請うようにしながら、隣近所中捜し回るのです。そして犬を見つけると、飼い主はビスケットでおびき寄せ、輪なわを投げて革ひもに繋《つな》ぎ止め、家に連れて帰ります。

クリスチャン生活を一定のルールや規則、あるいは「すべきこと」と「してはいけないこと」の枠の中で営もうとする人は、ちょうど都会の犬に似ています。私の経験によれば、多くのクリスチャンは窮屈で堅苦しさを感じ、あわよくばそうしたルールの束縛から解放されたいと強く願っています。以前、私自身もそうでした。

キリストにある自らのアイデンティティーを理解している人とは、田舎の犬のような人です。そうした人は自分が律法の下にいるのではないことを知っており、罪を犯すことも可能ですし、実際に以前は罪を犯していましたが、今ではもっとよい生活を知っているような人なのです。

そうした人は主人の近くで生活することに深い満足を感じています。ギリシヤ正教の著作家はこれを次のようにいい表しました。「霊的生活は律法や教訓に縛られる生活ではなく、主体的に参与する、愛情と愛との生活であり、神と混ざり一緒になるような生活なのです(12)」と。

神の豊かさに生きるように造られている

「クリスチャンは〝罪を犯すこともできる〟」と私が語ったことは、ある人々にはショッキングに聞こえたかもしれません。これは罪を犯すのが当たり前という意味ではありません。私たちはそのようには造られておらず、むしろ罪に対して死んだ者です。しかし、そうであったとしても、私たちは罪を犯すことができますし、また罪を犯すのです。

クリスチャンとして私たちは律法の下にはいません（ローマ6・14）。一連の規則や「すべきこと」と「してはいけないこと」のリストがクリスチャンを定義づけるのではありません。そして常に罪責感は効果のない動機づけにすぎないのです。

しかし、〝罪を犯すこともできる〟ということは、パウロが「すべてのことが私には許されたことです。しかし、すべてが益になるわけではありません。私にはすべてのことが許されています。しかし、私はどんなことにも支配されはしません」（Iコリント6・12）と説明するように、私たちが欲することを何でもすることができるということを意味しているのではありません。

私はすることとしないことを自由に選択します。しかし次のことに注意を払ってください。それは、そうした選択は私が何者であるのかということに照らしてなされるべきであって、その選択自体が私が何者であるのかを決定するのではないということです。私はキリストを内に宿す者であり、その現実が私の決定を導くべきだということなのです。

この活動は（キリストを内に宿す）私にとって有益だろうか。あるいは逆に、あの活動は私を虜にしてしまうだろうか。私たちはこうした問いを持ちながら生きる者とされているのであり、聖なる者へと導く秘訣《ひけつ》そのものであられる、聖霊に導かれて生きるのです。このように私たち自身のアイデンティティーを理解し、そこから行動していくことのほうが、罪責感よりも強い動機づけを与えます。

私はケアリーにこの点について問いかけました。「テレビでくだらない番組を見ることは、あなた自身が本当はどのような者なのかということと真に合致していることでしょうか」

「いいえ、以前、自分のことをどうしようもない罪人だと考えていたときは、あなたの質問に対する答えは〝はい〟でした。もちろん今でも自分を罪人だと考えている人は、そうした番組のスイッチを切るときも後悔しながらそうするでしょうし、また後でもう一度スイッチを入れる願いを持ちながらするでしょう。でも、キリストにある者というアイデンティティーをもって生きる人は、ぐずぐずせずにそうしたテレビ番組のスイッチを切ることを学ぶことができるのです」

こう語るのを聞いた私は、ケアリーが何かをつかんだことがよくわかりました。

クロンシュタットのイオアン〔一八二九―一九〇八年。正教会の聖人〕にまつわるお気に入りの物語があります。イオアンは十九世紀のロシア正教会の司祭でしたが、その時代、アルコール乱用が至る所で蔓延《まんえん》していました。そうした中、危険を冒して教会外に出ていってアルコールで苦しむ人々を助けようとする司祭は一人もいませんでした。むしろ司祭たちは苦しむ人々のほうが助けを求めて教会にやって来ることを願っていました。

ところが、そうした中でイオアンだけは愛に押し出されるようにして通りに出ていったのです。二日酔いの人、どぶに落ち込んで悪臭を放っている人を起こし、自分の腕でかかえるようにして、次のように語りかけるイオアンの姿を人は目撃しました。「あなたはもっと尊厳ある存在です。神の豊かさに生きるように造られています」と。

私は「神の豊かさに生きるように造られている」という、このことばが好きです。これはあなたや私にも当てはまることです。このことばこそが私たちの真実なアイデンティティーを表現していると知ることこそ、聖さの中に生きることの秘訣となるのです。

私たちの傷に働く神の力

クロンシュタットのイオアンのように、傷ついた人に対して次のように語ることができます。「あなたの傷はあなたを定義づけるものではない」と。むしろあなたはキリストを内に宿す者なのです。神の豊かさに生きるように造られています。傷を負った人々を私たちは放蕩息子《ほうとう》のように歓迎し、生まれながら持っている本当の権利を回復するように働きかけるのです。彼らがそうした権利を受け取るのに抵抗感を感じたとしても、です。

しかしこの同じメッセージを、ケアリーのような人々、つまり善良で正しい「兄息子」、いい換えると一生懸命やるけれども、失敗してしまうような人たちに対しても届ける必要があります。完璧《かんぺき》であるために一生懸命になっている人々は、実は心の奥深くに不全感・自己嫌悪を抱きつつ生きているのですが、そうした彼らも同じメッセージを必要としているのです。つまり、「あなたの中にはキリストが生きておられます。あなたの栄光はあなたが何をなしたかによっているのではなく、あなたがどのようなお方の中にいるのかにかかっているからです」と。

傷を負っている人も律法的な人も共に、さらに深いパラドックスに耳を傾けることが大切です。そのパラドックスとは、神の力は私たちの弱さのうちに現されるということです。傷を負っている人は、自ら提供できるものなど何もないと感じることでしょう。また律法的な人は自らの完全さこそが、自分の価値を現すものだと感じています。ところがその両方とも間違いです。

私たちは自分の傷を通して奉仕することができます。自らの傷つきやすさを通して他者を癒《い》やすのです。なぜならば、キリストはそのところで最も輝きを放たれるお方だからです。そのようにして人々が最も必要としているひとつのもの、すなわちイエスご自身を人々に差し出すことができるのです。ヘンリ・ナウエンは次のように書いています。

問うべきことは、どれだけの人があなたを重要な人物として見ていますか、ではない。また、どれだけのことを達成しようとしていますか、でもない。あるいはまた、どれだけの結果を出せるか、でもない。問うべきことは、あなたはイエスと愛の関係にありますか、なのだ。この孤独と絶望が支配する世の中にあって、神の心を知る男性と女性が大いに求められている。その心とは、赦す心であり、ケアする心であり、出向いていって癒《い》やそうと願う心なのである。(13)

私はケアリーと、神の力は弱さの内に働くのであり、「完全さ」(これは勘違いであり、惑わしでもあります)に働くものではない(Ⅱコリント12・9)という真理を分かち合いました。人々はケアリーの知っているイエスを知りたい、そのお方を経験したいと願っているのだと伝えながら、彼を励ましました。

このイエスこそ、ケアリーがそのお方の好意を獲得するために頑張ることをやめて、ただその好意を受け入れたときに見出したお方なのです。

友人であり同僚のパトリック・セルは私が教えているフレンド大学における学内伝道の責任者です。パトリックは視聴覚教材をもって物事の真理を伝える大家です。私たちの抱える傷や弱さがどのように他者に仕えることになるのかというパラドックスを説明するために、パトリックは段ボール箱を用意し、そして学生たちに「これを叩《たた》きつぶしてくれ」と頼みました。

学生たちは拳《こぶし》を叩きつけ、穴を開け、蹴り飛ばしたりして、箱も引きちぎられた状態になりました。そうしたうえで学生全員の目の前にあるテーブルに、その段ボール箱を置いたのです。そして箱の下には電灯をセットしました。部屋の明かりを暗くし、箱の中の電灯のスイッチを入れました。パトリックはもうことばを発する必要はありませんでした。そこにいたすべての学生が理解したからです。イエスの光は私たちの傷を通してはっきりと輝いているからです。

私たちにあるものを差し出す――私たちの内に宿るキリスト

新約聖書は私たちが誰《だれ》であり、誰のものとされているかを語りながらクリスチャン生活を説き明かしていきます。そして、そのようにして説かれたアイデンティティーにふさわしい仕方で生きるようにと私たちを励ますのです。ケアリーはこのことを理解することができました。そしてその理解に即して人生も変えられていったのです。

そのような中でケアリーが特に奮闘したのが情欲の分野における戦いでした。そのために私はケアリーとその誘惑について、そうした誘惑がどこから来て、どのように対処したらよいのかについて、もっと具体的に話しました。そして、私たちに絶えずつきまとってくる他のいかなる罪についても、情欲に対するのと同じ対処の仕方が有効なのです。

このシリーズの第二巻目、『素晴らしく美しいいのち（*The Good and Beautiful Life*）』〔邦訳未刊〕では、特に怒り・情欲・嘘《うそ》・貪欲《どんよく》・思い煩いのような戦いを取り上げていきます。しかし、そうした悪習慣がどのようなものであったとしても、キリストにある私たちのアイデンティティーこそが、そうした悪習慣に立ち向かう基盤となります。このことを理解するには時間がかかるかもしれません。なぜなら、昔からの物語はそう簡単には変わらないからです。

最もよい対処法は、キリストにある私たちのアイデンティティーという真理の中にどっぷりと浸り続けながら、そうした真理を深める霊的訓練を受けつつ、その真理を互いに確認し合える共同体の一員となることなのです。

あれから数年後、再びケアリーが訪ねてきました。話の間中、その顔から笑《え》みが絶えることはありませんでした。そして彼は次のように話したのです。「私がやっと理解できたのは、ちょうど出張に出かけようとしていた日だったと思います。そうしたときはいつも神経質になっていて、『主よ、もうあなたを失望させたくはありません』と祈っていました。

でも今回は、まったく不安がありませんでした。ホテルの部屋に来たときに、テレビのところに行ってキャビネットの戸を閉め、そして微笑《ほほえ》みながら、『私は自分が何者であるかを知っています。私は神の子です。私は神の豊かさにあずかっている者です』と自分に語りかけました。テレビのスイッチをつけるという誘惑を感じませんでした。ニュースさえ見ようともしませんでした。

自慢しているのではありません。あなたが教えてくださったように、そうした罪が残っていることは知っています。でもその罪はもはや私を支配していないのです。テレビを見ないことで得た時間で、私は本を読み、休息を取りました。罪を犯すこともできましたし、そうする私をも引き続き神は愛してくださることも知っていました。でも私は罪を犯したくなかったのです。このとき、こうしたことが私の身にしっかりと根づいたことを知ったのです。こんなに簡単に身に着くとは思いもよりませんでした」

さらにケアリーは続けました。「そして最もよかったこと、それは私自身の経験を幾人かの人に分かち合う勇気を持つことができたことです。最初は裁かれるのではないかと恐れていました。でもそんなことはありませんでした。逆に、多くの人が助けを求めて、私のところにやって来たのです。

その後まもなく、情欲の問題で苦闘している男性のためにアカウンタビリティー・グループを始めました。お互いに励まし合うために、週に一回のペースで集まっています。その集会で、自分たちが何者であるかということを、お互いに想い起こすようにしています。そうした中で人々のうちに見られる変化には劇的なものがあります」

神は人々の名前を変える働きをしておられます。アブラムをアブラハムに。サウロをパウロに。そしてあなたや私の名前を、罪人から聖徒へ、孤独の中に閉じ込められていた者から、キリストが宿る者へと変えてくださるお方が神なのです。神は壊れた私たちを、ご自身の恵みによって癒《い》やしてくださいます。そして、私たちの内に働く神の恵みが最も鮮やかに現れるそのところで、神はそうした私たちを用いて、他の人々にご自身の恵みを届けようとなさるのです。

魂を鍛えるエクササイズ――ひとりになること

第8章の主な目的は、自分自身がどのような者なのかということを理解する助けを提供することにあります。クリスチャンとはキリストが内に宿ってくださっている存在です。しかし私たちは、「私はとてもよい者である」、「私は本当に悪い者である」、あるいは「私は美しい」とか、「私は太っている」というような、偽りでありながらも私たちの中核を形成する物語を基盤としながら自らに対する感覚を形作ってきました。ですので、クリスチャンとはキリストが内に宿ってくださっている存在なのだという、この中核を形成する新しい物語を経験するのに役立つ活動を私たちの生活の中に取り入れる必要があります。その活動とはひとりになることです。

ひとりになるとは、他の人たちから離れて時間を過ごすということです。普通、ひとりになるということは、たまたま私たちの周囲に誰《だれ》もいなくなることによって経験できることですが、ここで取り上げているひとりになることはそのようなものではありません。ひとりになることを効果的に行うためには、意図して、神と私たちとの時間を持つようにします。こうして神は私が何者であるかというアイデンティティーの領域に力強く働きかけることがおできになるのです。ダラス・ウィラードは次のように述べています。

ひとりになり、沈黙に入り始めると、私たちは神に要求することをやめるようになります。神が神であられ、私たちが神のものであることでもう十分満足を経験するからなのです。私たちに魂があることに気づき、神がここにおられ、この世界が、「私の父の家」であることを知るようになります。こうした神の知識が、宗教的な人々をも含む、ほとんどの人々を突き動かしている猛烈な忙しさと自分をことさらに重要視することから、次第に私たちを解放していくのです。(14)

ある期間、人々から離れるときに、そこには感動させなければならない人も、私に向かってとやかく意見をいう人もいません。理想的な暮らしや落ちぶれた暮らしのイメージすらもないのです。ここで例を挙げてみましょう。ここ数年、半日の間ひとりになり、休息を取り、祈りのときを持つために、時折、近くのリトリート施設に行くことがありました。その施設の机の上に、次のような文字が書いてありました。

人里離れたこの場所へようこそ。
どうぞ遠慮なく仮面をお取りください。

そこには私以外に誰《だれ》もいませんから、私は自分自身でいることができました。能力があるように、あるいは面白く、また賢そうに振る舞う必要はありません。自分自身と向き合った後で、神と出会うのです。そして、この世界ではなく、友人や家族でもなく、神が私のアイデンティティーを形成し始めてくださるのです。

外交的な人へのことば

私たちの中には疑いもなく、ひとりになることに不安を覚える人もいます。すでにお話しした、私の友人であり同僚であるパトリック・セルは私に、「ここ何年かのうちにあなたが教えてくれたすべてのエクササイズの中で、ひとりになるというエクササイズほど、私にとって難しいものはありませんでした」と話してくれました。

パトリックは外交的な人で、人といることが好きで、逆にひとりになるのは苦手なタイプです。また心があちこち行って定まらないという、極度の注意力散漫な傾向があることに自ら悩んでいました。少なくとも人と一緒にいたり、あるいはプロジェクトに取り組んでいるときなどは、彼の心は定まっていますが、ひとりになった途端、心はコントロールを失ってしまうのです。私はここ何年かのうちに、パトリックのような人のほうが多数派であることを学びました。

ひとりになることで大きな平安や慰めを見出すような内向的な人は、一時間でも二時間でもひとりでいることを喜びとします。私が教えていたクラスにいた女性などは、「一、二時間だけですって。私の場合は普通、神と向き合うためには五時間ひとりになる時間が必要だわ」といっていました。ひとりになるというエクササイズでは、おそらく性格のタイプや個々人の気質の違いが、他の霊的エクササイズよりも重要な役割を果たします。

これは外交的な人はひとりになるエクササイズを避けようとしても構わないということを意味しているのではありません。むしろその逆です。それぞれひとりになるためのアプローチの仕方を変えればよいのです。

もしあなたがパトリックのような外交的なタイプの人ならば、開始時点では緩やかに始めるべきです。一度に五分から十分間くらいのエクササイズから始めてみます。美味《おい》しい飲み物を注いだカップを片手に、椅子《いす》に座ってリラックスした態勢をとり、我慢できるところまでひとりでいるようにします。ひとりになっている間、音楽をかけても構いませんし、集中を保つために、洗濯・アイロンかけ・食器洗いなど、簡単な作業をしても結構です。

律法主義的になってはいけません。もし落ち着かなくなってきたならば、感謝の祈りを唱え、エクササイズに入る前にやっていたことに戻ってもよいのです。あくまでも目的は、どのようにしたら、あなたが神とともに時間を過ごしやすくなるかを学び取る手助けをすることにあるからです。

キリストにあるアイデンティティー

ひとりになるというエクササイズをするときに、以下のキリストにある私たちのアイデンティティーを記す聖句を読むこともよいかもしれません。[15]一つの聖句をゆっくりと読み、数分間、そこに書かれていることばの意味を思い巡らしてみましょう。急いではいけません。何かをやり遂げようと考えないでください。むしろあなた自身の本当のアイデンティティーにかかわる聖書の真理に思いを留めるようにするのです。そうすれば、あなた自身の考えをまとめることができますし、またこの章で学んできた事柄をさらに深めることもできるでしょう。

●私は神の子どもです――「しかし、この方を受け入れた人々、すなわち、その名を信じた人々には、神の子どもとされる特権をお与えになった」(ヨハネ1・12)

●私は義とされ、神との間に平和をいただく者とされています――「ですから、信仰によって義と認められた私たちは、私たちの主イエス・キリストによって、神との平和を持っています」(ローマ5・1)

●私は裁きから自由にされた者です――「こういうわけで、今は、キリスト・イエスにある者が罪に定められることは決してありません」(ローマ8・1)

●私はイエスとともに生きています――「あなたがたは罪によって、また肉の割礼がなくて死んだ者であったのに、神は、そのようなあなたがたを、キリストとともに生かしてくださいました。それは、私たちのすべての罪を赦し」(コロサイ2・13)

●私は神の愛から離されることはありません――「私はこう確信しています。死も、いのちも、御使いも、権威ある者も、今あるものも、後に来るものも、力ある者も、高さも、深さも、そのほかのどんな被造物も、私たちの主キリスト・イエスにある神の愛から、私たちを引き離すことはできません」（ローマ８・38―39）

●私は天においてキリストとともに座する者とされています――「しかし、あわれみ豊かな神は、私たちを愛してくださったその大きな愛のゆえに、……キリスト・イエスにおいて、共によみがえらせ、ともに天の所にすわらせてくださいました」（エペソ２・４、６）

●私は聖霊に属する者であり、肉に属する者ではありません――「けれども、もし神の御霊があなたがたのうちに住んでおられるなら、あなたがたは肉の中にではなく、御霊の中にいるのです。キリストの御霊を持たない人は、キリストのものではありません」（ローマ８・９）

●イエスは私のいのちです――「私たちのいのちであるキリストが現れると、そのときあなたがたも、キリストとともに、栄光のうちに現れます」（コロサイ３・４）

●私はキリストに似た者へと造り変えられていきます――「私たちはみな、顔のおおいを取りのけられて、鏡のように主の栄光を反映させながら、栄光から栄光へと、主と同じかたちに姿を変えられて行きます。これはまさに、御霊なる主の働きによるのです」（Ⅱコリント３・18）

振り返るために

このエクササイズにあなたひとりで取り組むか、あるいは他の人とともに取り組むかにかかわりなく、課題と取り組む中で経験したことを振る返るために、以下の質問に答えることは役に立つこ

とだと思います。いずれにしても、質問の答えを日記（デボーション・ノート）に書き記してみることはよい方法でしょう。そして小グループに集うようなときに、その日記を持参し、体験したことを小グループの仲間と分かち合うことは、あなたが課題と取り組む中で与えられた洞察を思い起こすうえで助けになるでしょう。

1　今週、エクササイズに取り組むことができましたか。そのエクササイズに取り組みながら、どんな感想を持ちましたか。

2　取り組んだエクササイズを通して、神について、あるいは自分自身について、あなたはどんなことを学ぶことができましたか。

3　ひとりになるというエクササイズをすると、「自分の着けている仮面を取る」ことや、単純に、神の御前に偽りのない自分自身でいるということができるようになっていきます。このことはあなたがこのエクササイズを通して経験したことをいい表していますか。そのことについて説明してみてください。

第9章　ピクルスの作り方

　ある晩、息子のジェイコブと私は、教会で行われるコンサートに行くことにしました。途中でコーヒーショップに立ち寄って、ジェイコブのためのソーダと、私のためにコーヒーを買おうと、早めに家を出たのです。ここ二、三か月の間、私は人生を存分に楽しむために生活のペースを落とすことの必要性について考え続けてきました。ですから、いつものように慌てて何かをするのではなく、息子と一つの経験を共有するために時間的余裕を持つことができたことを嬉《うれ》しく思ったことでした。

　それぞれの飲み物を手にして落ち着いて椅子《いす》に腰かけ、そのときを楽しんでいました。ところが、ジェイコブはソーダをごくごくと音を立てて飲み干し、そわそわし始めたと思ったら、典型的な思春期の若者がするように、いかにもじれったいといわんばかりの態度で、「ねえ、お父さん、早く行こうよ！」と訴えてきたのです。

　それに対して私は、「でも、十五分もあるんだよ」と答えました。

　すると息子は、「それなら、もっと別の所へ行こうよ」とせがんできたのです。

「何で、ここを動かなくちゃならないんだい。こうしてリラックスして、コーヒーを味わってたいんだから」というと、「いい加減にしてよ。こんなの、つまらないじゃないか」といってきたのです。

私は、アメリカ人に蔓延《まんえん》している、何でも急いでやってしまおうとする「せっかち病」とその背後にある原因について多くのことを考えてきました。せく気持ちとは、必ずしも外的状況によって生まれるものではなく、内面の姿勢から出てくるものなのです。退屈もせく気持ちの一つの徴候です。この問題を解決するためには、普通の考え方では受け入れられないかもしれませんが、自分のいる場所にちゃんといるということが必要なのです。

「じゃあ、こうしよう。きみが、この場所で今まで気づかなかったことを五つ発見したら、この場所から別の所に移動するというのはどうだい」と提案しました。実は、ジェイコブはこのコーヒーショプに何度も来たことのある常連だったのです。

「えっ、どういう意味?」とジェイコブが尋ねたので、「この部屋を見回してごらん。そう、壁や天井を見るんだ。今まで気にも留めなかったものを五つ、見つけ出すんだ」

するとジェイコブは天井を見上げ、日よけを指さしながら、「ええと、今まであの黄色いものには気づかなかったな」といいました。

「いいよ、その調子」と私がいい返すと、ジェイコブはさらに周囲を見回して、「あっ、向こうの壁にエプロンがピンで留めてあるよ。あれも今まで気づかなかった。おっ、それから反対側の壁には犬の絵が掛かっているよ」

「もう三つ発見した。あと二つだ」と私は励ましました。

「ううん、茶色の、あのランプも気づかなかったなぁ。それから、ええと、床。この床は灰色と黒のタイルでできているんだね。これも今まで気にも留めなかったよ」

それを受けて私は「五つ、全部見つけたね」といったのでした。

しかし、ここで驚くことが起こりました。すぐにそこから別の場所に移動する代わりに、ジェイコブは周囲を注意深く観察し続けたのです。不安そうだった表情は、今や穏やかになり、そればかりか好奇心に満ちた表情に変わっていました。たぶんこのことをゲーム感覚で行ったためかもしれませんし、あるいはそうではないかもしれません。でも実際のところジェイコブは、ずっと目と鼻の先にあったのに気づかずにいたものを発見したのです。

「よし、ジェイク。変な父親がいつもきみに何かを教えようとしていることはわかっているよね。このちょっとしたエクササイズのポイントはどこにあったと思う？」と私は尋ねました。

ほんの少し間を置いた後で彼は次のように答えました。「立ち止まって、この世界の特徴に気づくということ」。「素晴らしい！　でも、何でこれがそんなにも大それたことなんだろう？」と私は返しました。

それに対してジェイコブは、「そうだね。この世界には心を留めるべきことがたくさんあるからだと思う」と答えたのです。

なんて知恵に富んだ子どもでしょう！　私は息子のことを誇りに思いました。

「そのとおり」といって、さらに続けました。「ここ数か月でお父さんが学んできたことを教えるね。私たちが落ち着かなくなり、つい口から『つまらない』ということばが出てしまうとき、そこで実際に起こっていることは何かといえば、それは私たちが注意を払っていないということ、もっといえば、今このときを生きていないということなんだ。

　わかるかな。そして何でそうするかといえば、今このときは『つまらない』と思っているからなんだ。でも、そうじゃない！　今、きみが発見したように、もし立ち止まって、この世界の特徴を注意深く観察するならば、『つまらない』という感情はなくなるし、反対に人生を楽しむことが始まっていくんだよ」

「そうか、お父さん、わかったよ。じゃ、今から別の所に行ける？」

「はい、はい、わかりました」。このようにゆっくりではありますが、学び始めているのです。少なくとも、スタートを切ったといえるでしょう。

偽りの物語――マルタのやり方が最善である

　イエスは特に急ぐこと、忙しくすること、いらいらすることについて、多くのことを語っておられませんが、福音書の中に一つだけこれらの問題に直接かかわりのある物語が出てきます。それはマルタとマリヤ姉妹の物語です。二人は兄弟ラザロと一緒にベタニヤに住んでいました。福音書を見ると、イエスがその村を訪れるときにはこの兄弟姉妹の所に滞在されたようです。
ある日、イエスと弟子たちが夕食に招かれたときに、マルタはパニックに陥るということがありました。やることがありすぎる反面、それをするだけの十分な時間がなかったからです。そうです、これこそが「忙しさを作り出すレシピ」です。マルタの姉妹は夕食の準備を手伝う代わりに、イエスの足もとでその教えに聴き入ることのほうを選びました。それに対してマルタは、イエスに向かってマリヤのとった行動について問題提起をしたうえで、マリヤが手伝いをするようにたしなめてほしいと願うのです。

ところが、マルタは、いろいろともてなしのために気が落ち着かず、みもとに来て言った。「主よ。妹が私だけにおもてなしをさせているのを、何ともお思いにならないのでしょうか。私の手伝いをするように、妹におっしゃってください。」（ルカ10・40。傍点著者）

必要以上に一生懸命になること、忙しすぎること、何かに夢中になってしまうことは、現代社会に限られたことではありません。マルタは私たちが日々直面する同じジレンマに襲われていたのです。私たちはたくさんの仕事を引き受けすぎていないでしょうか。あるいはまた、不必要なことばかりを心配し、最も大切なことを見失ってはいないでしょうか。

急ぐ必要性

急ぐことといらいらすることは決して新しいものではありませんが、この時代、私たちは完全にそれらに牛耳られています。歴史において今以上に生産性・速さ・能率といったものに支配されている時代はありません。経済学者であり作家でもあるジェレミー・リフキン〔一九四六年―〕。ペンシルベニア大学上級講師〕は次の点を指摘しています。

アメリカ人はスピードに惚れた国民で、速くドライブし、速く食べ、速くセックスし、記録を破ることと時間を縮めることとしか考えない。われわれは生活を省略し、経験を圧縮し、思考を要約する。アメリカはメモとCMに埋もれた文化だ。ほかの文化では、急いては事をし損ずると考えられるとしても、われわれはスピードを敏活さと力と成功のしるしと信ずる。アメリカ人はいつもせかせかとせわしない。(1)（ジェレミー・リフキン『タイムウォーズ――時間意識の第四の革命』松田銑 訳〔早川書房、一九八九年〕七七頁）

私はリフキンの主張は正しいと考えています。私たちがますます速く行動する一方で、人生を楽しむ度合いが少なくなっているのです。

速いということは素晴らしいことに違いありません。インターネットの動きが速いことは好きですし、朝に家を出て、昼食の時間までにロサンゼルスに到着できることも素敵なことです。決して速さが問題なのではありません。速さを大いに好んでしまうことが問題なのです。むしろ私たちの性急さが人生の目をくらませて見えないようにしているのです。その結果、私たちの霊的生活は損なわれてきます。一生懸命になればなるほど、霊的に浅くなり、深い失望を経験します。それは決して、躍動感あふれる人生への秘訣《ひけつ》ではないのです。

再びジェレミー・リフキンを引用しましょう。リフキンは私たちの問題を次のように的確に指摘しています。

時間の節約を信条とする文化の中に住んでいながら、われわれがいよいよますますその貴重な時間の欠乏感にさいなまれているというのは、なんという皮肉だろう。……われわれは今、高能率を誇っているが、……自分自身のために使える時間は減り、おたがいのために使える時間はそれにもまして少なくなっている。……われわれは生活のペースを速めたが、その結果は、みんながいよいよせっかちになっただけだ。組織化を進めた結果、自発性と喜びを失ったに過ぎない。未来に働きかける手段は整ってきたが、現在を楽しみ、過去をふり返る余裕は少なくなった。……今日われわれは時間節約をめざす科学技術装置にとり囲まれていながら、実行できない計画と、果たせない約束と、守れない予定と締切りとに圧倒されている。(2)（ジェレミー・リフキン『タイムウォーズ――時間意識の第四の革命』松田銑 訳〔早川書房、一九八九年〕一二一―一二三頁）

どのようにして、こうした窮地に至ってしまったのでしょうか。

修道士と時計

時計は修道士によって発明されたものです[3]。どうやら修道士には退屈になるほど多くの時間がありました。修道士は祈りと労働の時間を規則正しく守るために時計を発明しました。六世紀に記された聖ベネディクト〔四八〇年頃―五四三年。イタリアのヌルシアの人〕の戒律には、「怠惰は魂の敵である。それゆえ共同体に属するすべての人は決められた時間に労働に従事し、それ以外の時間はレクチオ・ディヴィナに充てるようにしなければならない[4]」と書かれています。

ベネディクトによれば、魂を育てる二つの活動がありました。それは労働と祈りです。それら二つのものが魂を養うことに疑いの余地はありません。時計は修道士が日常の活動を規則正しく行うために役立っていたのです。修道士は毎日時計を見ては、労働と祈りのために定められた時間を確認し、それを知らせるために鐘を鳴らしました。

「怠惰は魂の敵である」という考えは修道院に普及していくことになります。修道士は、重労働は神に奉仕する道であると感じていました。彼らは熱心に働きましたが、同時に一日に四時間から五時間を読書と祈りに当てたのです。そうしたことはストレスを取り除くうえで大いに役立ちました。ところが二、三世紀をかけて徐々に変化が起こりました。そして二十世紀になると、もはやせっかち病が私たちの時代の一番の霊的病となっていくのです。

一三七〇年、公共時計がドイツのケルンに設置されました。そしてケルンは、一日の勤労時間と夜間外出禁止時間を制定する条例を最初に発布した市となりました。このようにして、時計によって刻まれる時間が「自然時間より優位[5]」に立ち始めたのです。自然時間は有機的です。それは光と闇、春夏秋冬、太陽と月が時間の経過を示します。一方、時計は人工的に時を計り、自然時間を秒・分・時間へと刻んでいくのです。

修道士が時計を発明したわけですが、私たちが急ぐことに支配されている責任を修道士に押しつけるわけにはいきません。テクノロジーに責任があるのです。機械の発明によって、仕事や生産に対してまったく新たな取り組み方が出てきたからです。機械は効率の手本となりました。

機械は壊れるときまで、絶え間なく、そしてたゆみなく動くものです。表向きには私たちがよりよい労働者となり、より生産性に富むようにと機械を開発したのですが、そこには想定外の結果がもたらされていきました。私たちは「機械を発明し、その機械をあたかも人生の手本としてしまった[6]」からです。

私たちは自らを、しなやかさと滑らかさを備え持ち、休息やレクリエーション（再創造）をしたり、また笑ったり学んだりする存在であるように意図された生命体として見る代わりに、そうした人間をもう一つの別な機械として理解するに至りました。

私が機械のようになればなるほど、よりよい存在となるのです。思い巡らすことや余暇を過ごすことは重要なことではなくなりました。フレデリック・ウィンズロー・テイラー〔一八五六―一九一五年。アメリカの技術者。科学的管理法の創始者〕は、この物語をさらに推し進めていきました。

二十世紀の最初の十年、テイラーはフィラデルフィアにあるミッドヴェール製鋼社の工場にストップウォッチを導入しました。製鋼所のオーナーの許可を得たテイラーは、すべての仕事を連続する幾つかの作業に分け、労働者がそれらの作業にかける時間を計りました。それからテイラーは、これらの作業をより効率的に行うための方法を探求したのです。これを彼は「システム」と呼びました。

労働者はシステムを嫌いましたが、しかし生産性は急上昇したのです。一九一一年にテイラーは、専門書『科学的管理法の諸原則（*The Principles of Scientific Management*）』を著し、その中で次のぞっとするようなことばを記しています。「過去においては、人間がすべてにおいて先行していたが、しかし未来においてはシステムが先行しなければならないのである(7)」

教会の中にすらある緊急という圧政

テイラーの未来予告は正しいものでした。明らかに「システム」が先行しています。躊躇《ちゅうちょ》することなしに生産性という「神」を拝み、その「神」への宥《なだ》めの供え物として私たち自身の健康を犠牲にしています。「『テイラー・システム』は工業生産の価値体系として、今も変わることなく存在しているのです(8)」

例えばある晩、ファーストフード店でドライブスルーを使う代わりに、自動車から降りて店内に入っていったとしましょう。なぜでしょうか。ドライブスルーの自動車の列がとても長かったからです。少しでも早くファーストフードを手にしたかったからです。食べ物が出てくるのを我慢して待ちながら、カウンターの奥にあるデジタル表示板に気づきました。そこには「平均所要時間四十五秒」とありました。

マネージャーは、少しでも急いで仕上げてほしいために、作業ラインに立つ一人ひとりの店員に向かって、大声を上げながら指示を出していました。なぜでしょうか。マネージャーの給与は平均所要時間にかかっているからです。そのファーストフード店は効率を上げるために最も力を発揮するフレデリック・テイラーの物語の上に成立しているのです。

ベンジャミン・フランクリン〔一七〇六―九〇年。アメリカの政治家・科学者・著述家〕の格言、「時は金なり」もまた、偽りの物語の一つでもあります。当たり前のことですが、時間はお金ではありません。フランクリンの格言の背後にある物語とは、価値は生産性によって決定づけられるというものです。その結果、私たちは、「緊急という圧政(9)」の下に生活することになりました。これによって、一度に一つ以上の物事を処理する（マルチタスキング〔多重タスク〕）という現代の強迫観念が生み出されているのです。

私たちが生み出した成果主義の世界において繰り返し唱えられるスローガンは、「あなたの価値はあなたが生み出した物が持つ価値と等しい」です。このことは、私たちが生み出す物が私たちの価値を決定づける。それゆえ多くを生み出せば、より大きな価値ある者と見なされる、という物語へと私たちを誘います。昨日行ったことはもう古びた話で、問題なのは今日、私たちが何をしているか、ということなのです。

最近私は、「オムニタスキング〔全能タスク〕」と呼ばれる新たな現象について書かれたものを読みました。一度に幾つもの仕事をこなす人は、一度に二つか三つ以上の仕事ができると信じている人で、ほとんど同時に**すべての**仕事をこなすのです。

私たちの教会にも、同じような問題が起こっています。多くのクリスチャンは教会から託されるたくさんの奉仕によってゆとりを失っています。僅かなひずみによって、時に「(システムに代わって) 教会が人間以上により重要である」というフレデリック・テイラーの物語のもとに動くことがあります。

私は、教会によって限度を超えて奉仕させられた結果、燃え尽きてしまった、何人もの献身的なクリスチャンの女性と男性を知っています。彼らは物事を上手に行うことができたので、教会の中のたくさんの委員会やプログラムに参加してほしいと求められました。そのためにとても忙しくなりすぎて、ついに倒れてしまったのです。

サタンは常に赤い悪魔やぞっとするような怪物や、あるいは性的欲望の対象というような姿で現れるのではありません。むしろ、時にサタンは、ただ「何を成し遂げたかによってその人の価値が決まる」というような偽りの物語を私たちの心に植えつけるのです。そして、ひとたびそうした物語がしっかりと植えつけられてしまうと、それを意識することなく破滅に向かって進んでいくことになります。

その物語はキリスト教と変わらないような響きを出すことができます。それが、気がつかないうちにうっかり心の中に取り入れてしまう理由なのです。自分たちはとてもうまくやっていると思い込むことさえ起こるかもしれません。

しかし、目が覚めて、私たちにとっていちばん大切なものである神との時間、家族との時間、また情緒的・身体的健康といったものを「達成」（あるいは教会の成功）という祭壇に捧げてしまったことをはっきりと理解する日が訪れるのです。そして私たちには、そうした驚くべき犠牲に見合うものなど何も残されてはいないのです。

ほとんどの偽りの物語と同様に、この物語にもある程度の真理が含まれています。確かに生産的であり、物事をうまく行うことはよいことです。聖書には勤勉に働くことを奨励することばが数多くあります。教会員になるときも、祈り・礼拝出席・献金・奉仕を通して教会に仕えることを誓約します。しかし、私たちが限度を超えて何かをするようにと神が招いておられないのは確かなことです。私たちが、成功や達成が自らの魂の幸い以上に重要であるという時代の支配的な物語に従って生きるときに、限度を超えてやりすぎてしまうのです。

本当に悪い預言者

一九六七年、未来学者たちが上院の小委員会で次のような発言をしました。科学技術の進歩のおかげで、一九八五年までにアメリカ人は一年のうち二十七週、そして一週間のうち二十二時間の労働時間になるでしょう[10]。平均的労働者は三十八歳で退職することになるでしょう！　その頃には私たちは、あり余るほどの時間を手にすることができると、未来学者は予言しました。

ところが現実は、一九七三年以来、アメリカではレジャーに費やす時間が三七パーセント減少しています。どのようにしたら未来学者の予言は達成されるのでしょうか。

時間を備蓄することができる人など誰《だれ》もいません。時間は使うことしかできないからです。時間を瓶詰めにして、後で取り出して使うことなど不可能なのです。科学技術のおかげで、私たちはある種の仕事を成し遂げるのに必要な時間を短縮することに成功しました。電子レンジのおかげで昔ながらのオーブンを使ってするよりもよほど早くじゃがいもを焼くことができるようになりました。

論文の編集も、コンピューターを使えばタイプライターで打ち直すよりもずっと早く仕上がります。電子メールによって瞬時にイギリスにいる友人と連絡を取り合うことが可能となりました。一方、いわゆる「カタツムリ便」ともいわれる普通の郵便では友人の所に届くまで数週間を要することでしょう。

では、備蓄したというのではなく、結果的に「余った」時間はどこに行ってしまったのでしょうか。私たちはそうした時間を別のことに使っています。こうした科学技術の進歩は物事をすぐに片づけることができるので、自分たちのスケジュールの中にさらにやるべきことを付け加えることができるという期待を膨張させたのです。

私たちは、人に後れを取らないため、あるいは人を追い越すために仕事量を増やしています。達成水準を引き上げることができないならば落ちこぼれることになるでしょうし、人と比べて生産性が低ければ、自分という人間の重要性が低いと感じさせられることになるのです。

どのように私たちの光を用いるか

偉大な詩人ジョン・ミルトンは私たちに、「どのようにして私の光を用いるか、ということを考えるとき」ということばを残しています。年を重ねたミルトンは、視力を失っていく中で、そうしたことばを書き残しています。自らの人生を振り返り、自分がどのように生きてきたのか、また自らの光というものがあった頃、自分はそれをどのように用いていたのか、を熟考したのです。私たちも今までどのように生きてきたかを振り返りましょう。平均して人は一生の間に次のように時間を使っています[11]。

- 信号待ちの時間として六か月間
- 用もないメールを開いて読む時間として八か月

●散らかった机の上で捜し物をすための時間として一年間
●不在である相手に電話をかけている時間として二年間
●会議のために三年間
●列に並んでいる時間として五年間

平均的アメリカ人が一日に費やす時間として次のようなものが挙げられます。

●通勤のための時間として四十五分間
●何かをしている途中で遮られる経験は七十三回
●広告宣伝を受け取る回数は六百回
●テレビを観るための時間として四時間

私たちが、トリプルカプチーノ〔通常より三倍濃いカプチーノ〕ができるまでに、フェレット〔いたちの仲間。ペットとして飼われる〕なみの集中力しか持ち合わせていないのは不思議ではありません。しかも「生産性」があるといいながら、これらすべてのことについて、私たちは何を示せばいいのでしょうか。健康に関連する問題はうなぎのぼりに増える一方で、家族で過ごす時間は減少傾向にあります。実は、就労している平均的親が自分の子どもと遊ぶ時間の二倍の時間をメールのやりとりをする時間として使っているのです[12]。

カール・オノレイ〔一九六七年―。カナダのジャーナリスト〕は『ゆっくり生活賛歌（*In Praise of Slowness*）』という優れた著作の中で、『就寝前の一分間物語[13]（*One-Minute Bedtime Stories*）』のことを、「時間のかかる子どもとかかわる親を助けるために、さまざまな作家が昔ながらのおとぎ話を六十秒にまとめあげたもの」と表現しています。

急いですることのできないもの

私たちの生活にとって最も重要な幾つかの側面は、決して急いですることはできません。私たちは急ぎながら愛することはできませんし、考えたり、食べたり、笑ったり、また祈ることも急いですることは不可能なのです。以前、「愛（LOVE）の綴《つづ》りを知っていますか。それはT-I-M-E〔時間〕と書くんですよ」と私に話してくれた人がいました。

私の子どもたちは、私と一緒に過ごす時間を他の何物よりも求めています。私の娘のホープは、自分のいちばん好きな日は家で安息日を守る日だ、といっています。とりでを作ったり、アイスクリームを食べたり、ゲームをしたりするからです。

私はギターを弾くのですが、私が何度も間違ったキーを弾いても、それにお構いなく娘はそれを聴くのが大好きです。一緒に料理も作ります。ファーストフードではありません。娘に私の時間を提供することによって、「私はあなたを愛しています。あなたは私にとって大切な人です」というメッセージを伝えているからです。

時間をかけることは、私たちの霊的生活にとって特に重要です。霊的生活において急いで済ませることのできることなど一つもありません。霊的生活にとって大切なことはすべて時間を要することばかりだからです。

私たちが急いでいるとき――そうした急いでいる状態は限度を超えて仕事を抱えることから来るものです――、思いやりや親切な気持ちを持ち合わせずに生きている自分を発見します。幸いにも神は、決して私たちを、リチャード・フォスターが好んで用いる表現を使えば、「熱にうなされ喘《あえ》ぐような呼吸で生きるような人生」へと招いてはおられないのです。

私たちが物事に必要以上にのめり込み、常に急いで生きているような状態にあると、自分自身が有能な者であり、神もそうした私たちのことを誇りに思っておられると感じているかもしれません。しかし神は、最も大切な一つのことから私たちを引き離すような、いっぱいいっぱいで余裕のない取り乱したような私たちの生活の実態をよくご存じなのです。

イエスの物語――マリヤが選んだよいほう

イエスが「熱にうなされ喘ぐような呼吸で生きる」私たちの状態について何を語ろうとしておられるかを知るために、もう一度、マルタとマリヤの物語に戻ることにしましょう。マルタがイエスに、手伝うことをしないマリヤをたしなめてほしいと求めたときに、イエスは優しくマルタを叱責《しっせき》されて次のようにいわれました。

「マルタ、マルタ。あなたは、いろいろなことを心配して、気を使っています。しかし、どうしても必要なことはわずかです。いや、一つだけです。マリヤはその良いほうを選んだのです。彼女からそれを取り上げてはいけません」（ルカ10・41―42。傍点著者）

　私は、イエスは優しくマルタを叱責されたといいましたが、その理由は、イエスが「マルタ、マルタ」と名前を二度繰り返して呼んでおられるからです。イエスがそうなさったのは、マルタが厳しい叱責など受ける必要はなかったからです。マルタはよかれと思ってしていました。マルタは客をもてなそうとしていたのですから。

　私たちの多くは、ペースを落とし、バランスを取り戻すために、自らの生活から悪いものを除く必要はありません。つまり、「どちらを選択すべきか。聖書通読？　それとも気晴らしのための薬物使用？」というような問いかけはありえません。私たちの選択とは、数多くのよい活動の中から選ばなければならないということなのです。

　端的にいって、私たちにはしたいことをすべて行うだけの十分な時間はありません。私たちの生活の中にたくさんのものを持ち込むならば、別の何かを捨てなければならないからです。残念ながら忙しい人というのは、しばしば自らの生活から最も重要な事柄、つまり人間関係、霊的実践、そしてセルフケアというもの（例えば、正しい食生活と適度な運動）を除外しています。

　イエスはマルタに、「どうしても必要なことはわずかです。いや、一つだけです」といわれました。その必要なただ一つのこととは、イエスに耳を傾けるということです。イエスは「必要なただ一つのこと」はイエスの命令に従うことだとはおっしゃいませんでした（もちろん、そのような場合もあるでしょう）。しかし最初にすべきこと、最も必要なこと、それはイエスの教えに耳を傾けるということなのです。

この世界は、この重要なことから私たちを引き離そうとします。マルタのしていたことはよいことでした。しかし、マリヤはよりよいほうを選んだのです。マリヤはその状況を観察し、その状況の中で最も大切なことは何かを判断しました。イエスがマリヤの家におられるとき、イエスとともにいることこそが、マリヤのなしうる最も大切なことだったのです。

覚えているでしょうか。ジョージ・ハーバートの詩を（一六八―一七〇頁）。魂は神に、「ああ、それでは私はあなたにお仕えします」と語ったのに対して、神は次のようにお答えになりました。「あなたはここにすわりなさい。そして、私の食事を味わいなさい」と。マルタは、奉仕の必要性に追い立てられ、そして取り乱していました。

奉仕それ自体は悪いものではありません。しかし常にそれが最善なものではないのです。あの日、あのとき、マリヤの選び取ることのできた最善のことは、イエスのひざもとに座り、聴き入ることでした。私たちの多くは、神に聴くことなしに神に仕えようとしています。もちろん、奉仕すべきときはあることでしょう。しかしイエスに聴くことは、常に優先すべきなのです。

イエスのリズム

イエスはバランスよく整えられた生活の最高の模範を私たちに与えてくださいます。福音書を読むとき、私たちは退いてひとりになっておられるイエスの姿を見出します（ルカの福音書だけでも九回出てきます）。イエスはいつも完璧《かんぺき》なリズム、ふさわしいテンポをもって自らの人生を生きておられました。仕事をたくさん抱えすぎて多忙になるようなことはなく、急いで何かをすることなどありませんでした。私は次にあるマルコの福音書の一節が大好きです。

さて、イエスは、朝早くまだ暗いうちに起きて、寂しい所へ出て行き、そこで祈っておられた。シモンとその仲間は、イエスを追ってきて、彼を見つけ、「みんながあなたを捜しております」と言った。イエスは彼らに言われた。「さあ、近くの別の村里へ行こう。そこにも福音を知らせよう。わたしは、そのために出てきたのだから。」こうしてイエスは、ガリラヤ全地にわたり、その会堂に行って、福音を告げ知らせ、悪霊を追い出された。（マルコ1・35―39）

静まることと行動することのバランスに注目してください。あるいは、ジョン・ウェスレーの「敬虔《けいけん》と憐《あわ》れみ」ということばに注意してみましょう。夜明け前にイエスは祈るために静かな場所へと出ていかれました。そこで天のお父さんと二人きりで時を過ごされたのです。

イエスがそこにおられないことを知った弟子たちは、特に自分たちの抱えていた仕事量のことを考えてパニックに陥りました。ペテロはイエスにいいました。「どこに行っておられたのですか」と。これに対してイエスは、「さあ、行きましょう」と答えられただけでした。そして躊躇《ちゅうちょ》することなく、イエスは人々を招く御国の福音を宣べ伝え、しるしと不思議をもって御力を示されたのです。どうでしょう、ここに完璧《かんぺき》なバランスを見ることができるでしょうか。イエスは休息をお取りになって、自らを回復されるとともに、働かれ、そして仕えられるのです。

イエスのアイデンティティーは、沈黙してひとりになられる時間、つまり天の父のみと時を共になさることによって深められていきました。これこそが、静まることと行動すること、休息と労働とのバランスを取る秘訣《ひけつ》だったのです。イエスはご自分がどのような者であるかをわきまえておられました。そして「キリストを内に宿す」私たちにとっても、そのリズムはイエスと同じであるべきなのです。

イエスの足もとにひざまずくように心を静め、休み、そして黙想する時を過ごすことによって、大急ぎでせわしく動き回る多忙な世界の中で知恵をもって行動する力をいただくのです。生活のペースを落とすことで、私たちは愛されているという聖霊の囁《ささや》きを聞き取ることができるようになります。そのようにして、私たちの内におられるキリストの栄光を現し始めるのです。私たちは、疲れ果て、落ち着きのないこの世界にあって、最も必要とされるような人に変えられていくのです。

急ぐことを情け容赦なく抹殺せよ

友人のジョン・オートバーグ〔一九五七年—。アメリカの牧師・著作家〕が牧会・伝道において新しく大変な役割を引き受けたとき、アドバイスを求めてダラス・ウィラードに電話をしました。ジョンはペンとノートを手にし、半ダースいやそれ以上の重要なアドバイスを一語も落とさず書き取ろうとしていました。

ダラスは次のように語り始めました。「あなたの生活から急ぐことを情け容赦なく抹殺しなさい」と。ジョンはそのことばを書き取りました。

「わかりました。では次のアドバイスは？」とジョンが尋ねると、「次なんてありません。今いったことをしなさい、ジョン、そうすればあなたはきっと大丈夫です」と。

ジョンが、新しい務めを果たすうえで必要なものをすべて持っていたことをダラスは知っていたのです。ジョンは、今まで私が出会った人の中で最も優秀で、堅い献身をもってキリストに従う人の一人です。聖書理解においても素晴らしいですし、神学と奉仕に関しての見識、そして何年にもわたる霊的形成の実践者であり、自らの導き手として聖霊とともに歩んでいます。

このようなジョンにとっては新しい洞察やテクニックは必要なかったのです。しかしそうしたジョンにとっても霊的生活における最強の敵、すなわち「せっかち病」に打ち勝つ必要がありました。なぜ私たちの生活から急ぐことを抹殺することが、それほど重大なのでしょうか。それは、私たちが急ぐことを抹殺するとき、初めて、私は今ここにいることができるからです。あるいはもっと明確にいえば、すべての栄光に包まれたこの今の瞬間にここにある私になるからです。私たちを取り囲むものに気づくようになります。静かな音を聞き、色彩を見、香りを嗅《か》ぐようになります。実際に顔にそよ風を感じることができるようになるのです。

要するに、「本来の自分が初めて姿を現」し、そして人生の豊かさを経験するのです。そしてその経験の中に、とりわけ神の御前に出る経験が含まれています。もし私たちがクリスチャンとして祝福された人生を送ろうと思うならば、たえず神と結ばれていることが必要です。ですから、急ぐということは祝福された人生とは無縁のものなのです。

急ぐことなく、素早く行動することは可能です。空港の端から端まで移動するのに十分しか時間がない場合、急ぐことなく素早く移動することはできます。急ぐこととは、「もし飛行機に乗り遅れたら、すべてが台なしになってしまう。もうこれで人生はおしまいだ！」というような、恐怖に根差した内的状態のことです。

しかし神とともに歩んでいるならば、次のように語ることを学ぶようになるでしょう。「もし飛行機に乗り遅れたとしても、私は大丈夫。神さまが共にいてくださるのだから。何とかなるさ。せいているのではなく、心は満たされている。でも、今はできるだけ速く歩いてみよう」

「急ぐこと」とは、とカール・ユング〔一八七五―一九六一年。スイスの心理学者・精神医学者〕は語っています。「それは悪魔の仕業ではなく、悪魔そのものである」[14]と。もし急ぐならば、私たちは人生を最大限に経験できなくなるし、また本当の自分自身や感情と触れ合うこともできなくなります。

さらにもっと大きなことは、神をも置き去りにしてしまうことになるのです。しかし私たちがのんびりするときに、自らを見出し、人生や神によって見出される経験をすることができます。生活のペースを落とすことを学ぶことを通して、次第に神のリズムへと導かれていきます。深みのある人生へと導いてくださる神の恵みの招きへの応答として、私たちの側で忙しさを抹殺するとき、こんどは聖霊がそうした私たちの傍らに来られ、力づけてくださるのです。

裏庭にある御国

ある日のこと、のんびりする努力をし、今ここにいる訓練をしていた私は、その日の午後の時間を使って、ヘンリー・デイヴィド・ソロー〔一八一七―六二年。アメリカの思想家・著作家〕の表現を使うならば、「ゆっくりと」過ごすことに決めました。その日は二月中旬としては季節外れの暖かさで、裏庭に出てアディロンダック・チェア〔ゆったりとしたアウトドア用の折りたたみ椅子〕に座りました。

もちろん木の葉っぱはとっくに落ちていましたが、そうした中で一つの低木が目をひきました。ふつうはそうした木に注目したり、また裏庭に出て過ごす時間など年間を通して数分あるかないかのような状態でした。しかし、そこにその木が植わっており、その木が私の注目を一身に集めたのです。

数分経った後、私はこの木に葉っぱがあること以外にも奇妙なことがあるのに気がつきました。それは、ぶどうのような小さな実をならせていたことです。なぜこの時期にこんなにたくさんの実をならせているのかと不思議に思い始めたのです。その午後は、何度か祈りの時間を過ごしていましたので、私は神に心を向けて次のように尋ねました。「神さま、なぜこの木にたくさんの実がなっているのでしょうか」と。

ちょうどそのとき、すずめくらいの大きさの小鳥がその木に飛んできて実をくちばしに挟むと、その近くの木に留まって、その実を食べ始めました。すると聖霊が次のように囁《ささや》かれたのです、「これがあの木にたくさんの実がなっている理由なのです」と。

それはちょうど山上の説教がわが家の裏庭で語られたような経験でした。「空の鳥を見なさい。種蒔きもせず、刈り入れもせず、倉に納めることもしません。けれども、あなたがたの天の父がこれを養っていてくださるのです」（マタイ6・26）。しかしその説教はそれで終わりませんでした。その後、聖霊は私に、その木にはどれくらいの数の実がなっているかを考えてみるようにと導かれたのです。何千という数でしょう。

さらにその鳥がいかに小さいか、手のひらに収まってしまうくらいの小ささであることを考えるようにと導かれました。説教のポイントは、神は小鳥の必要以上に食料を備えていてくださるということです。説教の適用は、私たちが素晴らしい、そして美しい神とともに生きるとき、私たちの必要を超えて満たされるということです。

それは私が聞き逃しそうになっていた力強い説教でした。「愚か」にも成果を目指す踏み車から降りて、一時間もの間、裏庭の真ん中に自らを置くことをしたので、その説教を聴くことができました。

ロビン・マイヤーズ〔一九五二年―。アメリカの牧師・平和活動家〕は次のように記しています。「目が開かれるときには、常に聖なる舞台が上演中であり、観客の前で芝居が披露されている。しかし多くの観客の目は覆われたままであって、それが見えないのである」[15]。私は、この聖なる舞台で演じられる芝居を日々の生活の中で観ていたいのです。私は神が備えられたすべてのものを摑み損ねることなどしたくないからです。

この宝は、今、この瞬間にあって初めて見出しうるものです。リチャード・カールソン〔一九六一―二〇〇六年。アメリカの心理学者〕とジョセフ・ベイリー〔アメリカの心理療法士〕という二人の著述家が次のように説明しています。「人生は、経験することのできる今、この瞬間の、次、そして次へと起こる連続以外の何ものでもありません。あなたは常にこの瞬間に生きているのです。あなたはこの瞬間に居合わせていますか、それとも居合わせていませんか[16]」

私は今、この瞬間に、そこに居合わせていたいのです（「present（今、ここにいる）」ということばが贈り物を意味することばと同じであるということは皮肉なことではありませんか）。

ピクルスの作り方

霊的生活において成長するために生活のペースを落とすことが必要であるだけでなく、霊的成長そのものがゆっくりとしたプロセスを経るものだと理解することも大切なことです。ピクルス作りは、私たちが弟子としてどのように成長するのかを理解するうえでよいたとえとなります。

ピクルスを作るためには、まずはキュウリを手に入れなければなりません。次にそのキュウリを漬けておく塩と酢を溶かした水を用意します。塩と酢の入ったその水にキュウリを浸し、急いで取り出してしまえば、私たちが手にするのはあたかも洗礼を受けただけのキュウリにすぎません。ピクルスにするためには、六週間以上その水に漬けておかなければならないのです。ゆっくりと、そしていつの間にか、その塩と酢の入った水がキュウリに働きかけて、それをピクルスに作り変えていくのです。

ピクルスを作るには六週間かかりますが、イエスの弟子を育て上げるにはさらに多くの時間を要するのです。偉大な説教者グレアム・スクロギー〔一八七七―一九五八年。イギリスのバプテスト派の牧師・著作家〕は次のように書いています。「霊的刷新はゆっくりと時間のかかるプロセスである。いかなる成長も漸進的なのだ。より優れた生物はより長いプロセスを経て成長するものである」[17]

人間はキュウリよりも優れた生命体です。私たちの変革にはたくさんの要素が関係しています。私たちの心と感情と体とは相互にかかわり合っています。人間の魂はとてもゆっくりと変化する大きな塊をなす存在なのです。

私はＡ・Ｈ・ストロング〔一八三六―一九二一年。アメリカのバプテスト派の牧師・神学者〕によって語られた昔話が大好きです。

一人の生徒が自分の通う学校の校長先生に、あらかじめ定められている期間より短いコースを受講できるかどうかを尋ねたところ、校長先生は「いいですとも」といって、次のように続けました。「でも、それはあなたがどのような人になりたいかにかかっていますよ。神さまが樫の木をお作りになりたいのでしたら、百年おかけになることでしょう。でもカボチャをお作りになりたいのであれば、それは六か月でき上がります(18)」

ストロングは霊的成長について、それがゆっくりと進むことに加え、均一に進むのではないことについて、次のように説明を続けます。数年の間に非常に素晴らしい成長を経験するかもしれないし、ほんの少しの変化しか見出すことができないかもしれない。樫の木の場合、測定可能な成長についていうと、一年のうちたった二か月の期間に限ってのみ実際的な成長が起こるのであり、残りの十か月間は、成長した部分を堅くする期間なのだ、とストロングは語るのです。

一万時間ルール

『規定外の人々《アウトライナー》（*Outliners*）』の中でマルコム・グラッドウェル〔一九六三年―。カナダのジャーナリスト〕は、一般的基準の外側にいる並外れた人々のことについて自分自身の発見を語っています。ある人たちは生まれつき普通でない素晴らしい才能を持って生まれたように見えるにもかかわらず、グラッドウェルの研究は次ように結論づけるのです。

研究から浮かび上がってきたことは、どのような分野においても世界級の権威ある専門家のレベルに達するには、一万時間にもおよぶ訓練が求められているということでした。……作曲家、バスケットボール選手、チェスプレーヤー、名うての犯罪者等、次々と研究した結果、この一万時間という数字が繰り返し浮かび上がってきました。……真に熟練した者となるために脳が理解し獲得する必要のあるすべてのものを吸収するためには、これくらい膨大な時間を要するように思われるのです。[19]

グラッドウェルはモーツアルトを引き合いに出しています。ほとんどの人はモーツアルトが六歳で作曲していたことを知っています。しかしグラッドウェルは、モーツアルトが六歳で優れた音楽を作曲していたのではないことを指摘しています。モーツアルトの最初の優れた作品は十五年間にわたる懸命な努力の後に、二十一歳のときに生み出されたものでした。

そしてモーツアルトの最高の作品が現れるまでには二十代の終わりまで待たなければなりませんでした。音楽評論家のハロルド・ショーンバーグ〔一九一五―二〇〇三年。アメリカ人〕は実際にこの意味において、「モーツアルトは大器晩成だった！」[20]と語っているくらいです。

何かに熟練するためには多くの時間を要するものです。したがって、仮に誰《だれ》かが自分は並外れた者になりたいと思うならば、その訓練として一万時間を投資する必要があります。でもこれを聞いてがっかりしないでください！　私はただ、人が変えられていくプロセスを正しい視点から捉《とら》えられるようにするためにこのことをお伝えしているのです。

多くのクリスチャンは聖書の学びを始めたり、あるいは新たな祈りの生活に取り組み始めたならば、二、三か月のうちに劇的な変化が現れることを望んでいます。そしてほとんど変化が生じてこないことに気づくと、通常、人々は、何か間違ったことをしているのではないかとか、努力が足りないのではないかと感じ、意気消沈してしまうものです。

真実は次のとおりです。つまり変化を求めて取り組むことは何でも、それがほんの些細な一歩だとしても、そうしたもののすべては、私たちに何らかの影響をもたらすものなのだということなのです。この本を注意深く読みながら偽りの物語をイエスの物語に書き換える作業に取り組むことは、変化に向けて私たちが重要な歩みを踏み出していく助けとなることでしょう。

真摯に霊的エクササイズに取り組むとき、聖霊は私たちとともにおられ、魂を刷新してくださることを私は確信しています。しかし一夜にして大きな変化が起こることは決して期待してはならないのです。

例えば、二十五年以上もこうした物語の書き換えや霊的エクササイズに取り組んできた私自身も、いまだ発展途上の段階にいます。しかし年ごと、月ごとに、神と共なる生活に前向きな成長を見ることができます。自信を持ってください。変化はゆっくり進むものですが、同時に確実に変化は起こるものなのです。多くの読者の方にもこうした変化がすでに始まっています。

神はあなたの内によい働きを始めていて、そのことにあなたも気づいていることでしょう。これこそがキリストにある新しいいのちの始まりであることを確信してください。次の聖句に記されているように、あなたは、この本や他の本に信頼を寄せるのではなく、あなたの中で働いて、あなたの人生において計画を持っておられる、素晴らしく美しい神に信頼しなければならないのです。「あなたがたのうちに良い働きを始められた方は、キリスト・イエスの日が来るまでにそれを完成させてくださることを私は堅く信じているのです」（ピリピ1・6）

始まりにすぎない

この本はイエスが知っておられる神を、あなたが心から愛することができるように手助けするために書かれたものです。私たちは神を知り、神を愛することなしに、そのお方とのより深い交わりの生活に入ることなどできません。この章は第一巻であるこの本と、第二巻の『素晴らしく美しいいのち（*The Good and Beautiful Life*）』〔邦訳未刊〕を繋《つな》ぐちょうつがいの役目を担っています。

第二巻も、この本同様、物語の書き換えとその新しい物語を魂に深くに根づかせることを助ける霊的訓練という、今までと同じようなパターンで書かれています。そこでは、怒り・嘘《うそ》・情欲・思い煩いというような人間が陥りやすい失敗の分野を取り扱います。こうした事柄に対してイエスがお語りになることと、この世界で私たちが耳にする物語とは正反対なのです。

ひとたび神に関するイエスの物語に私たちが「漬け」られ始めたならば、私たちは自らの心と生活とをその物語に照らして吟味《ぎんみ》することができるのです。さあ、素晴らしく美しい神を知るに至った私たちは、素晴らしく美しいいのちへと招かれています。その招きに応じながら、私たちは生活のペースを落とし、イエスの物語を私たちの心と思いと魂とに深く浸透させなければならないのです。

魂を鍛えるエクササイズ――生活のペースを落とす

生活のペースを落とすこと、つまりのんびりすることこそ、魂の動き方そのものです。ロバート・バロン〔一九五九年―。アメリカのカトリックの聖職者・神学者〕は次のように語っています。「魂の最も奥底はの、ん、び、り、することを好んでいる。というのは魂が求めているのは何かを達成することではなく、むしろ味わうことだからだ。魂は慌てて次の場所に移動することよりも、そこでくつろぎ素晴らしいことを思い巡らしていたいのである[21]」

これが、今回あなたに与えられている課題です。生活のペースを落とし、味わい、休息を取り、思い巡らすことです。生活のペースを落とすということは、急ぐことを排除し、生活の中での要望や活動を抑制することを意味しています。すると私たちは人生をさらに喜び、生活の中に神を迎えられるようになるのです。

長い間、クリスチャンは神との親しさを深めるために、苦行（長期にわたる断食・自責）に取り組むことによって自己訓練をしてきました。私たちの現代文化においてはまったく違う方法が必要となっています。パーヴェル・エフドキーモフ〔一九〇一―七〇年。ロシアで生まれフランスで活躍した正教会の神学者〕はこの点について上手にいい表しています。

今日の戦いは今までと同じではありません。私たちはもはやさらなる痛みを必要とはしていないのです。毛衣・鎖・鞭打ちは私たちを無駄に傷つけるおそれがあります。今日、禁欲はさまざまな種類の依存症（スピード・音・アルコール、そしてあらゆる種類の刺激物）からの解放となるでしょう。禁欲とは必要不可欠な休息を取ることであり、定期的に静まって沈黙を守る時を過ごすという訓練です。そうしたことにより、この世界の喧騒《けんそう》のただ中にあっても、祈り黙想するために立ち止まるための力を回復することができるのです。[22]

現代の私たちの生活様式についてのエフドキーモフの分析は正しいと思います。私たちはスピードと刺激によって突き動かされています。ですから私たちにとって最も必要な訓練とは生活のペースを落とすこと、静まること、そして休息と黙想のための時間を確保することなのです。

生活の中に余白を持つことと生活のペースを落とすこと

私たちは生活の中にどのようにして余白を生み出すかについて知らなければ、生活のペースを落とすことなど不可能です（このことがこの本で「生活のペースを落とすこと」に取り組む前に、「余白を生み出すこと」が論じられている理由です）。私たちは、生活のペースを変えるためには、自らの仕事や活動を見直し整理することから始めなければなりません。

この「イエスの弟子シリーズ」の教材担当の同労者であるマット・ジョンソンは、生活の中に余白を生み出し、ペースを落とすことをした生きた手本です。数年間、マットは副牧師として成功を収めていました。あらゆる分野の賜物《たまもの》を持っているマットには、年々、より重い責任が任されてきました。

あるときマットは、この忙しさが自分自身の霊的生活に影響を与えていることに気づきました。妻との話し合いの後で、マットは主任牧師に仕事量を減らしてもらえるかどうか尋ねました。明らかにこのことは収入の減額を意味していましたが、彼のほうからそのように申し入れたのです。

そのようにして現在、マットは毎週月曜日と金曜日、イエスの足もとに座る時間を長く持つようにしています。私はあなたに友人として次のようにいうことができます。マットの中におられるキリストは、私や多くの人たちに対して大いなる祝福であると。

確かにマットは仕事の面から見たら「やり遂げる量」は少なくなったことでしょう。そして収入も減りました。しかし彼の魂は素晴らしい成長を遂げています。どちらのほうが重要なのか、ということなのです。マットこそ、犠牲にしたものと比べものにならないほど多くの収穫があったことをあなたに語ることのできる最初の人かもしれません。彼は正しい場所に立ち戻り、まさに生活のすべての領域にキリストを招きながら生活を営んでいるのです。

どのようにして生活のペースを落とす訓練をするのか

● 翌日の活動について考えてみましょう。次の活動に移るぎりぎりの時間まで待つのではなく、十分早めにその場に行くようにしましょう。ゆっくりと歩きましょう。ゆっくりと運転してみてください。通常よりもほんの少しでも早く目的地に着いたならば、その余った時間を使ってあなたの周囲にいる人たちや、そこにあるものに注目してみましょう。また呼吸を整えてみましょう。

●運転中、あるいは買い物のレジを待つときには、意図して最も遅いほうの列を選び並んでみましょう。幸運を祈ります！

●友だちや仲間と一緒の食事会を計画しましょう。ゆったりと料理をし、その作業や香りなどを楽しんでみてください。一、二時間かけてゆったりと食事をとりましょう。会話を楽しみ、食べ物の祝福を喜びましょう。

●今日のどこかで一時間を確保し、ナマケモノ（ナマケモノはとてもゆっくりと動きます。時に数センチ木登りするのに、十分も時間がかかる動物です）になってください。ゆったりと動きます。居間から台所に移動するにも五分間くらいかけてみてください。歩いて、そして立ち止まってみましょう。周囲に注意してみましょう。深呼吸してみましょう。今このとき、そこの場所にとどまるようにしてください。何をするにもわざとゆっくりと行ってください。

●どこか一日を「ナマケモノの日」にしましょう。ゆったりと時間をかけて朝食を食べられるように、少しだけ早起きします。出勤日である場合、（仕事中にこうしたことが許されるならば）ゆったり時間をかけてリズミカルに仕事をしてみましょう（素早く動くことが求められているような職場や仕事の場合、「急がずに」素早く動くようにしましょう）。

この日はテレビをはじめ、あらゆるメディアを見ないようにしましょう。そして時間をかけて、太陽が沈んでいく光景を見たり、ゆったりと時間をかけて歩いたり、公園で子どもが遊ぶのを眺めたりしてみましょう。夕方どこかの時間を使って、ペースを落とした生活とはどのような暮らしなのかについてあなた自身が考えたことをまとめてみましょう。

生活のスピードを落とすときに、あなた自身の内なるシステム（あなたの魂）が備えている通常のペースに混乱が生じ、さらに欲求不満の感情が生じることでしょう。例えば、のろのろと走る自動車の列に並んで運転するよう自らを強いるとき、胃に多少のむかつきを感じ始めたり、あるいは歯ぎしりするかもしれません。

あなたの体は次のように訴えるでしょう。「お願いだから、急いでくれ。アクセルを踏んで、さあ、頼むよ」と、今まで自分がやってきたとおりのことを要求したくなるのです。この内側の求めに死ぬ必要があります。でも心配するにはおよびません。あなたにはできます。今のところそれによって命を落とした人など一人もいませんから。

振り返るために

このエクササイズにあなたひとりで取り組むか、あるいは他の人とともに取り組むかにかかわりなく、課題と取り組む中で経験したことを振る返るために、以下の質問に答えることは役に立つこ

とだと思います。いずれにしても、質問の答えを日記（デボーション・ノート）に書き記してみることはよい方法でしょう。そして小グループに集うようなときに、その日記を持参し、体験したことを小グループの仲間と分かち合うことは、あなたが課題と取り組む中で与えられた洞察を思い起こすうえで助けになるでしょう。

1　今週、エクササイズに取り組むことができましたか。そのエクササイズに取り組みながら、どんな感想を持ちましたか。

2　取り組んだエクササイズを通して、神について、あるいは自分自身について、あなたはどんなことを学ぶことができましたか。

3　生活のペースを落とすということは、文化に逆行することです。あなたがこのエクササイズを通して直面したチャレンジについて説明してみてください。これからもペースを落とすことを生活の中に取り入れていこうと考えていますか。

付　録　小グループで話し合うときの手引き

二〇〇六年の秋、ジェームズ・ブライアン・スミスが試験的に行っていた講座に招かれて参加しました。この講座をスミスは「弟子講座（The Apprentice Class）」と呼んでいました。スミス博士のことは前から知っていました――教師として卓越した技術があり、霊的な人格形成について造詣が深い方です――が、私たちの生活と働きにこの講座がこれほどの影響を与えようとは、私たちのうちの誰も予想していませんでした。これは驚きでした。すぐに、私たちが奉仕している教会でも、これと同じことを教えようと動き出し、その成果はこれに劣らないほど大きなものでした。

このような中で、スミスが第1章で述べていることは真理であると私たちはわかりました。つまり霊的な人格形成においては、共同体が鍵《かぎ》となる要因であるということです。この真理は私たちによって実地に経験されました。私たちは小グループに分かれてこの本に取り組みました――すなわち、この本を読み、エクササイズを行い、それから経験したことを話し合ったのです。結果として、私たちの物語が深いところから癒《い》やされ、他の人々と個人的に繋《つな》がり合うという喜びを味わい、私たちの生活がキリストの生活に似たものへと造り変えられました。

こうした経験の中から、この話し合いの手引きは生み出されました。この手引きは、友達・家族・青年会・小グループ・教会学校・読書会で集まるときに役に立つでしょう。

一グループは二人から十二人の規模までありえます。私たちは一グループ五、六人が理想的な規模だと思いました。その規模の小グループであれば、この手引きの設問をそのまま読んで、自分の考えや答えを分かち合うことができます。ある小グループではリーダーを持ち回りにするとうまくいくでしょう。たとえば毎週、輪番でリーダーを交代します。十二人以上いる小グループでは、同じ一人の人をいつもリーダーと決めておくといちばんうまくいくでしょう。

毎回の会合は幾つもの部分に分かれています。これらの各部分は、その状況に合わせて最も都合のいいように、好きなように利用してください。これらの設問や部分は、自由に飛ばしても構いませんし、また同様に自分の設問を付け加えても構いません。さらに小グループで集まっているときに、この本の各章にちりばめられている設問を時間をかけて見てみたい、あるいは特に役に立った り話す価値のある点について話し合いたいと思うかもしれません。

小グループの規模にもよりますが、この話し合いの手引きに従えば、六十分から九十分の時間がかかるでしょう。各部分にどれくらいの時間がかかるのか見込みも示しておきました。もし小グループに六人以上の参加者がいれば、この小グループの時間は九十分かかると見込んでください。

もしこの本に取り組む小グループのリーダーに指名されたら、この手引きを出発点として用いて準備をしながら、自分自身の創意工夫に任せて変更を加えることもできます。または公式ホームページ（www.apprenticeofjesus.org）を検索して補助教材を探すこともできます。この教材によって、講座や話し合いのためにさらなる選択肢が増えます。このホームページでは、リーダー同士が交流して、より多くの資料を見つけることもできます。

この簡単な手引きが、聖霊の御手の中で道具として用いられ、あなたを導いて素晴らしく美しい神をより深く愛するようにしてくれることを願っています。

マシュー・ジョンソン
協力　クリストファー・ジェーソン・フォックス

第1章　あなたは何を探し求めているのですか

神に心を開く（五分）

最初に五分間沈黙し、それから短い祈りをする中で神がこの会話を導いてくださるようにお願いします。

なぜ五分間沈黙するのでしょうか。なぜなら騒音や気を散らせるもので満ちた世界で私たちは生活していているからです。こんな中では、先ほどの会話がまだ続いているにもかかわらず、次の会話に入ってしまうことが容易に起こります。こうしたいっさいのせわしなさの中にあっては、神の囁《ささや》くような声を聞き取るのは困難です。友人たちと集まって、自分たちの霊の旅路について語り合おうとするとき、私たちがしたいのは、自分の周りにいる人たちの生活の中で語られている神の声を聴くことです。少しでも静まるならば、聴こうという準備ができるでしょう。ですから集会のまず初めに、いくらか静まる時間を持つのは、一つのやり方です。

魂を鍛えるエクササイズ（一〇—一五分）

もし小グループに七人以上のメンバーがいるならば、三、四人の小グループに分けます。十分間を使って、眠るという魂を鍛えるエクササイズを経験したことから何を学んだかについて話し合ってください。皆が話し始められるために、次の質問について自分の考えを話してみましょう。

1　今週、眠るというエクササイズを実践することができましたか。もしできたならば、何をしたのか、またこのことについてどう感じたのか話してみましょう。

2　エクササイズを通して、神についてまたは自分自身について何か学んだことはありますか。

この章に取り組む（三〇—四五分）

この章の説明によれば、ほとんどの人は変わりたいと思っているのに、結局は失敗してしまうということです。その理由は人々が努力していないからではなく、適切な訓練をしていないからです。

［注意　毎週、話し合いを始める前に、質問に目を通してください。特に話し合いたい質問があったら何でも、しるしを付けてください。小グループの大きさや会話の流れによっては、これらすべての質問について話すことはできないかもしれません］

1　今までに、自分自身について何かを変えようとしたことはありますか。そのために、どのような手段を用いましたか。また自分を変えることについて、どのくらい成功しましたか。

2　この本の著者は人格の変革について図を示しています（三二〇頁）。この図は個人の物語、魂を鍛えるエクササイズ、共同体、聖霊によって構成されています。かつて自分を変革したとき、このうちのどれかの要素がその変革にあずかっていましたか。説明してください。

3　私たちの物語とは、私たちの生き方を形作るストーリーです。物語という概念をよりよく理解するために、自分にとって成功とは何を意味するのか、その意味を決定したストーリーを自分の人生の中から思い出してください。またそのストーリーについて、小グループで話し合ってみましょう。

4　多くの人々は、霊的な訓練を実践することによって神を喜ばせたいという気にさせられています（あるいはそうするように教えられてきました）。しかし実際には、こうした訓練は魂を変革するための手段なのです。この手段は、自分がすでに行っているエクササイズに対する取り組み方をどのように変えましたか。

5　霊的な旅路を歩む中で、小グループの人たちがあなたの心を弾ませ、励ましてくれたのはいつですか。

6　聖霊のお働きいついて述べている部分から（三七―四二頁）、聖霊についてどのような洞察を得ましたか。また自分の物語、魂の訓練、共同体についての考え方において、聖霊はどのような影響をお与えになっていますか。

みことばに取り組む（一〇―一五分）

［注意　毎週、時間をとって誰《だれ》かに聖書本文を大きな声で読んでもらいましょう。印刷された聖書が目の前にあったとしても、誰かが聖書を読むのを聴くことはいいことです］

ヨハネ1章38―39節を大きな声で読んでください。

1　イエスのおことばに耳を傾けましょう。自分が弟子になって質問をしていると想像してみてください。自分は何を求めているのでしょうか。

2　イエスが「来なさい。そうすればわかります。」とおっしゃったとき、どのような気持ちになりますか。

平安のうちに出ていく（五分）

最後に、小グループの中の一人に第1章から引用した次の文章を大きな声で読んでもらって終わりにします。

聖霊が私たちの中にある物語を十分に変えることで、私たちの考え方に変化が起こり始めます。その結果、善であり、愛に満ち、しかも強い力に満ちた神を信じ頼り始めるようになります。つまり、いかにしてイエスが、私たちにはとうてい不可能なほどに完璧な人生を歩まれて、私たちのためにご自分のいのちを父なる神に捧げられたのか、またそうすることによって神の愛と好意とを自力で獲得しようとする間違った歩み方から私たちを解放してくださったのかを理解し始めるのです。

特に主にある交わりの中で魂を鍛えるエクササイズに取り組むとき、私たちの中で、そしてその交わりの内に神が生きて働いておられるという確信が強められていきます。このことが内的な変化を造りだし、結果として外側の行動として明らかにされていくものなのです。

このようにして、空港で予約した便の遅延などの事態に直面するような場合、まずは深呼吸をし、次に自分がどのような者であるかを思い出すことができます。またクレーグのように、愛と喜び、平安、忍耐、親切をもって、直面した試練を乗り越えることができるようになるのです。(四三頁)

次週

次の章では、神の素晴らしさについて学びます。次週の魂を鍛えるエクササイズは、毎日五分間静まることと被造世界に注意を払うことです。

第2章　神は素晴らしいお方

神に心を開く（五分）

最初に五分間沈黙して、それから短く祈ります。

魂を鍛えるエクササイズ（一〇―一五分）

三、四人の小グループに分かれ、十分間を使って、魂を鍛える訓練を経験したことから何を学んだかについて話し合います。話を始めやすくするために、次の三つの質問を用いてもいいでしょう。

1　エクササイズを通して、神についてまたは自分自身について何か学んだことはありますか。
2　毎日五分間の静まる時間を見つけるのは難しかったですか。
3　自分の周りを取り囲んでいる被造世界により深く注意を払ったところ、どのようなことがはっきりとわかりましたか。

この章に取り組む（二〇―三〇分）

この章の主旨は、一般的に受け入れられている物語と格闘することにあります。その物語によれば、神とは怒る神であり、罪のゆえに私たちを懲らしめるお方です。しかしイエスがご存じでお示しになった神は素晴らしいお方であって、神には何も悪いことがないということでした。

1　著者がこの章で語っているように、著者が罪を犯したから、あるいは著者の妻が罪を犯したから娘マデリンは病気になったのだという友人と著者は対峙することになりました。この物語についてどう思いますか。

2　今までに、自分が罪を犯したために神から罰を受けているのだと感じたことはありますか。あるいは、そのようなことがあなたの身に降りかかっているのだという友人はいましたか。もしあるならば、その経験について語ってください。

3　著者の指摘によれば、「神は怒りっぽい裁判官のようなお方だから、私たちが罪を犯せば罰を受けるのです」という物語を多くの人が受け入れて生活しているということです。もしそうだとすると、この物語はどこから出てきたのでしょうか。「善を行う人のみが経験する祝福」という部分を読み直しましょう。聖アウグスティヌスには卓越した洞察があったので、罪を犯すから災いに遭うという「因果応報」の考え方から議論を移して、その代わりに、よいことをする人には「その人特有のよいこと」が与えられ、悪からは悪が帰結すると教えました。例えば、努めてよいことをする人には、悪いことをする人にはわからないような祝福があります。例えば、内なる満足感、ほかの人を助けたという快感、信頼感などです。時間が許すならば、自分が知っている人の中で、善良であったために「よいこと」をいただいた人の話をしてください。

みことばに取り組む（一五―三〇分）

ヨハネ9章を大きな声で読んでください。

1　傍観者として、何を見、聞き、感じましたか。
2　ヨハネ9章におけるイエスの行動を見ながら、イエスから何を学びますか。
3　パリサイ人、弟子たち、盲目に生まれついた人から、人間の性質について何を学びますか。
4　自分の生活のある部分において、神から罰を受けていると感じる部分はありますか。もしあるならば、自分をこの生まれながらの盲人であると想像してみてください。そしてイエスがお語りになったことばを、まるで自分自身に語られたように聴いてください。

平安のうちに出ていく（五―一〇分）

この章から引用した次の文章を、小グループの誰《だれ》かに読んでもらってください。それから黙ったまま座り、このことばに浸りながら集会の時間を閉じてください。

イエスは父なる神はよいお方だとお語りになりました。また、神は私たちのよい行いや悪い行いに基づいて目に見える報いや審判をお与えになるという考え方を認めることを拒否なさいました。雨は善人の上にも悪人の上にも降るのです。時として、私たちは（収穫のために）雨を祈り求めることがありますし、あるときは、（ピクニックのために）雨が降らないようにと祈ったりもします。望む望まないにかかわらず、善人にも悪人にも、雨が降るのです。

イエスは苦しみ・拒絶・疎外に直面なさいました。人々に嘲《あざけ》られ、神は本当にイエスとともにいてくださるのかと、人々から問われながら、十字架に架けられていったのです。そしてイエスは、神が共におられるとお信じになりました。私のために信じてくださったのです。

（七三頁）

次週

次の章では、神は信頼できることについて学びます。次週の魂を鍛えるエクササイズは、祝福を数えることです。

第3章　神は信頼できるお方

［注意　今週の学び会では、魂を鍛えるエクササイズの部分をこの章について話し合った後に行います］

神に心を開く（五分）

最初に五分間沈黙し、それから短く祈ります。

この章に取り組む（二五―四五分）

この章の説明によれば、イエスが神に信頼なさったのだから、私たちも神に信頼できるということです。イエスは苦難に遭われたときにすら、神に信頼なさいました。

1　今までに、チームを作り上げるというエクササイズをしたことがありますか。もしあるならば、その経験を小グループの人たちに説明してください。そのエクササイズで信頼関係は築けましたか。もしできたとしたら、「チームを信頼する」とはどのような感じでしたか。

2　神は信頼できるとこの本の著者は信じています。なぜならイエスが示してくださった神は、私たちを傷つけることはいっさいなさらないからです。神には悪意も悪い意図も決してありません。このことは、自分自身が定義している信頼に値することと比べてどうですか。

3　主の祈りにおいて私たちが見出す神とは、ここに臨在なさる、しみも傷もない、力に溢《あふ》れたお方であり、また必要を備え、赦し、守ってくださるお方です（九二―九五頁）。こうした神の諸側面の中で、どの側面が最も自分を慰めますか。またどの側面が、最も理解が難しいですか。

4　小グループに六人以上のメンバーがいるならば、三、四人の小グループに分かれて、次の質問について話し合います。［この会話と祈りとのために、一〇―一五分を充てます］

「杯」（一〇〇―一〇三頁）とは、私たちが神を信頼するのを困難にさせる、生活の中のある一側面です。

●自分自身の生活の中で、「杯」と呼べるものの名前を挙げられますか。その経験を通して、神についてまた自分自身について何を学びましたか。

●「イエスはご自分のお父さんに信頼なさいました。ですから私も、素晴らしいとわかっている神に信頼するのです」と著者は語っています。「すべてはうまくいっている」というように自分自身を「強制する」必要はないと知って、どのように感じますか。

●自分が悲劇のただ中にいようがいまいが、私たちの物語が神の物語と繋《つな》がっているのを見るのは驚きです（一〇四―一〇六頁）。この素晴らしい知らせは、自分のものの見方をどのように変え、また時間や力の用い方をどのように変えるでしょうか。

●もし打ち解けた雰囲気ならば、時間をかけてお互いのために祈り、神にお願いして神の物語を私たちの物語に繋《つな》げてもらいなさい。

魂を鍛えるエクササイズ（一〇―一五分）

この章が終わる辺りで、論点は私たちのいただいている祝福に移ります。もし小グループが十分に大きいならば、三、四人の新しい小グループに分けて、祝福を数えるという魂を鍛えるエクササイズから何を学んだかを話し合いましょう。祝福のリストを教え合う必要はありません。話を始めるために、次の質問を用いてもいいでしょう。

1　エクササイズを通して、神についてまたは自分自身について何か学んだことはありますか。
2　自分のリストにあるもので、自分を驚かせたものは何ですか。またなぜ驚かせたのですか。
3　皆のリストの中に何か似たものがありましたか。

みことばに取り組む（一〇―一五分）

マタイ26章36―44節を大きな声で読んでください。

1　この聖書本文で語られている出来事を思い描いてください。自分の内側で、この情景はどのような感情を掻き立てますか。
2　イエスの生涯におけるこのときの出来事は、神を信頼するというあなたの能力にどのような影響を与えますか。

平安のうちに出ていく（五分）

神についてのリストである六つの説明文（神はここに臨在しておられるお方です、神はしみも傷もないお方です、神は力に溢《あふ》れたお方です、神は備えてくださるお方です、神は赦してくださるお方です、神は守ってくださるお方です）を二、三人の人に読んでもらってください。ゆっくりと、一回に一つずつ読んでもらい、それから数分間静まります。静まった後に、このようにいって終わりにしてください。「信頼に足る神を確信して出ていきましょう」

次週

次の章では、神は気前がいいことについて学びます。次週の魂を鍛えるエクササイズは、詩篇23篇を生き、呼吸することです。楽しみましょう！

第4章　神は気前がいいお方

神に心を開く（五分）

第3章で述べられた神のご性質のリスト（神はここに臨在しておられるお方です、神はしみも傷もないお方です、神は力に溢《あふ》れたお方です、神は備えてくださるお方です、神は赦してくださるお方です、神は守ってくださるお方です）を、小グループの誰《だれ》かに通して読んでもらってください。
それから五分間沈黙し、最後に短くお祈りしてください。

魂を鍛えるエクササイズ（一〇—一五分）

三、四人の小グループに分かれて、詩篇23篇を生き呼吸するという魂を形成するためのエクササイズについて話し合ってください。次の振り返るための質問を用いて、会話に役立ててください。
1　今週、このエクササイズに取り組むことができましたか。もしできたならば、何をしたのか、またこのエクササイズについてどのように感じたのか説明してください。
2　エクササイズを通して、神についてまたは自分自身について何か学んだことはありますか。
3　あなたにとって、詩篇23篇の中で最も意味のある節または表現はどれですか。

この章に取り組む（二五—四五分）

この章の説明によれば、神の愛・好意・赦し（または受容）を私たちは勝ち取るのではないということです。神は気前がいいお方ですから、そうしたものをただで私たちに与えてくださいます。
1　この章で学んだ偽りの物語によれば、「愛と赦しは商品のようなもので、よい行いをすると、その出来栄えに応じて引き換えにもらえるものなのです。神に愛してもらうのも、受け入れてもらうのも、赦してもらうのも、それを受け取るのにふさわしい正しい生活を送ったご褒美としてもらうことになるのです。神が私たちに対して最も願っておられることは、私たちが罪を犯さず、その代わりに善をなすことです」（一二二頁）。自分と神との関係に対して、この物語はどのような影響を与えますか。

2　この本の著者によれば、「『罪には報いが伴う』ということと、『私たちが犯す罪のゆえに神は私たちを完全に拒絶される』ということの両者には、同じ意味合いはありません」（一二五頁）ということです。罪には報いが伴いますが、私たちに罪があるからといって、神が私たちを完全に拒絶なさることはないという考え方を、自分のことばでいい直したらどのようになるでしょうか。

3　聖書全体にまたがる物語の中には、恵みの神が啓示されています。ある種の小さな物語は、この大きな物語と矛盾するように見えるかもしれません。しかしこうした小さな物語は、本来ならばそのような愛を受けるに値しない者に無料で与えられる愛という観点に照らしてのみ解釈されるべきです（一二七頁）。こうした聖書の読み方は、自分の心にどのように響きますか。自分が聖書を読むとき、この読み方はどのように役立ちますか。またこの読み方は、どのような点で自分に不都合を感じさせますか。

4　私たちが確信しているように、神の愛は勝ち取るものではありません。また神が私たちに望んでおられるのは、ただ単純に神の愛を知ることです。この愛を知ると、自然と私たちもお返しに神を愛するようになります。もし神の愛は勝ち取るものではないというのが本当ならば、明日からあなたはどのようにしますか。また、なぜそのようにしますか。

5　A・W・トウザーは次のように書いています。「神のことを考えるとき、心に浮かぶことこそが、私たちについての最も重要な事柄なのです」（一四四頁）。小グループに六人以上のメンバーがいるならば、三、四人の小グループに分かれてください。それから、神について自分が考えるとき、まずどのようなことを思い浮かべるか、この小グループのメンバーに話してください。ここで考えたことは、自分の日常生活をどのように形作っているでしょうか。

みことばに取り組む（一五―二〇分）

マタイ20章1―15節を大きな声で読んでください。

1　もしこれが神について自分が知っている唯一の物語だとしたら、神についてどのような結論を下すでしょうか。

2　神の気前のよさをどのように経験したことがあるか、静かに熟考してみてください。さまざまな出来事や祝福が頭に思い浮かぶとき、自分の中で何かが変わるのに気づきましたか。

平安のうちに出ていく（五分）

次の文章を、小グループの誰《だれ》かに大きな声で読んでもらってください。物語が読まれるときに、その場面を想像するように努めてください。

今年の春のある朝、空港の出発ゲートのところに、赤ちゃんを抱いた若い夫婦がいました。赤ちゃんは夢中になってじろじろと周りの人を見ていたのですが、それが人の顔であるとわかるやいなや、若いか若くないかに関係なく、あるいはかわいいかそうでないか、つまらなそうにしているか幸せそうにしているか、あるいは心配そうな表情をしているかなど、そうした違いにはまったくお構いなしに、その子はこれ以上ないというような満面の笑《え》みで、その顔の持ち主に応えていました。

それはとても美しい光景でした。さえない色の出発ゲートはさしずめ天国の門となりました。相手をしてくれる大人なら誰とも遊ぶその子の姿を見て、まるでヤコブのように畏《おそ》れの思いで立ち尽くすような経験をさせられたのです。なぜなら、神が喜びをもって私たちの顔を覗《のぞ》き込み、ご自身が造られ、そして他の被造物の中にあって「よいもの」と呼んでくださった被造物をご覧になる……、まさにこのようにして神は私たちをご覧になっているのだということに気づかされたからです。神や、そして愛情を豊かに受けている赤ちゃんのみが、このような仕方で周囲を見ることができるのだということに、私は気づいたのです。(一四一―一四二頁)

平安のうちに出ていき、自分に対して神は気前がいいのだということを覚えて、喜んで生活しましょう。

次週

次の章では、徹底的な神の愛について学びます。次週の魂を鍛えるエクササイズは、レクチオ・ディヴィナです。レクチオ・ディヴィナについては、章の最後で説明します。次週、あなたはレクチオ・ディヴィナを何度もしたくなるかもしれません。

第5章　神は愛なるお方

神に心を開く（五分）

最初に五分間沈黙します。その最後に短い祈りを捧げます。

魂を鍛えるエクササイズ（一〇―一五分）

三、四人の小グループに分かれて、レクチオ・ディヴィナという魂を鍛えるエクササイズから何を学んだか話し合ってください。次の振り返るための質問を用いて、会話に役立ててください。

1　レクチオ・ディヴィナというエクササイズをすることができましたか。もしできたならば、何をして、それについてどのように感じたか説明してください。

2　エクササイズを通して、神についてまたは自分自身について何か学んだことはありますか。

この章に取り組む（二五―四五分）

この章の説明によれば、愛されるためには条件があるとほとんどの人が信じており、各人の行いに応じて愛が与えられると信じているとのことです。そのようなわけで、私たちがよいときにだけ、神は私たちを愛してくださるとほとんどの人が信じています。しかしイエスがお語りになった神は、無条件で愛してくださる神であり、罪人すらも愛してくださる神です。

1　この章で学んだ偽りの物語によれば、私たちがよいときにだけ、神は愛してくださるということです。著者が提示しているイメージによれば、神は回転椅子《いす》に腰掛けていて、私たちが「よい」ときには顔を向けてくれますが、私たちが「悪い」ときには、そっぽを向いてしまいます（一五二頁）。罪に対して神がどのように反応なさるかを説明するために、自分ならどのようなイメージを用いますか。

2　さまざま聖書箇所を参照しながら、神は罪人を愛しておられるという事実をこの章は明らかにしています。そのままの自分を神が愛してくださるとわかると、どのような気持ちになりますか。

3　ヨハネ3章16節にあるように、神は世を愛しておられます。これはつまり神がすべての人を愛しておられることを意味しています。その中には私たちの敵も含まれます。敵とは、私たちを傷つける人や、私たちをただいらいらさせる人です。自分が愛していない人も神が愛しておられるとわかると、どのような気持ちになりますか。愛するのが難しい人々（この中には自分自身も含まれる）の名前を挙げてみようと静かにじっくりと考えてしまうかもしれません。

小グループに六人以上のメンバーがいるならば、三、四人の小グループに分かれて、次の質問4と5について自分の意見を分かち合います。もし必要ならば、「放蕩《ほうとう》する父」（一六二―一六四頁）と「兄息子と私」（一六五―一六八頁）の部分を読み返してください。

4　放蕩《ほうとう》息子のたとえ話の中で、どちらの息子に親近感を感じますか。また父親に親近感を感じることはありますか。もしあるならば、どのような点においてですか。

5　著者は次のように書いています。「この自己義認が神を私たちから遠ざけるのではなく、私たちを神から遠ざけるのです。神から私を引き離すのは私の罪ではありません。私たちを神から遠ざけるのは、私自身や私以外の人々に対する神の恵みを私が拒絶するときに起こることなのです」（一六七頁）。この説明について、どのように感じますか。またどのような点で、自分の自己義認が自分を神から遠ざけますか。自分の生活の中にある自己義認に、どうしたら気づくことができますか。

6　もし三、四人の小グループに分かれているならば、もう一度大グループで集まって、誰《だれ》かに「愛（その三）」（一六八―一七〇頁）を大きな声でゆっくりと読んでもらい、ほかの皆が愛との遭遇を思い描けるようにしてください。

みことばに取り組む（一五―二〇分）

レクチオ・ディヴィナは小グループでもできます。左に印刷されている聖書箇所を本文として使ってください（マタイ9・12―13）。始める前に、誰が聖書を朗読するのか毎回決めてください。

●最初に聖書が読まれるときは、みことばが頭の中にしみ込むようにしてください。数分間沈黙してください。

●二回目に聖書が読まれるときは、神が強調しておられると思われることばに注意してください。二回目の朗読が終わったら、小グループの中の誰でも自分に語りかけてきたことばや語句を分かち合ってもいいです。しかしことさらに飾ってはいけません。

●聖書箇所の三回目を読んでください。今回は、そのことばの意味を神に解き明かしていただいてください。三―五分沈黙して、神と語ってください。沈黙した後、誰でも話したいと思う人は、その箇所を通して神が語ってくださったと感じるところを分かち合ってもいいです。

医者を必要とするのは丈夫な者ではなく、病人です。「わたしはあわれみは好むが、いけにえは好まない」とはどういう意味か、行って学んで来なさい。わたしは正しい人を招くためではなく、罪人を招くために来たのです。（マタイ9・12―13）

平安のうちに出ていく

平安のうちに出ていき、自分に対する神の愛を覚えて、喜んで生活しましょう。

次週

次の章では、神の聖さについて学びます。魂を鍛えるエクササイズは「余白」です。余白についてては、章の最後で詳しく説明します。余白についてては、再び集まって話し合う前に、まる一週間を使ってエクササイズに取り組みたいと思うでしょう。そこでこの章とその魂を鍛えるエクササイズの部分を早めに読むように計画しましょう。

第6章　神は聖なるお方

神に心を開く（五分）

最初に五分間沈黙します。その最後に短い祈りを捧げます。

魂を鍛えるエクササイズ（一〇―一五分）

三、四人の小グループに分かれて、余白という魂を鍛えるエクササイズから何を学んだか話し合ってください。次の振り返るための質問を用いて、会話に役立ててください。

1　今週はどうにかして余白を作り出すことができましたか。もしできたならば、何をして、それについてどのように感じたか説明してください。

2　自分の生活の中に余白を作ろうと努める中で、最も難しかったのは何ですか。また、最もやったかいのあったことは何ですか。

3　今後、余白を作るという訓練をどのように行おうと計画していますか。

4　エクササイズを通して、神についてまたは自分自身について何か学んだことはありますか。

この章に取り組む（二五―三五分）

この章の説明によれば、神は愛なるお方であり、また聖なるお方でもあります。神が罪に対してお怒りのなるのは、この愛と聖さとを表す行為だからです。

1　第6章には、偽りの物語が二つ出てきます。一つ目の物語によれば、私たちに対して神は常に怒っておられ、憤っておられるということです。二つ目の偽りの物語によれば、罪に対して神はまったく無頓着であり、まるで「テディベア」のようなものだということです。この二つの物語のうち、どちらのほうが自分にしっくりきますか。またそれはなぜですか。

2　ダラス・ウィラードによれば、愛するとは「他者の益のために意思を働かせること」（一九七頁）です。愛についてのこうした理解が、私たちの罪と接触すると、結果として神の怒りが現れる。なぜなら「神は、ご自分が大切にしている人々を破壊するような事柄に対して激しく、そして強く敵対するお方」（一九九頁）だからです。愛に満ちた神がどうしてお怒りになることができるのかを理解したい友人に、自分だったらどのように語りますか。

3　二〇〇―二〇一頁には、人間の怒りが神の怒りになぞらえられる例として、「飲酒運転に反対する母親の会」を著者は挙げています。ほかにもこのような人間の例が思い浮かびますか。

4　「愛は聖になることを愛する（love loves unto purity）」（二〇三頁）というジョージ・マクドナルドの素晴らしいことばが引用されました。私たちを損なうようなものはすべて私たちの生活から取り除きたいと神が願っておられると思うとき、あなたはどのように考え、どのような気持ちになりますか。

5　「神は私たちがなす選択を妨害するお方ではありません。人は自らの人生から神を締め出すことを選ぶことができます。こうして地獄の扉は内側から鍵《かぎ》をかけられてしまうのです」（二〇七頁）。このような地獄の見方は、自分自身の理解の仕方とどのように似ていますか、あるいはどのように異なっていますか。

6　この章は重要な要点を述べて締めくくられます。その要点とは、私たちが神の聖さを理解できるようになる前に、まず神の愛と赦しとに信頼しなければならないということです。この本の最初の五章では、神の愛と素晴らしさとを明らかにしています。神の聖さを理解するための準備として、先行するこれら五つの章からどのようなことを学びましたか。

みことばに取り組む（一五―二〇分）

ヘブル12章18―29節を大きな声で読んでください。

1　この箇所の冒頭では、シナイ山で結ばれた契約とイエスの血によって結ばれた契約とが比較されています。この箇所を通して、神の聖さについてどのような印象を受けますか。

2　この箇所は、一つの解釈の仕方によれば、自分の生活の中で「揺り動かされ」そして取り除くことができる部分を、神に敵対する部分として見なしなさいということです。他方、私たちが受け継ごうとしている王国は、揺り動かすことのできない神の王国、つまり「神が共におられる人生」です。今までの人生の中で、自分が揺り動かされ、そして最後に聖められたと感じた瞬間はありましたか。その状況の中で、神の御手が働いているのを目にしましたか。もし目にしたのならば、どのように働いていましたか。

3　聖めには痛みが伴うこともありますが、最後には神とのより深い親密な関係へと導いてくれることを知るならば、どのような気持ちになりますか。

平安のうちに出ていく（五分）

この章から引用した次の文章を、小グループの誰《だれ》かに読んでもらってください。それから黙ったまま座り、このことばに浸りながら集会を閉じてください。

神は私の罪を嫌っておられます。なぜなら、私のためを思っておられるからです。そして仮に私が罪を好むならば、神はそうした欲望に対抗して立ち上がってくださる、とマクドナルドは語ります。なぜならば、そうした欲望は私を破滅へと導くからです。それ以外のなにものでもありません。

確かに、私には罪についていい訳をしたり、自分の弱さを正当化する傾向があります。しかし神にとって、そうしたいい訳や正当化は、何の役にも立ちません。私たちは今、キリストによって和解させられたのですが、それにもかかわらず神は私の罪に対して無頓着なお方ではないのです。なぜなら、神は私を愛しておられるからです。罪というものは私を傷つけ、それゆえ神をも傷つけるものだからなのです。

神は、私にいやな思いをさせたり恥辱を味わわせたりしながら、私によい行動ができるようにさせるようなお方ではありません。またそのために神は恐れや罪責感を用いたりもなさいません。神が私のうちに変化を起こすときに用いられる方法とは最も崇高な仕方なのです。神の聖なる愛は私の生活にある罪の残りかすを焼き尽くすのです。これこそが真実な悔い改めに導く神の優しさなのです（ローマ2・4）。マクドナルドが「愛は聖になることを愛する」と語るのはそのような理由からなのです。（二〇四―二〇五頁）

神の愛はあなたが「聖となるまで」愛します。神はあなたの益を深く願っておられるのですから、安心して出ていきましょう。

次週

次の章では、ご自分を犠牲になさる神のご性質について学びます。次週の魂を鍛えるエクササイズはヨハネの福音書全体を読むことです。このエクササイズのためには、十分な時間が必要かもしれません（一―三時間）。この聖書箇所を、皆と一緒に声を出して読んだ小グループもあります。そのような選択肢も検討してみたいと思うかもしれません。

第7章　神はご自分を捧げるお方

神に心を開く（五分）

最初に五分間沈黙します。その最後に短い祈りを捧げます。

魂を鍛えるエクササイズ（一〇―一五分）

三、四人の小グループに分かれて、ヨハネの福音書を読むという経験について話し合いましょう。話を始めるために、次の質問を用いてもよいでしょう。

1　今までヨハネの福音書を読んでいたときには気がつかなかったけれども、今回気がついたことが何かありますか。

2　今週の聖書通読が自分に与えた影響を、どのように説明しますか。

3　もし時間が許すならば、数分間を使って過去の魂を鍛えるエクササイズを振り返ってください。今でも続けているエクササイズが何かありますか。そうしたエクササイズは、自分の生活にどのような影響を与え続けていますか。

この章に取り組む（二五―三五分）

この章の説明によれば、自己犠牲は神のご性質にとって必要不可欠の要素です。

1　この章の冒頭では、十字架が本当に必要だったのか著者の姉には確信がなかったという話が語られます。この章を読む以前に、イエスが十字架で死なれる必要があったことについて、どのように説明してきましたか。

2　二二三―二二八頁において、著者は『みことばの受肉について』によりつつ、アタナシオスと想像上の会話をしています。この部分を読み返して、本当に感激して読んだ箇所と疑問を感じた箇所とを分かち合いましょう。

3　神は喜びもお感じになれば痛みもお感じになる、という考えを著者は紹介しています。神は痛みをお感じになることについて、どのように感じますか。またなぜそのように感じますか。

4　「おそらく傷つきやすいとは実は本当の強さで」（二三二頁）す。このような考え方は、私たちの多くが抱いている文化の物語と衝突します。自分の生涯の中で、傷つきやすさによって強さを示している人に誰《だれ》か会ったことがありますか。

5　「天地万物の中心にはこうした一つの原理が働いています。それは自己犠牲が最も崇高な行為であるということです。一粒の麦は命を与えるために地に落ちて死ななければなりません。この宇宙は、それを造られた神の本質を映し出しています」（二三三頁）。この原則を示している被造物のほかの例を挙げることができますか。今まで、自己犠牲が神のご性質の一つだと考えたことはありましたか。神に対する自分自身の感じ方について、この説明はどのような影響を与えますか。

6　ブレナン・マニングの話（二三四―二三七頁）、特に私たちにイエスはこれ以上のことはできなかっただろうという理解に対して、どのように感じますか。

みことばに取り組む（一五―二五分）

次の聖書研究はレクチオ・ディヴィナの形式に沿っています。三五二―三五三頁にある聖書箇所を本文として用いてください（ピリピ2・6―11）。始める前に、誰が聖書を朗読するのか毎回決めてください。

●最初に聖書が読まれるときは、みことばが頭の中にしみ込むようにしてください。数分間沈黙してください。

●二回目に聖書が読まれるときは、神が強調しておられると思われることばに注意してください。二回目の朗読が終わったら、小グループの中の誰《だれ》でも自分に語りかけてきたことばや語句を分かち合ってもいいです。しかしことさらに飾ってはいけません。

●聖書箇所の三回目を読んでください。今回は、そのことばの意味を神に解き明かしていただいてください。三―五分沈黙して、神と語らってください。沈黙した後、誰でも話したいと思う人は、その箇所を通して神が語ってくださったと感じるところを分かち合ってもいいです。

キリストは神の御姿である方なのに、
　神のあり方を捨てられないとは考えず、
ご自分を無にして、
　仕える者の姿をとり、
　人間と同じようになられました。
人としての性質をもって現れ、
　自分を卑しくし、
　死にまで従い、
　実に十字架の死にまでも従われました。

それゆえ神は、この方を高く上げて、
　すべての名にまさる
　名をお与えになりました。
それは、イエスの御名によって、
　天にあるもの、地にあるもの、地の下にあるもののすべてが、

ひざをかがめ、
すべての口が、
「イエス・キリストは主である」と告白して、
父なる神がほめたたえられるためです。（ピリピ2・6―11）

平安のうちに出ていく（五分）

この章から引用した次の文章を、小グループの誰《だれ》かに読んでもらってください。それから黙ったまま数分間座り、このことばに浸りながら集会を閉じてください。

神の国の鍵となる原理とは、「神のみこころに委《ゆだ》ねれば決して失われず、それらは美しいものとなる」ということです。飼《か》い葉《ば》桶《おけ》と十字架が、この世が目にしたものの中で最も美しい二つのイメージであることは疑う余地がありません。何百万もの渦巻く銀河を創造なさった神が肉体をまとわれ、簡単に傷つけられてしまうような存在となることを選んでくださいました。つまり、そのようにして天が降りてきて、地に口づけをしてくださったのです。死ぬことのない神が十字架にかかられ自らを任せて死なれることを通して、全世界をご自分のもとに引き上げてくださったのです。（二四〇頁）

神はあなたをとても愛しておられるので、あなたのために傷つきやすいものとなってくださいました。この驚くほど素晴らしい知らせを携えて出ていきましょう。

次週

次の章では、どのようにして神は私たちを造り変えてくださるかについて学びます。次週の魂を鍛えるエクササイズは「孤独」です。このエクササイズに取り組むためには、スケジュールを調整する必要があるでしょう。自分の身の回りにいる人で、このエクササイズによって影響を受ける人には、いつ自分がこのエクササイズに取り組むつもりなのか知らせておきましょう。

第8章　神は造り変えるお方

神に心を開く（五分）

最初に五分間沈黙します。その最後に短い祈りを捧げます。

魂を鍛えるエクササイズ（一〇—一五分）

三、四人の小グループに分かれ、一〇—一五分間を使って孤独に取り組んだ経験を話し合いましょう。話を始めるために、次の振り返るための質問を用いてもよいでしょう。

1　最初に、自分の孤独の時間がどうであったかを分かち合いましょう。ある人にとっては、このエクササイズはとても英気を養わせるのですが、別な人にとってはこの訓練はとても難しく、欲求不満すら与えうるということを覚えておきましょう。

2　孤独の時間を過ごす目的の一つは、「仮面をはずして」そして神のご臨在の前に単純に本当の自分になるということです。これは力強いものの、込み入った考え方でもあるので、二七五頁を参照するのが助けになるかもしれません。そこに記されていることは、自分がこのエクササイズに取り組んだときの経験をいい表しているでしょうか。説明してください。

3　エクササイズを通して、神についてまたは自分自身について何か学んだことはありますか。

この章に取り組む（二五—四五分）

この章の説明によれば、キリストの復活は私たちを（キリストが内住なさる）新しい存在へと造り変えます。このことは私たちがクリスチャンとしてどのように生活するのか、力を与え導いてくれます。

1　この章の冒頭で、著者はケアリーという名前の友人の話をします。ケアリーは罪を犯したくないのですが、それでもまだ罪を犯し続けていました。罪を克服したいと苦闘しているケアリーに自分を重ね合わせることはできますか。過去に自分の人生において、罪の領域と取り組むためにどのようなことをしたことがありますか。その努力はどのような効果がありましたか。

2　次の文を大きな声で読んでください。「もはやキリストにあって罪に支配されてはいない。むしろ神と和解し、罪は打ち破られた」（二五二頁）。自分の日常生活において、この言明はどのような意味を持っていますか。

3　「クリスチャンとは、内にキリストが宿っておられる人のことなのです」（二五三頁）。小グループを作って、数分間沈黙してください。そのときに、キリストが自分の内に「内住している」と想像してみてください。沈黙した後、もし打ち解けた雰囲気ならば、この現実が自分たちにとってどのような意味があるのか分かち合いましょう。

4　「キリストが内住する」者として、私たちは律法の下にはいません。しかしすべてのものが私たちにとって「有益である」のではありません。私たちの選択はもはや、私たちが何者であるのかを定義しません。その代わりに、私たちが何者であるのかということに照らして、私たちの選択はなされます。自分の人生の中で、直近の二十四時間を振り返ってみてください。自分がした選択を思い出してみてください。「自分が何者であるのかを定義する」ために、どのような選択をしましたか。「自分が何者であるのかに照らして」どのような選択をしましたか。

自分が何者であるのかに照らしてより多くの選択をするならば、自分の一日はどのように違ってくるでしょうか。

5　驚くべきパラドックスを著者は教えています。「私たちは自分の傷を通して奉仕することができます。自らの傷つきやすさを通して他者を癒《い》やすのです。なぜならば、キリストはそのところで最も輝きを放たれるお方だからです」（二六九頁）。どのような点で、あなたは傷ついていますか。その傷を通して、キリストの光はどのように輝くことができるでしょうか。

みことばに取り組む（一五―二〇分）

ヨハネ15章1―5節を大きな声で読んでください。

1　「とどまる」ということばを著者は次のように定義しています。「『とどまる』とは、イエスさまを信じ、イエスさまにより頼むことを意味しています。イエスさまは私たちの外側にいるお方でも、また私たちを裁くお方でもなく、私たちの内にいて力づけてくださるお方なのです。こうしたキリストにあるアイデンティティー、そのお方のご臨在、さらに私たちの内側に働く力への意識が深まれば深まるほど、より自然な仕方でイエスさまにとどまるようになります。私たちは自分の物語を正し、霊的なエクササイズを行って真理に対する意識を深めなければなりません。最後に、もう一つお話しして終わりにしましょう。それはイエスさまのなさるやり方は難しくないということです。イエスさまが『わたしのくびきは負いやすく、わたしの荷は軽い』（マタイ11・30）とおっしゃったとおりです。よくあることですが、私たちはイエスさまがするように求めておられると思われることを、自らの力に頼って実行しようと努めるものです。……でも、それは不可能です。むしろ私たちを『強くしてくださる方によって、どんなことでもできる』（ピリピ4・13）という方法によって行っていくものなのです」（二六二―二六三頁）。著者の定義を基にしながら、キリストに「とどまる」とはどのような意味なのか、自分自身の定義を書いてください。もし打ち解けた雰囲気ならば、自分の定義を小グループで分かち合いましょう。

2　ヨハネ15章4―5節をもう一度読みましょう。もしあればですが、自分の生活の中で、キリストに「とどまる」ために役立つエクササイズを何かしていますか。

平安のうちに出ていく（五分）

集会を終えるに当たり、小グループの人たちと互いにこの素晴らしい知らせのことばをかけ合いましょう。「あなたは神の豊かさを宿すのです」

次週

次の章では、霊的な形成はゆっくりとしたプロセスを通って進むことを学びます。次週の魂を鍛えるエクササイズは「生活のペースを落とす」です。

第9章　ピクルスの作り方

神に心を開く（五分）

最初に五分間沈黙します。その最後に短い祈りを捧げます。

魂を鍛えるエクササイズ（一五―二〇分）

三、四人の小グループに分かれて、生活のペースを落とすという経験について話し合ってください。次の振り返るための質問を用いて、会話に役立ててください。

1　生活のペースを落とすというのは、今日の文化とは真っ向から衝突します。自分が直面した困難について説明してください。今後も引き続いて、生活のペースを落とすように努力を続けますか。

2　自分の生活において、自分はどの程度忙しいのか説明してください。自分の生活において、忙しさは自分と神との関係、また人との関係において、どのような影響を与えていますか。

3　エクササイズを通して、神についてまたは自分自身について何か学んだことはありますか。

この章に取り組む（二五—四〇分）

この章の説明によれば、本物で効力のあるクリスチャン生活を送るためには、生活のペースを落として、今のこの瞬間に気づく必要があります。

1　この章の最初の部分（二八四—二九五頁）で学んだように、時間に対する私たちの見方は「緊急という圧政」に従ってしまい、人間を、効率よく業務をこなすように設計された機械とすら見なしてしまいます。自分が職場にいるときの経験、また自分の業績とするように期待されていることについて話し合ってください。

2　著者が注意を促しているように、「私たちは急ぎながら愛することはできませんし、考えたり、食べたり、笑ったり、また祈ることも急いですることは不可能なのです」（二九七頁）。先週一週間を振り返って、急いですることができないにもかかわらず、急いでしようとしたことが何かありますか。いつ生活のペースを落とし、また生活のペースを落とすことによって祝福を経験しましたか。

3　「私たちの多くは、神に聴くことなしに神に仕えようとしています。もちろん、奉仕すべきときはあることでしょう。しかしイエスに聴くことは、常に優先すべきなのです」（三〇〇頁）。なぜ、神に聴くことなしに神に仕えようという誘惑に駆られるのだと思いますか。神について抱いている自分の古い物語は、自分が神の働きで忙しくしなければならないということについて、どのような影響を与えていますか。

4 著者はA・H・ストロングから、次のような例話を引いています。「一人の生徒が自分の通う学校の校長先生に、あらかじめ定められている期間より短いコースを受講できるかどうかを尋ねたところ、校長先生は『いいですとも』といって、次のように続けました。『でも、それはあなたがどのような人になりたいかにかかっていますよ。神さまが樫の木をお作りになりたいのでしたら、百年おかけになることでしょう。でもカボチャをお作りになりたいのであれば、それは六か月でき上がります』。ストロングは霊的成長について、それがゆっくりと進むことに加え、均一に進むのではないことについて、次のように説明を続けます。数年の間に非常に素晴らしい成長を経験するかもしれないし、ほんの少しの変化しか見出すことができないかもしれない。樫の木の場合、測定可能な成長についていうと、一年のうちたった二か月の期間に限ってのみ実際的な成長が起こるのであり、残りの十か月間は、成長した部分を堅くする期間なのだ、とストロングは語るのです」(三〇九頁)。昨年一年間の霊的な旅路を振り返るとき、いつ成長を経験し、いつそれをしっかりさせるのを経験しましたか。ここ最近の五年、十年についてはどうですか。

5 次の引用文を小グループの誰《だれ》かに大きな声で読んでもらって、この章に取り組む時間を閉じてください。

なぜ私たちの生活から急ぐことを抹殺することが、それほど重大なのでしょうか。それは、私たちが急ぐことを抹殺するとき、初めて、私は今ここにいることができるからです。あるいはもっと明確にいえば、すべての栄光に包まれたこの今の瞬間にここにある私になるからです。私たちを取り囲むものに気づくようになります。色彩を見、香りを嗅《か》ぐようになります。静かな音を聞き、実際に顔にそよ風を感じることができるようになるのです。

要するに、「本来の自分が初めて姿を現」し、そして人生の豊かさを経験するのです。そしてその経験の中に、とりわけ神の御前に出る経験が含まれています。もし私たちがクリスチャンとして祝福された人生を送ろうと思うならば、たえず神と結ばれていることが必要です。ですから、急ぐということは祝福された人生とは無縁のものなのです。(三〇三―三〇四頁)

みことばに取り組む(一五―二〇分)

ルカ10章38―42節を大きな声で読んでください。

1 マルタとマリヤを見るとき、二つのタイプの性格があると見たくなる誘惑によく駆られます。マルタは行動的でおせっかいな人で、マリヤは沈思黙考の人であると。しかし著者の洞察に基づくならば、二人の性格が問題なのではないとわかります。問題となるのは、あの特定の瞬間において二人が選んだ選択肢でした。マルタは仕えることを選びましたが、マリヤは聴くことを選びました。ふだん自分がイエスに聴くとき、どのような方法を用いていますか。

2　自分たちが小グループとして、イエスに聴き続けることをお互いに助け励ますためにできることを具体的に挙げなさい。

平安のうちに出ていく（一五—二〇分）

一五—二〇分を使って、小グループの人たちとこの旅路を共にした中から自分が何を得たか分かち合ってください。「ここ数週間この小グループはどれほど自分に祝福を与えてくれたでしょうか」

これからを期待して（一五分）

『エクササイズ——生活の中で神を知る』の学習はこれで終わります。しかしあなたの小グループには多くの選択肢があります。一つの選択肢は「イエスの弟子シリーズ」の次の本である『素晴らしく美しい生活』〔邦訳未刊〕を始めることです。この二冊の本は並行するように企画されています。『素晴らしく美しい生活』では、イエスの物語を学び、またイエスの物語に「漬かり」続けている人が、どのようにして怒り・情欲・嘘《うそ》・自己義認といったこととの葛藤《かっとう》から解放されていくのかを学びます。その本では、山上の説教を詳しく見ていきます。

もう一つの選択肢は、今の小グループのメンバーを組み直して新しい小グループを作り、友達も招いて一緒に『エクササイズ——生活の中で神を知る』に取り組むことです。この二番目の選択肢は、これらの物語に「漬かり」続けて、ますます深く神を愛するようになる素晴らしい方法です。

どの選択肢を選ぼうとも、小グループで集まる日にちを決めて、始めてください。

原注

第1章　あなたは何を探し求めているのでしょうか

（1）This story was told by Rick Reilly in his column, "Life of Reilly," in *Sports Illustrated*, February 12, 2007, p. 78.

（2）「霊的変革の三角形」という概念は、ダラス・ウィラードから借用し、修正を加えたもの。ダラスの三角形は、霊的訓練、日常の出来事、聖霊のみわざで構成されている。私の提唱する三角形は幾分異なるが、同じ要素を幾つか含んでいる。

（3）Fredric Jameson, *The Political Unconscious: Narrative as a Socially Symbolic Act* (Ithaca, N.Y.: Cornell University Press, 1981), quoted in Alan Parry and Robert E. Doan, *Story Re-Visions: Narrative Therapy in the Postmodern World* (New York: The Guilford Press, 1994), p. 24.

（4）Attributed to Barbara Hardy, quoted in Alasdair MacIntyre, *After Virtue: A Study in Moral Theory* (Notre Dame, Ind.: University of Notre Dame Press, 1981), quoted in Parry and Doan, *Story Re-Visions*, p. 3.

（5）カリスマ派、ペンテコステ派の兄弟姉妹は例外である。彼らは、私たちの生活における御霊の役割を思い出させてくれる。

（6）See Tom Smail's book *The Giving Gift: The Holy Spirit in Person* (Eugene, Ore.: Wipf & Stock, 1994), p. 13.

（7）Arch Hart, quoted in Siang-Yang Tan, *Rest* (Ann Arbor, Mich.: Servant Publications, 2000). All of the data in this paragraph and the next come from his chapter titled "Sleep," pp. 109-23.

（8）タン博士の著書からまとめ、修正した。タン博士は、Archibald Hart, *The Anxiety Cure* (Nashville: Word, 1999), pp. 204-6 からアイデアのリストを引用している。

第2章　神はよいお方

(1) Raymond Brown, *The Gospel According to John* I-XII, vol. 1 (New York: Doubleday, 1966), note on John 9:2-3.

(2) ジェリー・ファルウェルとパット・ロバートソンは事件直後にこの立場を取ることを表明したが、激しいバッシングを受けて、後日発言を撤回した。

(3) 米国人の信仰と宗教に対する意識についての調査。ベイラー宗教研究所がテンプルトン財団の資金提供によって実施。調査結果の発表は二〇〇七年春から始まった。

(4) イエスは、しっかり道徳的に生きていない人々が経験するような、差し迫った身体的な危害や死について語られているのではない。「ここでいわれている死は霊的なもので、身体的なものではない」（Earl D. Radmacher, ed., *Nelson's New Illustrated Bible Commentary* [Nashville: Thomas Nelson, 1999]）。つまり、人には死よりも恐ろしいことが起こりうるということである。それは神なしで生きることである。

(5) 新約聖書学者メリル・テニイはいう。「何らかの病気にかかるということは、その人の両親や祖父母が神に対して何らかの罪を犯したということである。人々はそのうえさらに、その人は、胎児の状態か、この世に存在する前の状態など、誕生する以前に罪を犯したのかもしれないと考えた。そのような思想は、ラビの文献に見られる」

(6) アダム・クラークはいう。「ほとんどのアジア諸国では、生まれ変わりの教義が信じられていた。……この世でどのような病気で苦しんでいるかによって、前世でどのような罪を犯したのかが正確にわかると公言されている」。他の例では、頭痛に苦しんでいる人は、「前世で父や母に不遜なことばを投げつけた」に違いないといわれる（Adam Clarke, *The New Testament of Our Lord and Saviour Jesus Christ*, vol. 1 [Nashville: Abingdon, 1911], p. 584）。

(7) Tenney and Longenecker, *John and Acts*.

(8) Augustine, quoted in James Walsh and P. G. Walsh, *Divine Providence and Human Suffering* (Wilmington, Del.: Michael

Glazier, 1985), p. 95.

(9) Ibid.

(10) Augustine *City of God* 20.2, quoted in ibid.〔邦訳としては、アウグスティヌス『神の国』（全五巻）服部英二郎他訳（岩波書店、一九八二–九一年）など〕

(11) Maureen Conroy, *Experiencing God's Tremendous Love: Entering into Relational Prayer* (Neptune, N.J.: Upper Room Spiritual Center, 1989), p. 23.

第3章　神は信頼できるお方

(1) 物語療法に携わる人々はこれを「物語の外面化」と呼んでいる。外面化によって、物語を自分から引き離して見ることが可能となる。さらに、物語には起源があり、歴史があり、それ自体の生命があることに気づくことができる。これが、偽りの物語を破壊するための重要な一歩となる。

(2) 「アバ」はアラム語である。新約聖書はギリシヤ語で記されているが、イエスの時代、ユダヤ人の公用語はアラム語だった。そのため聖書学者は、福音書記者がイエスが神をアバと呼んだと記しているということは、イエスは実際に「アバ」という語を使っていたに違いないと考えている。また、福音書記者が、ギリシヤ語で執筆していながら、あえてアラム語で書いたということは、イエスがアバという語を、そうせざるをえないほど印象的に使っていたということである。

(3) トマス・スメイルによれば、C・F・ムールとヨアヒム・エレミアスという二人の代表的な新約聖書学者は「双方とも、アバの最適な英訳は『親愛なる父』だということで一致している」(*The Forgotten Father* [1980; reprint, Eugene, Ore.: Wipf & Stock, 2001], p. 39)。

(4) C. F. D. Moule, quoted in ibid.

(5) Karl Barth, *Dogmatics in Outline* (London: SCM Press, 1949), p. 43, quoted in ibid., p. 58.〔邦訳としては、カール・バルト『教義学要綱』井上良雄 訳、（新教出版社、一九九三年）〕

（6） ユダヤ人の世界観では、天は何層かに分かれているとされる。少ない場合は三層、多い場合は七層と考えられている。天の第一の層は私たちを覆っている大気である。イエスがバプテスマをお受けになったとき、ステパノが石打ちにされたとき（使徒7章）、ペテロが幻を見たとき（同10章）、「天」が開けた。あるいは、より正確にいえば、彼らを覆っている目に見えない天の領域が見えるようになった、さらには聞こえるようになったのである。

（7） Richard Foster, *Celebration of Discipline* (San Francisco: HarperSanFrancisco, 1978), p. 125.

（8） Smail, *The Forgotten Father*, p. 37.

（9） この祈りは、*For the Sick and the Suffering*, comp. Thomas Hopko, trans. David Anderson (Syosset, N.Y.: Orthodox Chuch in America, 1983) から引用した。この祈りは、「大きな苦しみと痛みの中にある子どもの祈り」と呼ばれている（p. 31）。ホッジ神父（現在のポール・ホッジ師）も私も、その日その病院に行くことになるとは思っていなかった。ホッジ神父がその本を持っていたことは、私たちがその日経験した多くの神の摂理の中の一つである。

（10） この本では「メタ物語」という語を二つの意味で使っている。一つは、大きな物語、すなわち神が記している物語という意味である。もう一つは、「変化」を意味する接頭辞「メタ」から、変化をもたらす物語という意味である。

（11） George Buttrick, *Prayer* (New York: Abingdon-Cokesbury, 1942), quoted in Richard J. Foster and James Bryan Smith, *Devotional Classics* (San Francisco: HarperSanFrancisco, 1992), p. 101.

（12） Jan Dargatz, *10,000 Things to Praise God For* (Nashville: Thomas Nelson, 1993).

（13） David Crowder, *Praise Habit: Finding God in Sunsets and Sushi* (Colorado Springs: NavPress, 2004), pp. 13-14.

第4章　神は気前がいいお方

（1） Dallas Willard, *Renovation of the Heart* (Colorado Springs: NavPress, 2002), pp. 101-2.〔邦訳としては、ダラス・ウ

ィラード『心の刷新を求めて――キリストにある霊的形成の理解と実践』中村佐知、小島浩子 共訳〔あめんどう、二〇一〇年〕〕

（2）私が「ユニバーサリズム」を信じているわけではないことを、ぜひともはっきりさせておきたい。ユニバーサリズムとは、すべての人が救われ、天国に行くことができ、誰も地獄に落とされることはないとする考え方である。これは聖書の物語ではなく、人間的な考えによって作られた物語である。イエスは地獄について語っておられ、地獄がイエスの物語の一部をなしていたことは明らかなのである。

（3）二〇〇六年にウィロー・クリーク・コミュニティー教会で開催された指導者会談においてヘンリー・クラウドが話した講演「月曜日のために備える手順」の中に、このことばが出てきた。

（4）ある聖書注解によれば、「この箇所は、イエスの真の信者について語っている。彼らはユダヤ人であり、迫害を受けて、キリストによってそこから解放されている（はずの）ユダヤ教とその儀式に再び迎合するよう誘惑を受けていた」（Earl D. Radmacher, *Nelson's New Illustrated Bible Commentary* [Nashville: Thomas Nelson, 1999]）。

（5）多くの聖書学者は、イエスの教えについて理解する近道は、たとえ話について学び、黙想することだと考えている。たとえ話は、神と神の国について多くのことを教えてくれる簡潔な物語である。

（6）ヨセフス『ユダヤ戦記』20・219参照。

（7）Joachim Jeremias, *The Parables of Jesus* (Upper Saddle River, N.J.: Prentice Hall, 1954), pp. 138-39〔邦訳としては、エレミアス『イエスの譬え』善野碩之助 訳（新教出版社、一九六九年）〕. ただしエレミアスは、イエスのたとえ話が、他のラビのたとえ話の以前に語られたものか、以後に語られたものかを判断することは難しいといっている。ラビのほうが先だとすると、イエスはすでによく知られていた話を取り上げ、最後に衝撃的な部分を加えたことになる。エレミアスは、それについては懐疑的である。いずれにせよ重要なことは、彼らの解釈がどのように異なるかということである。

（8） Ibid., p. 139.

（9） Brennan Manning, talk given at Hilltop Urban Church, Wichita, Kansas.

（10） Kathleen Norris, *Amazing Grace* (New York: Riverhead Books, 1998), p. 150, quoted in Peter Van Breemen, *The God Who Won't Let Go* (Notre Dame, Ind.: Ave Maria Press, 2001), p. 23.

（11） A. W. Tozer, *The Knowledge of the Holy* (San Francisco: Harper & Row, 1961), p. 9.〔邦訳としては、Ａ・Ｗ・トウザー『神の再発見――《神の属性》クリスチャン生活におけるその意味』土屋順一訳、（いのちのことば社、二〇一〇年）〕

（12） もてなしの原則は、客人の安全を確保することである。その人が敵から逃れて来た場合、その家の主人とともに天幕で食事をしている間は安全である。この詩人は、敵さえも晩餐に招かれている状況を想像している可能性もある。私はその解釈が正しいと考えているわけではないが、イエスは敵を愛し、祝福し、敵のために祈るよう教えておられるので、招かれるのはすべての人で、ふさわしくない人も含むと考えたいと思う。

第5章　神は愛なるお方

（1） パリサイ人は福音書では「悪い人々」とされるが、実際は私たちと同じように、自分自身の物語を生きていただけである。彼らは、神の民がモーセの律法に厳格に従うことによってのみ、メシヤが到来し、イスラエルが回復されるという物語を信じていた。

（2） Brennan Manning, *The Ragamuffin Gospel* (Sisters, Ore.: Multnomah Books, 1990), pp. 19-20.

（3） 誰が語っているのか正確に判断することは難しいが、私はこの有名な箇所を福音書記者ヨハネではなく、イエスの実際のことばと考えている。新米国標準訳など、多くの翻訳では、ヨハネ3章12～16節を赤い文字（イエスが語ったことば）にしている。実際、ヨハネ3章10～21節はイエスが語ったことばと考えられる。

（4） 新約聖書学者ヨアヒム・エレミアスが *The Parables of Jesus* (Upper Saddle River, N.J.: Prentice-Hall, 1954), p. 128

で使っている名称。

（5）二番目の息子に与えられるのは、土地の三分の一だけである。このたとえ話では、息子は土地を資産として所有したままにせず、売ってしまった。不動産が売却されれば、家族は苦境に置かれることになる。父親は、土地を売ってよいと許可することも求められなかった。イエスのたとえを聞いた人々は、このあまりにも父親を馬鹿にした態度に衝撃を受けたことだろう。

（6）上着は名誉を表すもの、指輪は権威を象徴するもので、靴は自由を意味した（奴隷は靴を履かなかった）。

（7）エレミアスはこのたとえ話を「弁証論的たとえ」としている（*Parables of Jesus*, p. 132）。これは、罪人とともに行動することに対する批判への答えという形で語られたものである。

（8）この有名なフレーズは、カール・バルト『教会教義学』四・一に出てくる。

（9）選ばれた箇所は、申命記6章4〜9節、11章13〜21節、民数記15章37〜41節。これについての説明は、以下を参照。"Lectio Divina," in *The Upper Room Dictionary of Christian Spiritual Formation*, ed. Keith Beasley-Topliffe (Nashville: Upper Room Books, 2003), p. 167.

第6章　神は聖なるお方

（1）"a God without wrath": H. Richard Niebuhr, *The Kingdom of God in America* (Middletown, Conn.: Wesleyan University Press, 1988), p. 193.

（2）"The concept of God's wrath": Albrecht Ritschl, *Die Christliche Lehre von der Rechtfertigung und Versöhnung* (*The Christian Doctrine on Justification and Reconciliation*), vol. 2 (Bonn, 1889), p. 154.

（3）"Wrath of God," in *The Anchor Bible Dictionary*, Gary A. Herion, Astrid B. Beck and David Noel Freedman, vol. 6 (New York: Doubleday, 1992), p. 989.

（4）Ibid.

（5）J. I. Packer, *Knowing God* (Downers Grove., Ill: InterVarsity Press, 1973), p. 151.〔邦訳としては、J・I・パッカ

ー『神を知るということ』渡辺謙一訳（いのちのことば社、二〇一六年）近刊〕

（6） Ibid.

（7） George MacDonald, "The Consuming Fire," in *Unspoken Sermons*, first series (Eureka, Calif.: Sunrise Book, 1988), p. 27.

（8） Ibid., p. 38, italics added.

（9） Packer, *Knowing God*, p. 143.

（10） C. S. Lewis, *The Problem of Pain* (New York: Macmillan, 1962), p. 127.〔邦訳としては、C・S・ルイス『痛みの問題』中村妙子訳（新教出版社、一九七六年）〕

（11） Richard Swenson, *Margin* (Colorado Springs: NavPress, 1992), p. 32.

第7章　神はご自分を捧げるお方

（1） アタナシオスはニカイア会議（紀元三二五年）に出席した。この会議では、受肉についての標準的な教理（イエスは完全に神であり、完全に人である）が定められた。後のニカイア信条では、イエスの位格と三位一体の性質についての正統的な理解が示されている。アタナシオスは生涯、ニカイア会議で承認された教理の正しさを主張し、強硬な反論を受けても自身の立場を守り続けた。この信仰のため、五回追放された。

（2） 以下の会話はもちろん創作だが、アタナシオスの答えは『みことばの受肉について』から、そのまま引用した。実際の会話のようにするため、幾つかの対話を加えてあるが、これは実際には簡単だった。アタナシオスは私の問うている質問を取り上げてくれているからである。

（3） Edward Yarnold, "The Theology of Christian Spirituality," in *The Study of Spirituality*, ed. Cheslyn Jones, Geoffrey Wainwright and Edward Yarnold (Oxford: Oxford University Press, 1986), p. 15.

（4） Dallas Willard, *The Divine Conspiracy* (San Francisco: HarperSanFrancisco, 1998), p. 334.

第8章　神は造り変えるお方

（1）David C. Needham, *Birthright* (Portland, Ore.: Multnomah Press, 1979), p. 69.
（2）L. Gregory Jones, *Embodying Forgiveness: A Theological Analysis* (Grand Rapids: Eerdmans, 1995), p. 159.
（3）新生とは神学用語で、新しく生まれた人に新しいいのちを注ぎ込むことを表す。
（4）ここではあえて「肉」ではなく「サルクス」という語を使っている。それは、「肉」は身体と密接に関連した語であり、身体を否定的に捉える見解に結びついてしまうからである。また、サルクスの訳語としてＮＩＶが用いている「罪の性質」という語も使わなかった。「罪の性質」という考え方は、サルクスが人間の性質の根本をなしているという誤解を生むからである。
（5）キリストと出会うまでは、私たちは肉（サルクス）と霊の真の衝突を経験しなかった。サルクスに完全に支配されていたからである。しかし自身をキリストに捧げ、御霊が内に住むようになると、戦いが始まる。新しい自分と古い自分が衝突するのである。私たちは新しくなったが、古い自分が根強く存在し続けているのである。
（6）John Wesley "On Sin in Believers," in *The Works of John Wesley* 3.4.3, 7, ed. Albert Outler, vol. 1 (Nashville: Abingdon, 1984).
（7）John Calvin, *Institutes of the Christian Religion* 4.15.11, ed. John T. McNeill (Philadelphia: Westminster Press, 1960).〔邦訳としては、ジャン・カルヴァン『キリスト教綱要』（全三巻）渡辺信夫 訳（新教出版社、二〇〇七―〇九年）〕
（8）Needham, *Birthright*, p. 79.
（9）*Wesley, Works of John Wesley* 13.5.1.
（10）James S. Stewart, *A Man in Christ* (Vancouver: Regent College Publishing, 1935), p. 169.
（11）I am indebted to Bob George and his ministry, People to People, for this illustration, which I heard at a Classic

Christianity conference in 1993.

（12）Panayiotis Nellas, *Deification in Christ* (New York: St. Vladimir's Seminary Press, 1997), p. 136.

（13）Henri Nouwen, *In the Name of Jesus: Reflections on Christian Leadership* (New York: Crossroad, 2002), p 37-38.〔邦訳としては、ヘンリ・ナウエン『イエスの御名で――聖書的リーダーシップを求めて』後藤敏夫 訳（あめんどう、一九九三年）〕

（14）Dallas Willard, foreword to *Invitation to Solitude and Silence*, by Ruth Haley Barton (Downers Grove, Ill.: InterVarsity Press, 2004), pp. 10-11.

（15）Many of these verses are excerpted from Neil Anderson's *Ministering the Steps to Freedom in Christ* (Ventura, Calif.: Gospel Light Publications, 1998), p. 38. I have added a few.

第9章　ピクルスの作り方

（1）Jeremy Rikfin, *Time Wars* (New York: Simon & Schuster, 1987), p. 71.

（2）Ibid., pp. 19-21.

（3）Sebastian De Grazia, *Of Time, Work and Leisure* (New York: Random House, 1994), p. 44.

（4）*The Benedictine Handbook* (Norwich: Liturgical Press, 2003), p. 69.

（5）Carl Honoré, *In Praise of Slowness* (San Francisco: HarperSanFrancisco, 2004), p. 22.〔邦訳としては、カール・オノレイ『スローライフ入門』鈴木彩織 訳（ソニー・マガジンズ、二〇〇五年）〕

（6）Ibid., p. 16.

（7）Nicholas Carr, "Is Google Making Us Stupid?" *The Atlantic*, July-August 2008, p. 62.

（8）Ibid.

（9）See Charles E. Hummel, *Tyranny of the Urgent* (Downers Grove, Ill.: InterVarsity Press, 1994).

（10）Richard A. Swenson, *Margin* (Colorado Springs: NavPress, 1992), p. 148.
（11）Ibid., pp. 149-50.
（12）Honoré, *In Praise of Slowness*, p. 9.
（13）Ibid., p. 2.
（14）Richard Foster's *Celebration of Discipline* (San Francisco: Harper & Row, 1978), p. 13 に引用。
（15）Robin R. Myers, *Morning Sun on a White Piano* (New York: Doubleday, 1998), p. 67.
（16）Richard Bailey and Joseph Carlson, *Slowing Down to the Speed of Life* (New York: HarperCollins, 1997) pp. 80-81, 164. 〔邦訳としては、ジョセフ・ベイリー、リチャード・カールソン『読むだけで「リラックス生活」ができる本』浅見帆帆子 訳（二〇〇九年）〕
（17）Taken from Miles J. Stanford, *Principles of Spiritual Growth* (Lincoln, Neb.: Back to the Bible Broadcast Publication, 1974), p. 13.
（18）Quoted in ibid., pp. 11-12.
（19）Malcolm Gladwell, *Outliers: The Story of Success* (New York: Little, Brown, 2008), p. 40. 〔邦訳としては、マルコム・グラッドウェル『天才！――成功する人々の法則』勝間和代 訳（講談社、二〇〇九年）〕
（20）Ibid., p. 41.
（21）Robert Barron, *Heaven in Stone and Glass* (New York: Crossroad, 2000), p. 149.
（22）Paul Evdokimov, *Ages of the Spiritual Life* (Crestwood, N.Y.: St. Vladimir's Seminary Press, 1998), p. 64, italics added.
（23）Stanford, *Principles of Spiritual Growth*, p. 11.

謝辞

この本、それから「イエスの弟子シリーズ」の全巻は、ダラス・ウィラードがいなければ存在しなかったでしょう。ダラスはイエスの本当の弟子として、生きた模範であり、また数えきれない仕方で私を鼓舞してくれました。ダラスの描いた「キリストに似た者になるためのカリキュラム」の青写真が、このシリーズの枠組みとなっています。ダラスの人生とその著作が私の魂に与えた影響は、計り知ることができません。

この本はまた、リチャード・J・フォスターがいなければ、書かれなかったでしょう。なぜなら二十五年以上もの間、リチャードはいのちと知恵とを私に注いでくれたからです。リチャードのように聡明《そうめい》で信頼できる先生を誰《だれ》もが持つべきです——その点で私はとても感謝しています。ありがとうございます、リチャード先生。私の中に信頼に足るものを見出し、それに賭《か》けてくれたのはあなたでした。

最も大きな犠牲を払ってくれた人物は、素晴らしく・美しく・楽しく、そしてとても忍耐強い妻メガン・スミスです。何か月もの間、妻は「作家のやもめ」のような暮らしを耐え忍んだのですが、一言も不平をいいませんでした。ありがとう、メガン。私にとってこのシリーズがどれほど大切なのかを理解し、その行程のすべてにおいて私を支え励ましてくれて。またこの間、教材を編集してくれたことにも感謝します。私の人生すべてがよくなっているのは、あなたのおかげです。私は今でも、あなたにはっとさせられます。

息子のジェイコブと娘のホープも、父さんが執筆に取り組んでいる間、多くのことを我慢してくれました。きみたちのことを書かせてくれてありがとう。また父さんがこの教材を何度も書き直し、編集し、教えていたこの数年間、ずっと支えてくれてありがとう。父さんがほかの人たちと過ごしていた時間は、きみたちから取り上げた時間だったことはわかっているよ。これからは頑張ってその埋め合わせをするからね！

それから以前は生徒でしたが今は同僚となっている四人の人にも感謝を表したいと思います。この四人からも多大な励ましと援助を受けました。そのうちの二人は「雷の子」で、その片方のパトリック・セル、この教材に情け容赦のない援助と愛情を注いでくれてありがとう。もう片方のC・J・フォックスもありがとう。あなたは誠実と情熱との模範ともいえる存在でした。あとの二人は「賢いホビット〔イギリスの作家J・R・R・トールキン著『ホビットの冒険』に登場する小人〕」で、その片方はマット・ジョンソン、あなたの静かな確信、王なる神とその王国とに対する献身、そしてあのパチョリの香りに感謝します。もう片方のジミー・テーラーもありがとう。あなたの独創と深い思慮、イエスに対するひたむきな愛に感謝します。この四人の青年は世界を変革することになるでしょう。

フレンド大学の同僚のうち、この三人に謝意を表したいと思います。三人とも「イエスの弟子シリーズ」の原稿を読んで、役に立つ提案をたくさんしてくれ、幾つもの誤謬《ごびゅう》から私を救い出してくれたからです。クリス・ケッター博士は神学的な洞察に優れ、スタン・ハースタイン博士は聖書に精通し、ダーシー・ゼーベル博士は文学的な技巧に長《た》けていました。

迷路のように複雑な出版界において、私の代理人となり案内人となってくれたキャシー・ヘルマーズにはたいへんお世話になりました。私と同じようにキャシーはこのシリーズに対して愛情を抱き、よい形に仕上げ、そしてふさわしい出版社を見つけてくれました。キャシー、あなたはまさに適材適所の人材でしたし、あなたと一緒に働けて幸運でした。

インターバーシティー出版のジェフ・クロスビーとシンディー・バンチにも感謝を述べたいです。初めて会ったその瞬間に、お二人が優秀な方がただとわかりました。お二人には驚くほどの技量と、良書を出版したいという情熱とがありました。またこのシリーズがどのようなものであり、またどのようなものになりうるかについて、明確な見通しを持っていました。あなた方お二人と働けたことは祝福でした。

隠れたところで貢献してくれた他の人々にも感謝したいと思います。

エミル・ジョンソン。あなたはこの本を丁寧に読み、いつも励ましてくれました。

ボブ・キャスパー。あなたは私とこれらの書物を信じ、また明晰《めいせき》な頭脳の持ち主でした。

ジェフ・ガノン。あなたは私の牧師かつ友人であり、また御国のために働く同労者でもあります。

ライル・スミス・グレービール。あなたは「イエスの弟子シリーズ」を一度も疑ったことがありませんでした。

ヴィッキーとスコット・プライス夫妻。あなた方は私を愛し、このシリーズを信じてくれました。

最後に、カンザス州ウィチタ市のチャペルヒル合同メソジスト教会でこの「講座」を受講してくださった皆さん、本当にありがとうございました。皆さんは本シリーズのアイデアを学んで実践し、私も皆さんの経験や洞察から学ばせてもらいました。皆さんの存在が、本シリーズのどのページにも流れています。

皆さんはこの教材に熱心に取り組んだので、お名前を挙げる価値があると思います。ベティー・リーダー、クリス・フォーク、トレバー・ヒンズ、スチュアート・モークリー、ダグ・オリバー、アーニー・レーガー、ピート・オースィ、バーブ・オースィ、フィル・ラドウィグ、リチャード・スピルマン、アーロー・キャスパー、マリータ・ソーキー、タミー・ラングトン、クレーグ・ローズ、トレーシー・キャシディー、グレッグ・フォックス、マイケル・クリス、クレーグ・ウォーレン、ベン・リーダー、ジェーン・オールブライト、クリス・マクニール、ジョイ・マクニール、ポール・オールドランド、デニース・オールドランド、J・J・ミラー、シャーロット・ミラー、ケリー・スーター、スティーブ・コーエン、デービッド・ネルソン、ボブ・キャスパー、ナンシー・ウォーレス、メアリー・ウォーレン、ショーン・チェサー、メアリー・ウッティグ、パム・ティルソン、エーブ・ロドリゲス、キャシー・ヒル、エリック・ジョンソン、イーバ・ジョンソン、アンドリュー・タッシュ、C・J・フォックス、マット・ジョンソン、キャサリン・ジョンソン、ビル・アイケルバーガー、ローリー・ローズ、シェリー・ゲーリッグ、ルー・ロス、ボブ・ロス、アシュリー・ブロッカス、B・J・ブロッカス、ジュリエット・モークリー、モニカ・コーエン、ジェニー・ベネット、ダン・ベネット、ゲリー・シャンクス、カイリー・ジェニングズ、アーリン・エーミス、キャシー・テーラー、ジェーソン・サール、キャリー・ミルズ、プレストン・トッド、カーリー・トッド、ステーシー・クラーク、パトリック・セル、ジャニーン・セル、チャック・ローミッグ、キム・ローミッグ、スコット・プライス、ヴィッキー・プライス、ジョシュ・ルートン、キャロル・ジョーンズ、チャーリー・シュワーツ、クリシー・サール、クリスティーン・ヴォート、ホリー・マイヤーズ、トニー・マイヤーズ、ジェーン・フライ、ローリー・ファース、リック・ファース、リンゼー・ブリッカー、パム・ラーセン、スーザン・シュワーツ、クリス・ランドルフ、ジル・キャスパー、マーク・ゾンネフェルド、ボブ・エッパーソン、マローラ・エッパーソン、チャーリー・タネヒル、シンディー・タネヒル、ダン・ジェーリック、ダイアナ・ストーム、ジャック・ストーム、ディック・ヘゲスタッド、シェリル・ヘゲスタッド、ゲイ・ヘンドリクソン、キム・パケブッシュ、テリー・ガスリー、ジョージ・ガスリー、マイク・トッド、テリー・トッド、ジェニファー・ヒンズ、メガン・スミス、ブルーク・ヒル、キャロル・フィッシャー、ジョーン・タッシュ、ブルーク・クラウス、デニス・フェルプス、ジャスティン・レフトー、ケアラ・レフトー。

訳者あとがき

本書はジェームズ・ブライアン・スミス著「弟子シリーズ（The Apprentice Series）」の第一巻、*The Good and Beautiful God——Falling in Love with the God Jesus Knows* の全訳です。

著者は学生時代に霊的形成の分野の第一人者リチャード・フォスターと出会い、その後ダラス・ウィラード、ヘンリ・ナウエンなど霊性の神学を代表する指導者との交流を深めるなか、ウィラードの強い勧めで本書を執筆しました。

訳者は出版直後に本書を手にし、今でも最初の読書の感動を忘れることができません。それ以来、自分の霊的形成のガイドブックとして用いてきました。そうしたなか、いつか訳者が牧会している高座教会の方たちとともに、本書を用いた学びの恵みにあずかりたいと願うようになりました。昨年ついに祈りがかない、志を同じくする約百六十名の方がたとともに、毎月、本書を用いての霊的形成の学びを続けてきました。

参加者の中から、最初のエクササイズが「睡眠」であることに度肝を抜かれ、「眠ることとイコール怠けることと思っていたが、睡眠がいかに大事で信仰生活とも深く関係するのかがわかり解放された」との感想も寄せられました。確かに人間が創造され最初に導かれたことは「睡眠」でした。創世記にある、「夕があり、朝があった」という創造のリズムが被造物である私たちの内にも刻まれていることに気づかされました。また各章で「偽りの物語」を学ぶことで「私の物語」が意識化され、いかに「イエスの物語」と異なっているかも知り、心が一新される経験をしたことです。そうした恵みを小グループで分かち合い、互いがキリストに似た者へと成長する信仰の旅路を励まし合って歩む一年となったと思います。この喜びの輪がさらに広がることを祈ってやみません。

さて出版まで多くの方がたのお祈りとご協力がありました。いのちのことば社のスタッフの方がたからは幾つもの貴重な提案をいただきました。教会の方がたから寄せられたフィードバックは翻訳を進めるうえにとても参考になりました。瀬底正博兄は翻訳調の文章を読みやすくしてくださいました。そうした方がたにこの場を借りてお礼申し上げます。

最後に信仰の旅を共にするよき伴侶、牧会のパートナーである妻の徳子に感謝します。彼女には励ます賜物があります。徳子の支えと協力がなければ作業の完成はなかったと思います。作業の大詰めがイスラエル研修旅行と重なり、聖地で原稿を読みかえせたことも忘れられない思い出となりました。

二〇一六年　受難節

松本雅弘

松本雅弘（まつもと・まさひろ）

1959年、東京に生まれる。中央大学法学部法律学科、東京基督神学校卒業。現在、カンバーランド長老キリスト教会高座教会担任牧師、学校法人高座学園認定こども園高座みどり幼稚園理事長、聖契神学校教師（牧会学担当）。著書に『聖書日課　いってらっしゃい』、『聖書66巻がわかる』の「ハガイ書」（以上、いのちのことば社）。訳書に、H・W・マロウ『恵みの契約――カンバーランド長老教会1984年版信仰告白講解』（新教出版社）、G・L・マッキントッシュ『サイズ別に分析する教会形成の方策』（いのちのことば社）がある。

エクササイズ
――生活の中で神を知る

2016年4月20日発行
2023年12月20日5刷

著　者　ジェームズ・ブライアン・スミス
訳　者　松本雅弘

印刷製本　モリモト印刷株式会社

発　行　いのちのことば社
〒164-0001 東京都中野区中野2-1-5
電話 03-5341-6923（編集）
03-5341-6920（営業）
FAX 03-5341-6921
e-mail:support@wlpm.or.jp
http://www.wlpm.or.jp/
新刊情報はこちら

ISBN 978-4-264-03475-9